·2017年福建省本科高校教育教学改革研究项目（FBJG20170050，FBJG20170042）

·2018年福建省本科高校教育教学改革研究项目（FBJG20180119）

·龙岩学院2018—2019学年应用型教材建设项目

高校体育创新思维的教学与实践

主　编　邱　天

副主编　林水秋　陈　晰

厦门大学出版社 XIAMEN UNIVERSITY PRESS 国家一级出版社 全国百佳图书出版单位

图书在版编目(CIP)数据

高校体育创新思维的教学与实践/邱天主编.—厦门:厦门大学出版社,2020.10(2021.7 重印)

ISBN 978-7-5615-6743-2

Ⅰ.①高… Ⅱ.①邱… Ⅲ.①体育教学—教学研究—高等学校—教材 Ⅳ.①G807.4

中国版本图书馆 CIP 数据核字(2020)第 122484 号

出 版 人 郑文礼
责任编辑 李峰伟
封面设计 李嘉彬
技术编辑 许克华

出版发行 厦门大学出版社
社　　址 厦门市软件园二期望海路 39 号
邮政编码 361008
总 编 办 0592-2182177 0592-2181406(传真)
营销中心 0592-2184458 0592-2181365
网　　址 http://www.xmupress.com
邮　　箱 xmupress@126.com
印　　刷 厦门市青友数字印刷科技有限公司

开本 787mm×1092mm 1/16
印张 11.5
字数 288 千字
版次 2020 年 10 月第 1 版
印次 2021 年 7 月第 2 次印刷
定价 39.80 元

厦门大学出版社
微信二维码

厦门大学出版社
微博二维码

前　言

“大众创业、万众创新”，创新创业教育是培养具有创新意识、创业技能、社交能力、管理才能的应用型人才的教育过程，它与专业教育相融合更利于大学生创新创业发展。在现今国家大力提倡创新创业背景下，高校需要将创新创业教育与专业教育相融合进行发展。就高校体育教育而言，结合体育专业理论和实践教学形式与特点，将创新创业教育融入专业理论和实践教学，并以创新精神、创业技能和实践能力培养为目标，设计专业理论实践化教学和创新型技术实践教学的新模式，通过隐性创新创业教育培养一专多能的应用型体育人才。

为进一步普及与推动我国创新创业教育的发展，促进创新创业教育与体育专业教育有机融合，本书主要从体育专业教学形式与特点的实际出发，将创新创业教育融入专业理论和实践教学，并以创新思维、创业技能和综合实践能力培养为目标，设计体育专业创新型教学与实践的新模式。本书共分9章，在大学不同学期针对不同课程，有所侧重地分别从体育教育基础知识、体育专业基础知识、体育人文知识、体育工具知识、运动人体科学知识、体育专业实验、体育专业运动技能、体育课外实践等方面，将体育创新教育、理论创新教学、教学创新案例、创新实践等相结合，进行体育专业的创新创业教育。本书以及体育专业的创新创业教育课程，以及体育教育专业的理论和实践案例学习，也可供体育教师、体育教学人员、社会体育指导员参考。

本书由龙岩学院邱天主编并统稿。参加本书编写的人员有：邱天（龙岩学院讲师，第一章、第二章、第三章第二节、第六章第一节、第七章第二节）、林水秋（龙岩学院副教授，第七章第一节、第八章第一节、第九章）、陈晰（龙岩学院实验师，第四章第一节、第五章）、林宇峰（龙岩学院教授，第三章第一节)、李长沙(龙岩学院副教授，第八章第二节)、林唏(龙岩学院教授，第四章第二节)、成林杰(龙岩学院实验师，第六章第二节)。

鉴于编者专业水平有限，书中难免存在不足之处，敬请各位专家和读者批评指正。

编　者

2020年6月

目　　录

第一章 绪 论

第一节 创新创业教育

创新创业是基于创新基础上的创业活动，既不同于单纯的创新，也不同于单纯的创业；创新强调的是开拓性与原创性，而创业强调的是通过实际行动获取利益的行为。因此，在创新创业这一概念中，创新是创业的基础和前提，创业是创新的体现和延伸；创新是创新创业的特质，创业是创新创业的目标。总而言之，创新创业是指基于技术创新、产品创新、品牌创新、服务创新、商业模式创新、管理创新、组织创新、市场创新、渠道创新等方面的某一点或几点创新而进行的创业活动。

现在我们正处于创新 2.0 时代，也即“大众创业、万众创新”，本质上是知识社会条件下创新民主化的展现。而随着新一代信息技术所带来的知识获取、知识交互的便易性，创新创业的主体也由原来的企业、科学家变为普通大众。作为普罗大众，我们既是需求者也是创新者，既是追求卓越的技术创新者，也是具有创新潜力解决社会问题的草根创新者，是拥有社会情怀的社会创新者。麻省理工学院的 Fab Lab（微观装配实验室网络）、欧盟的 Living Lab（生活实验室）以及中国的 AIP（“三验”应用创新园区）作为典型的早期众创模式，探索揭示了面向创新 2.0 的协同创新在创新生态构建与发展中的重要作用。

创新创业关键是“以人为本”，教育是重中之重。创新创业教育是以培养具有创业基本素质和开创型个性的人才为目标，不仅是以培育在校学生的创业意识、创新精神、创新创业能力为主的教育，而且是要面向全社会，针对所有打算创业、已经创业、成功创业的创业群体，分阶段、分层次地进行创新思维培养和创业能力锻炼的教育。所以，创新创业教育本质上是一种实用教育。

创新创业教育是培养具有创新精神、开拓意识、创业能力、社交与管理才能的开创性人才的教育过程。创新创业教育不以学历为导向，它注重把创新精神、创业技能和职业素质的培养提高到与学术教育同等重要的地位，培育适应经济社会发展和个体事业发展需要的教育理念与载体。创新创业教育在西方发达国家大学中已建立了比较完善的教学体系，取得了丰硕的教育成果，为推动经济建设做出了重要贡献。我国创新创业教育研究与实践始于 20 世纪末，为应对劳动力与就业岗位间的巨大矛盾和大学生就业难的现实，国家出台了以创业促就业，促使更多劳动者成为创业者的就业举措，创新创业教育随之在高校得到了多元性的建设与发展，建立了各具特色的教育模式与不同形式的实训活动。这对深化高校教育教学改革、提高人才培养质量起到了积极的促进作用。

创新创业教育重视创新型思考，常见的有以下 15 种[1]。

一、三三两两讨论法

三三两两讨论法可归纳为每 2 人或 3 人自由成组，在 3 分钟限时内，就讨论的主题，互相交流意见及分享，3 分钟后，再回到团体中做汇报。

二、脑力激荡法

脑力激荡法是最为人所熟悉的创意思维策略。该方法由 Osborn 于 1937 年所倡导，强调集体思考，着重互相激发思考，鼓励参加者于指定时间内，构想出大量的意念，并从中引发新颖的构思。脑力激荡法虽然主要以团体方式进行，但也可于个人思考问题和探索解决方法时，运用此法激发思考。该法的基本原理是：只专心提出构想而不加以评价；不局限思考的空间，鼓励想出越多主意越好。

此后的改良式脑力激荡法是指运用脑力激荡法的精神或原则，在团体中激发参加者的创意。

三、六六讨论法

六六讨论法是以脑力激荡法为基础的团体式讨论法。该方法是将大团体分为 6 人一组，只进行 6 分钟的小组讨论，每人 1 分钟，然后再回到大团体中分享及做最终的评估。

四、心智图法

心智图法是一种刺激思维及帮助整合思想与信息的思考方法，也可说是一种观念图像化的思考策略。此法主要采用图志式的概念，以线条、图形、符号、颜色、文字、数字等各样方式，将意念和信息快速地以上述各种方式摘要下来，成为一幅心智图(mind map)。在结构上，其具备开放性及系统性的特点，让使用者能自由地激发扩散性思维，发挥联想力，又能有层次地将各类想法组织起来，以刺激大脑做出各方面的反应，从而得以发挥全脑思考的多元化功能。

五、曼陀罗法

曼陀罗法是一种有助扩散性思维的思考策略，利用一幅像九宫格图，将主题写在中央，然后把由主题所引发的各种想法或联想写在其余的 8 个圈内。

六、分合法

分合法是外国专家 Gordon 于 1961 年在《分合法：创造能力的发展》(*Synectics：The Development of Creativity*)一书中指出的一套团体问题解决的方法。此法主要是将原不相同亦无关联的元素加以整合，产生新的意念/面貌。分合法利用模拟与隐喻的作用，协助思考者分析问题以产生各种不同的观点。

七、逆向思考法

逆向思考法是可获得创造性构想的一种思考方法。此技法可分为 7 类，如能充分加以运用,创造性就可加倍提高。

八、属性列举法

属性列举法是一种著名的创意思维策略。此法强调使用者在创造的过程中观察和分析事物或问题的特性或属性,然后针对每项特性提出改良或改变的构想。

九、希望点列举法

希望点列举法是一种不断地提出“希望”“怎样才能更好”等的理想和愿望,进而探求解决问题和改善对策的技法。

十、优点列举法

优点列举法是一种逐一列出事物优点的方法,进而探求解决问题和改善对策。

十一、缺点列举法

缺点列举法是一种不断地针对一项事物,检讨该事物的各种缺点及缺漏,并进而探求解决问题和改善对策的技法。

十二、检核表法

检核表法是在考虑某一个问题时,先制成一览表,对每项检核方向逐一进行检查,以避免有所遗漏。此法可用来训练员工周密思考,及有助构想出新的意念。

十三、七何检讨法(5W2H 检讨法)

七何检讨法的优点是提示讨论者从不同的层面去思考和解决问题。所谓 5W,是指为何(why)、何事(what)、何人(who)、何时(when)、何地(where);2H,是指如何(how)、何价(how much)。

十四、目录法

目录法,比较正统的名称是“强制关联法”,意指在考虑解决某一个问题时,一边翻阅资料性的目录,一边强迫性地把眼前出现的信息和正在思考的主题联系起来,从中得到构想。

十五、创意解难法

美国学者 Parnes 于 1967 年提出“创意解难”(creative problem solving)的教学模式,是发展自奥斯本所倡导的脑力激荡法及其他思考策略。此模式重点在解决问题的过程中,问题解决者应以有系统、有步骤的方法,通过发现困惑、寻找资料、发现问题、发现理想、寻求解答、寻求同意等,逐步找出解决问题的方案。

创新创业教育侧重于创新型思考,而大学本科教育更多采取的是以学科建设为依托的学术型教育,其借助自身雄厚的科技实力和师资力量传授完备的知识技能,培养的学生具备较完善的知识结构,但实践动手能力普遍较低,更谈不上良好的职业能力和创业素质。传统专业建设思路和人才培养模式的这种不足,急需创新创业教育来弥补。创新创业的最本质特征是"创"，通过形式多样的创新与创业活动，促进学生专业技能的实践转化，挖掘创造潜能，磨炼创业特质，提高创业能力，引导学生树立"我要创业、我能创新"的创业意识。事实证明，高等教育体系急需加强创新创业教育与专业教育有效融合，在专业教学，尤其是在实践教学中渗透创新创业教育观念，构建基于专业教学平台开展创新创业教育活动的实训模式。

大学生创新创业教育理念要转化为教育实践，需要依托有效的课程载体。课程体系是实现创新创业教育的关键。创新创业教育课程体系主要由以下 3 个层次构成：第一层次，面向全体学生，旨在培养学生创新创业意识、激发学生创新创业动力的普及课程；第二层次，面向有较强创新、创业意愿和潜质的学生，旨在提高其基本知识、技巧、技能的专门的系列专业课程；第三层次，旨在培养学生创新创业实际运用能力的各类实践活动课程，要以项目、活动为引导，教学与实践相结合，有针对性地加强对学生创业过程的指导。

国内高校创新创业教育的实施始于 20 世纪末。1998 年，清华大学举办首届清华大学创业计划大赛，成为第一所将大学生创业计划竞赛引入亚洲的高校；2002 年，高校创业教育在我国正式启动，教育部将清华大学、中国人民大学、北京航空航天大学等 9 所院校确定为开展创业教育的试点院校；2018 年，第一届全国大学生体育产业创新创业大赛拉开帷幕。20 多年来，创新创业教育逐步引起了各高校的重视，一些高校在国家有关部门和地方政府的积极引导下，进行了有益的探索与实践。目前国内高校的创新创业教育主要有如下几种类型：

(1)以"挑战杯"及创业设计类竞赛为载体，开展创新创业教育。

(2)以大学生就业指导课为依托，开展创新创业教育。

(3)以大学生创业基地(园区)为平台，开展创新创业教育。

(4)成立专门组织机构为保证，推动创新创业教育的开展。

(5)以人才培养模式创新实验区为试点，培养创新型人才。

(6)搭建创新创业教育课程体系，实施创新创业教育。

(7)融入人才培养方案，全面实施创新创业教育。

创新创业正成为高等教育重要的"一课"，其促进高校深化教育教学和人才培养模式的改革，希望成为服务青年成长的德育大平台、智育大平台、体育大平台、美育大平台和劳育大平台，谱写高等教育的"奋进之笔"，奋力跑出创新创业教育的"中国加速度"。

高校创新创业教育的内容体系和课程体系互为支撑，内容体系为课程体系提供课程内容的支撑，课程体系为内容体系提供内容实现形式的支撑，两者共同作用，促进高校创新创业教育的发展。台湾清华大学几十年来形成的创新孵化生态圈就是创新创业教育与专业教育相融合的典型，其中原子科学技术发展中心对学校初期发展的推进，脑科学研究中心世界级创新对学校创业的推动，创新育成中心对创新创业的综合作用，自强工业科学基金会依托台湾清华大学的各类创新培训，编织着环环相扣、互相促进的创新创业服务生态系统。

随着我国竞技体育、体育产业、体育服务和大众健身逐步走向市场，体育院校毕业生的未来工作岗位越来越脱离传统领域，更多的新型岗位需要从业者具有创新意识和创业能力。普遍缺乏创新创业素质的体育大学生难以适应充满机遇与挑战的专业领域并开拓创业，这就需要广大体育教育工作者转变教育观念，设计好人才"商品生产"的"锻造炉"工艺，构建基于创新创业的专业实践教学模式，将科技创新、文化熏陶、职业培养、岗位磨炼等创新创业活动元素融入专业实践教学，让学生通过亲身实践和动手操作，提高综合素质与创业能力。

第二节 融合创新创业的体育专业教育

在现今创新创业背景下，需要将体育专业教育与创新创业教育广泛结合，融合体育专业相关理论和实践特色，将创新创业具体活动融入实际教学中，并以创新精神、创业技能和实践应用能力为培养目标，设计体育理论实践型教学和创新型技术实践教学的崭新模式，通过符合学校、地方特色的创新创业教育培养一专多能的应用型体育人才。

创新创业背景下的体育专业教学创新型改革应以促进理论知识和专业技术转化为主旨，以培养学生的创新思维、创业技能和工作能力为主要目标，同时考虑体育专业特点、体育大学生基本素质和社会需要，在设定体育专业理论和技术实践教学目标时既要保证培养的基本要求，又要突出培养重点，还要与专业人才培养方案保持一致，让学生通过体育专业的创新教育教学更好地扎实基础，强化素质，完善专业理论和技能综合应用能力。

由图 1.1 可见，创新创业教育融合体育专业特点的创新点在于结合专业人才培养方案，通过对大学本科期间不同年级理论和实践教学的创新型改革，在不同时期不同侧重地培养学生创新思维、创业技能和实践应用的能力，循序渐进地增强体育专业与创新创业教育的融合效应[2]。

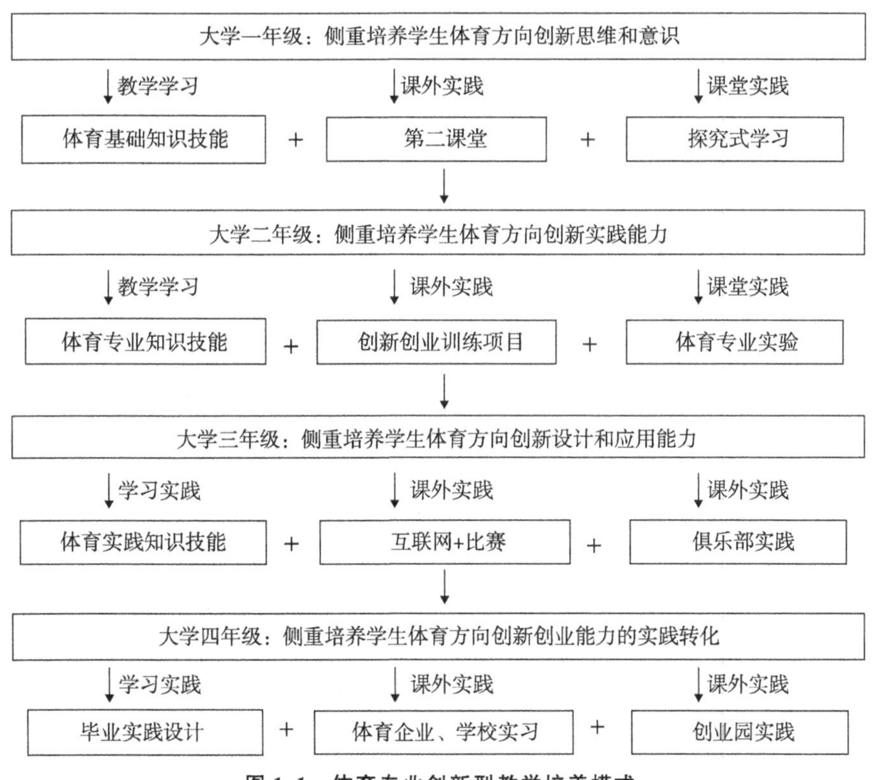

图 1.1 体育专业创新型教学培养模式

结合人才培养方案，可以先分别选择大学一年级（如田径）、大学二年级（如运动生物化学)、大学三年级(如乒乓球)、大学四年级(如运动技能学习与控制)的一门体育专业课程,将理论、实验、实践三者相结合,进行体育专业创新创业实践化改革的试点教学,再依据教学成果编写体育专业创新创业实践化教学的教材,最后逐渐推广到所有体育专业基础理论和技术课程实践化教学。大学一年级,应侧重培养学生体育方向创新思维和意识,在教授体育基础理论和实践知识的课程中,注意探究式学习的广泛应用,加大"第二课堂"的理论教学实践化效应;大学二年级,应侧重培养学生体育方向创新实践能力,在教授体育专业理论和专业技术课程中,鼓励学生通过体育专业实验,开展大学生创新创业训练项目;大学三年级,应侧重培养学生体育方向创新设计和应用能力,在教授体育实践理论和专项技术的课程中,指导学生积极参加体育比赛训练的"互联网+"等大学生创业大赛;大学四年级,应侧重培养学生体育方向创新创业能力的实践转化,引导学生通过毕业设计、积极投入体育企业和学校的实习、参与学校创业园实践等方式,将理论与实践有机结合。

根据表 1.1 的体育教育专业人才培养标准实现矩阵,推动创新创业教育与体育专业教育的融合,可以从意识培养(启蒙学生的创新意识和创业精神,使学生了解创新型人才的素质要求,了解创业的概念、要素与特征等,使学生掌握开展创业活动所需要的基本知识)、能力提升(解析并培养学生的批判性思维、洞察力、决策力、组织协调能力、领导力等各项创新创业素质,使学生具备必要的创业能力)、环境认知(引导学生认知当今企业及行业环境,了解创业机会,把握创业风险,掌握商业模式开发的过程,设计策略及技巧等)、实践模拟(通过创业计划书撰写、模拟实践活动开展等,鼓励学生体验创业准备的各个环节,包括创业市场评估、创业融资、创办企业流程与风险管理等)等方面,在知识(体育教育基础知识、体育专业知识、运动人体知识、体育人文知识、体育工具知识)、能力(教学科研能力、运动技能、体育教育实践能力、主动规划个人职业的能力)、素质(基础素质、专业素质、创新创业素质)3 个模块,逐渐通过专业基础必修课程、专业核心必修课程、专业方向选修课程、专业任选课程、集中实践性教学课程、创新创业实践课程等,体现在教师讲授课程、教师技术示范指导、教师与学生互动、学生实验实践、教师技术动作理论讲解、师生技术演练、师生互动、实践考核、学生课堂和课后作业、学生期中期末考核等各个环节。

表 1.1　体育教育专业人才培养标准实现矩阵

项　目	知识/能力/素质	实现(课程/活动/竞赛/讲座)
1.1 体育教育基础知识与人文和社会科学知识	1.1.1 体育教育基础知识	"教育学""现代教育技术""教师口语""教师书法""中文写作""课程教学与班级管理""网络慕课"
	1.1.2 人文和社会科学知识	"大学英语""思想道德修养与法律基础""军训与军事理论""中国近现代史纲要""毛泽东思想和中国特色社会主义理论体系概论""马克思主义基本原理""形势与政策"

续表

项 目	知识/能力/素质	实现(课程/活动/竞赛/讲座)
1.2 体育教育专业知识	1.2.1 体育专业知识	“学校体育学”“运动训练学”“体育概论”
	1.2.2 运动人体知识	“运动解剖学”“运动生理学”“运动生物化学”“体育保健学”“运动生物力学”“运动创伤学”“运动营养学”“运动处方”“运动技能学习与控制”
	1.2.3 体育人文知识	“体育史”“体育心理学”“体育管理学”“体育经济学”“体育美学”“休闲体育”“体育社会指导”“体育场地与设施”“客家体育”
	1.2.4 体育工具知识	体育统计学,体育科研理论与方法导论,体育测量与评价,体育绘图,中学体育教材教法,针灸按摩
1.3 进一步获取知识的工具和学科前沿知识	1.3.1 进一步获取知识的工具	体育文献检索与体育论文写作
	1.3.2 学科前沿知识	学术讲座,体育科学技术专题研讨
2.1 教学科研能力	2.1.1 巩固体育专业基础知识,加强体育实验技能	运动解剖学实验,运动生理学实验,运动生物化学实验,运动生物力学实验,体育保健学实验,运动创伤学实验,体育康复学实验
	2.1.2 培养动手能力,观察、分析和解决实际问题的能力	针灸按摩实践,体育测量与评价实践,体质测试实践,运动技能学习与控制实践,俱乐部教学训练实践,教育实习
2.2 运动技能能力	2.2.1 掌握运动项目的基本技能	田径,篮球,体操,健美操,排球,足球,武术,游泳,乒乓球,网球,羽毛球
	2.2.2 主修一门运动专项,掌握运动项目的专业理论和技能	篮球,排球,足球,武术,体操,健美操
	2.2.3 副修一门运动专项,掌握运动项目的专业理论和技能	田径,篮球,体操,健美操,排球,足球,武术,游泳,乒乓球,网球,羽毛球,舞龙舞狮,体育舞蹈,跆拳道
2.3 体育教育实践能力	2.3.1 培养从事课余训练、竞赛组织和裁判工作的能力	俱乐部教学训练实践,教育实习,运动训练学,运动竞赛学,各单项规则裁判法
	2.3.2 培养开展学校体育工作的组织和管理能力	校内竞赛,俱乐部竞赛
	2.3.3 培养创新意识和实事求是的科学态度,树立良好的学术思想和工作作风	创新实践,教育实习,毕业设计

续表

项　目	知识/能力/素质	实现(课程/活动/竞赛/讲座)
2.4 主动规划个人职业的能力	2.4.1 树立正确的人生观和价值观	思想道德与法律基础,专业课程思政教育
	2.4.2 具备把握体育教育行业发展的能力	学术讲座,科学技术专题研讨
	2.4.3 具备规划个人职业发展的能力	就业指导,大学生职业发展与就业指导,大学生职业规划大赛
3.1 基础素质	3.1.1 具备良好的思想道德素质	思想政治理论课程,思想政治主题班会,思想政治知识竞赛,思想政治专题讲座
	3.1.2 具备良好的科学素质	教师教育类课程,科学知识竞赛、讲座
	3.1.3 具备良好的心理素质	心理学、运动心理学课程,心理健康教育活动、讲座,竞技体育项目的教学、训练、竞赛
	3.1.4 具备良好的文化素质	综合素质类选修课程,大学美育课程,文化素质校园活动、讲座
3.2 专业素质	3.2.1 具备支撑术科与专修课程的良好身体、心理素质	术科与体育专修课程,学校体育社团活动,校内外运动竞赛
	3.2.2 具备良好的体育专业创新实践素质	俱乐部教学训练实践,校内外体育活动组织与裁判实践,创新实践,教育实习,毕业设计

创新创业教育向传统的专业教育渗透需要有一个探索和积淀的过程,高校需要对创新创业教育与专业教育进行系统设计,遵循针对性、发散性、适用性原则,融合教师、学院、学生、学校、教学管理部门等,通过理念与课程融合、师资与项目融合、实践与体验融合、平台与资源融合、引导与制度融合、形态与文化融合等,详细具体地推进人才培养模式改革[3]。

(1)对于教师,需要理念与课程融合。将创新创业教育融入专业教育的理念贯穿到课程设计的全过程。结合专业群特点,突出课程“意识培养＋知识普及＋体验实践”的教学功能,分门别类地设置创新创业教育相关的必修课与选修课,将创新创业的基本理论知识和创新创业实践中所需要的法律、营销、电子商务、企业管理等相关内容,作为必修通用知识编入创新创业通识课程教材。根据不同专业群,从创新创业知识与专业知识互补的角度出发,搭配适当的选修课建议组合供学生选择,也可根据专业相关性直接提供一定量的选修内容由学生自由搭配,不断开发适合不同学生群体的课程内容与实践案例。

(2)对于院系,需要师资与项目融合。积极拓展校内的活动、项目载体,分兴趣、分类型、分方向构建学生的实践项目体系。以社团活动为项目载体,分专业类、兴趣类、实战类等组建创新创业型社团,每个社团相对固定一名有相关专业背景的指导教师,引导学生能力激发、兴趣激发、创意激发;以科技创新活动或竞赛为项目载体,每个项目对接一名或若干名指导教师,跨专业组建师生共同参与的项目团队,可采用教师指导、学生合作开发的模式,教师带动学生深入真实项目研究;组建由“专业导师＋企业导师＋创业导师”组成的结构合理、相对稳定的指导师资团队,选拔在各类活动、项目中表现突出,且有一定潜质的学生进行强化训练，提高学生创新创业教育与专业指导的灵活性和针对性。

(3)对于课外学习，需要实践与体验融合。在实践中加强学生的角色体验、过程体验和环境体验。将社会调研、专业领域信息数据整理、行业发展分析、案例剖析等纳入课程学习内容，使学生定位于社会职业人的身份，在实践活动中梳理出体现专业背景、符合市场需求、适合自身发展实际的专业拓展方向和创新创业方向；引导学生走出课堂、走进实训室、走入企业，将实践教学与产品研发、课题研究等工作相结合，以提升技术技能水平，夯实学生创新创业发展的基础；辅助学生依托专业社会服务平台、专业技能与创新创业竞赛、创业孵化等平台走出校园、走向社会，加强专业实践与创新创业的综合体验，形成"专业技能＋科技创新＋社会服务＋素质拓展"的综合体验链。

(4)对于学校，需要平台与资源融合。构建有利于创新创业教育融入专业教育的平台，并进行合理的资源配置。充分整合校内资源，针对创新创业教育与专业教育有效结合的需要进行机构改革，成立创新创业教育与专业教育融合发展的协调机构；以专业群资源共享的方式建设校内外实训基地，使实训基地进一步发挥优势，在专业教育的基础上进一步丰富和拓展其创新创业教育功能；借助地方办学或行业办学的优势，充分发挥地方政府或行业企业的资源，争取地方政府或行业支持学生创新创业的政策支持，引导鼓励校内师生团队融入地方特色产业和创意产业发展，促进行业新产品、新技术的开发，助推地方和行业的创新创业。

(5)对于教务处，需要引导与制度融合。跳出专业层面，顶层设计在人才培养过程中创新创业通用能力的培养载体，配套制度引导创新创业教育与专业教育的相互渗透。例如，在学生的学业管理和学分取得上，可采用学分积累或转换的方式，对学生在科技竞赛、创新创业实践等方面取得的优秀成果进行学分认定和转换，使学生的创新创业成果学分可累加替换为通识选修课、专业课、第二课堂等课程学分，激发学生在专业学习中参与创新创业活动的积极性。

(6)对于校园文化，需要形态与文化融合。将组织形态、教学形态、制度形态、空间布局形态等与创新创业教育文化融入人才培养全过程。在学习、生活和实践场所宣传励志成才的典型案例，营造"大众创业、万众创新"的氛围；在校企合作单位与学生实践实习场所，将企业文化融入学生的学习过程，使创新创业的企业发展理念深入人心；将流程规范、管理制度、激励制度等制度的学习，作为新生入学的第一课，引导学生养成良好的学习习惯和精神状态，在专业学习和创新创业活动中形成一种自觉规范；立足校情，结合专业特点，以届制性和延续性的活动为载体，塑造适合本校的创新创业文化生态，彰显文化软环境在人才培养中的作用。

当然，在当今情况下，体育专业创新创业教育也存在不少难题。体育专业创新型理论和实践教学的主要问题在于，体育方向的创新创业案例列举和体育专业理论实践示范相对较少，因为国内外各种研究资料都比较缺乏。为此，在创新创业背景下的体育专业教学改革中，需随时根据实际微调人才培养计划，更好地修改完善大学不同阶段的教学方案。另外，大部分体育学生缺乏相关创新创业的培养学习、体育教师缺乏专业创新创业教育培训、高校缺乏完善系统的创新创业教育环境等也是体育专业创新型教学面临的主要问题。为此，需要借鉴台湾高校和国外高校的经验，形成具有本土特色的体育专业创新创业人才培养模式。

体育专业教学改革，不仅需要从学校制度改革的层面上进行统筹规划，也需要体育学院加强校企合作的实践平台创立，更需要教师在学生的日常学习生活中推广渗透创新创业意识。学校和教师可充分利用各种网络渠道，进行体育专业的创新型教学。例如，可以利用现代远程教学技术、QQ群、微博、微信等建立更加宽松有效的与体育大学生交流的环境，提高学生对创新创业教育的认知。体育学院应积极结合地方特色优势，如以舞龙舞狮、客家体育等本土项目为突破口，不断丰富创新创业教育的形式，同时结合专业人才培养方案，建立良性机制，通过思维导图等创新方式多方面、多角度地构建好创新创业课程与体育专业课程相融合的课程体系，努力将体育大学生培养成一专多能的创新型应用人才。

响应"大众创业、万众创新"的口号，需要将创新创业教育与专业教育相融合，提高体育大学生的创新创业能力，通过建设完善的创新创业培育体系，形成一个像自然生态一样的良性循环系统，构建一个多层次创新创业教育生态培育体系。只有真正把创新创业教育融入体育专业课程教学，实现不同年级学生体育方向创新创业教育、训练、成果的孵化，才能更好地为体育大学生开展科技创新、就业创业、技能实践活动等提供条件，为体育大学生创新意识、创新能力和创业能力的培养提供多维保障。

思考与练习

1.常见的创新型思考方法有哪些?

2.创新创业与体育结合，学生应当具备什么样的素质和能力?

3.创新创业教育与专业教育相融合，教师在体育理论和技术课堂上应该注意什么? 学生应该如何更好地实现体育专业学习与创新创业的结合?

参考文献

[1]邱天，林宇峰，李长沙，等.创新创业背景下的体育专业教学改革[J].宁德师范学院学报(自然科学版)，2018(2)：221-224.

[2]宋刚，白文琳，安小米，等.创新2.0视野下的协同创新研究：从创客到众创的案例分析及经验借鉴[J].电子政务，2016(10)：68-77.

[3]吴茵.创造思维的十五种训练法[J].发明与创新，2010(10)：16-17.

第二章 体育教育基础知识创新型教学

体育教育(physical education),即狭义的体育,俗称“小体育”。它是教育的组成部分,是通过身体活动和其他一些辅助性手段进行的有目的、有计划、有组织的教育过程,其基本特征是突出的教育性和教学性。体育教育以教学为主要途径,以课堂教学或专门性辅导为主要形式,以身体练习和卫生保健为主要手段。

现代教育制度形成以来,体育一直是学校教育的重要手段和课程体系的重要内容。在20世纪中叶以前近200年的发展过程中,早期学校体育具有的人文教育色彩逐渐淡薄,课程的科学化倾向和学科中心倾向日益加强,其主要表现是“增强体质”和“技能传授”逐渐成为学校体育的主要目的,在实践中甚至成为唯一目的;早期学校体育指向受教育者的人格完善逐渐变为主要指向受教育者的身体完善。

20世纪中期以来,随着世界开始进入知识经济时代,大幅度减少的体力活动使得体能在劳动中的意义迅速降低,这与急剧增大的职业劳动对科学技术知识的需求形成了强烈的反差。对绝大多数人来说,通过学习体育获得的各种知识、技能和能力,已不再为人们谋求生存和劳动所必需。同时,现代人越来越重视生命质量和生活质量。

人们越来越清楚地认识到体育是提高人的生命和生活质量的重要基础与保证,体育在现代社会中的独特作用和重要性日益突出。体育课程作为素质教育重要组成部分的性质也越来越鲜明。1999年6月,《中共中央国务院关于深化教育改革,全面推进素质教育的决定》指出:“实施素质教育,必须把德育、智育、体育、美育等有机地统一在教育活动的各个环节中。学校教育不仅要抓好智育,还要加强体育、美育、劳动技术教育和社会实践,使诸方面的教育相互渗透、协调发展,促进学生全面发展和健康成长。”2019年9月29日,教育部出台了《教育部关于深化本科教育教学改革 全面提高人才培养质量的意见》文件,文件从“严格教育教学管理”“深化教育教学制度改革”“引导教师潜心育人”“加强组织保障”4个方面,坚持立德树人,围绕学生忙起来、教师强起来、管理严起来、效果实起来,深化本科教育教学改革,培养德、智、体、美、劳全面发展的社会主义建设者和接班人。这些决定强调了体育教育在新时代教育中的重要地位[1]。

体育教育基础知识能够为体育专业学生指导体育教学、运动训练、社区健身等提供理论支撑,辅助学生更加科学合理地应用教学理论进行体育教育。

第一节　体育教育理论创新教学

一、教育学

体育与健康课程作为整个教育课程的有机组成部分，直接影响着学校教育的整体发展。因此，从教育学的视角来认识体育与健康课程是十分必要的。

体育与健康课程是学校全面发展教育的重要组成部分，对于促进学生的生长发育具有十分重要的作用。受教育者的身心和谐发展是一个有机的整体，忽视甚至损害健康的文化和科学知识教学，或孤立发展体能和运动技能的体育都是有害而无益的。体育与德育、智育、美育存在着有机的联系，必须从德、智、体、美的相互联系、相互促进的视角来认识与理解体育。体育不仅是“体”的教育，更是“人”的教育。此外，体育过程是学生的生长发育与体育锻炼密切联系、互相促进的过程。正常的生长发育是进行体育锻炼的前提，同时又是体育锻炼的结果，两者必须有机地结合起来。

教育学是一门研究教育现象、教育问题及其规律的社会科学。它广泛存在于人类生活中，通过对教育现象、教育问题的研究来揭示教育的一般规律。19 世纪中叶以后，马克思主义的产生，近代心理学、生理学的发展，为科学化教育奠定了辩证唯物主义哲学和自然科学基础。现代生产和科学技术的发展，教育实践的广泛性、丰富性，更进一步推动了教育学的发展。教育学的研究对象是人类教育现象和问题，以及教育的一般规律。教育学是教育、社会、人之间和教育内部各因素之间内在的本质的联系和关系，具有客观性、必然性、稳定性、重复性。例如，教育与社会的政治、生产、经济、文化、人口之间的关系，教育活动与人的发展之间的关系，教育内部的学校教育、社会教育、家庭教育之间的关系，小学教育、中学教育、大学教育之间的关系，中学教育中教育目标与教学、课外教育之间的关系，教育、教学活动中智育与德、体、美、劳诸育之间的关系，智育中教育者的施教与受教育者的受教之间的关系，学生学习活动中学习动机、学习态度、学习方法与学习成绩之间的关系等都存在着规律性联系。教育学的任务就是要探讨、揭示种种教育的规律，阐明各种教育问题，建立教育学理论体系[2]。

教育学常用的教学方法：

(1)以语言传递为主的教学方法。

①讲授法。讲授法是教师运用语言系统连贯地向学生传授知识、引导学生学习的一种教学方法。

②谈话法。谈话法是教师和学生通过相互交谈来进行教学的方法。

③讨论法。讨论法是在教师的指导下，学生和教师为解决某个问题进行探讨、辨析是非真伪，使学生获得知识的方法。

④读书指导法。读书指导法是教师指导学生通过自学教科书和参考书获得知识、发展智力、提高思想认识、培养读书能力的方法。

(2)以直现感知为主的教学方法。

①演示法。演示法是指教师向学生展示实物或直观教具、向学生做示范性的实验，使学

生通过观察获得感性知识的一种教学方法。

②参观法。参观法是教师根据教学实验需要，组织和指导学生到实地直接观察客观事物，从而获得知识的教学方法。

(3)以实际训练为主的教学方法。

①练习法。练习法是指在教师指导下，使学生巩固知识和形成技能、技巧的教学方法。

②实验法。实验法是学生在教师指导下运用一定的仪器设备进行独立操作，观察事物和过程的发生和变化，以获得知识和技能的一种教学方法。

③实习作业法。实习作业法是学生在教师的指导下，依据教学大纲的要求，在校内外一定场地运用已有知识进行实际操作或其他实践活动，以获得一定知识和技能的方法。

(4)以探究活动为主的教学方法。

发现法。发现法是美国心理学家布鲁纳提出的以发展探究性思维为目标，以学科的基本结构为内容，以再发现为学习步骤的教学方法综合方式。以研究法为主，将实验、考察、讨论、自学进行综合，强调学生是发现者，参与知识的建立过程，关心学习过程胜过关心学习结果。学生通过自己的探索学习，发现事物的变化及内在联系，从而获得规律性的知识。

(5)以情感陶冶(体验)为主的教学方法。

①欣赏教学法。欣赏教学法就是要培养学生高尚的理想，养成正确的态度，培养正当的兴趣，以指导人生的行为，追求真理的精神和浓厚求知的兴趣。自然科学的精密学理或巧夺天工的发明创造，哲学上的深邃思想和逻辑论证，皆来自研究的兴趣和对真理的无限欣赏。

②情境教学法。情境教学法是指在教学过程中，教师有目的地引入或创设具有一定情绪色彩的、以形象为主体的生动具体的场景，以引起学生一定的态度体验，从而帮助学生理解教材，并使学生的心理机能得到发展的教学方法。

教育学知识不仅能够帮助学生更科学地学习体育实践和训练的技术，同时也帮助学生学会教导他人进行体育技术实践和训练；学生通过了解教育的良好方式方法可以更好地自主学习体育，同时通过了解教育与体育的关系可以更好地创新体育教学。

体育教育基础理论创新教学案例如下。

体育教育基础理论创新教学案例

——《教育学》,“教育与现代社会发展”章节

(王道俊、郭文安主编，人民教育出版社，2016年版)

(一)背景

在现今“大众创业、万众创新”背景下，需要将体育专业教育与创新创业教育广泛结合，融合体育专业相关理论和实践特色，将创新创业具体活动融入实际教学中，本案例以“教育学”课程为例，设计创新型理论教学的崭新模式，通过符合学校、地方特色的创新创业教育培养一专多能的应用型体育人才。

(二)案例介绍

大学一年级，《教育学》“教育与现代社会发展”章节。

1.学习内容

(1)教育与现代社会发展。

(2)创新创业素质的体育教育。

2.学习目标

(1)学生能在轻松愉悦的课堂气氛中通过故事或案例体验和学习教育学基础知识与体育教学的关联。

(2)学生能通过所学的知识培养体育方向创新思维和意识。

3.教学设计

先通过学习思维导图(下图)了解教学目标,然后对从古至今不同时代社会发展对教育的不同影响的介绍,引导学生了解和探索教育与社会发展之间的紧密联系和生活应用,分析不同的体育理论、体育技术等通过哪些现代社会发展的最新成效进行了改善和提升,最后共同进行师生点评反思,在激活思维、拓展能力的过程中体验思考、合作、创新的感受,从而有效地提高学生主动参与学习的兴趣。

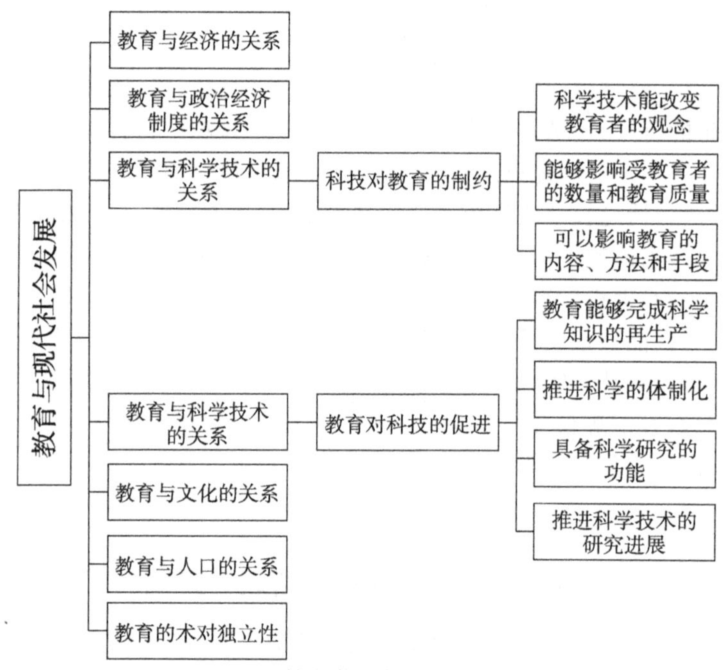

教育学思维导图

4.片段介绍

(1)通过教育类相关案例、图片或视频介绍不同社会时期国内外教育发展情况,激发学生兴趣。

例如,中国的古代,农业时期的体育活动主要以养生为主,人们讲究“天人合一”的哲学思维,开展各种踏青、登高、观灯、拔河、武术等节令活动结合思想教育,而西方国家更多地开展骑马、射箭、击剑、拳击等体育教育。

(2)根据分组,开放式讨论教育与社会发展之间的联系。(开放式讨论:所谓开放式讨论,是其答案的范围可以很广、很宽,主要考查学生思考问题时是否全面,是否有针对性，思路是否清晰，是否有新的观点和见解。）

(3)依据小组中个人体育专项、已学习体育理论课程为例拟写课堂作业。

(4)选择较为优秀的小组作业，作为模板带领学生共同进行总结、评价与实际应用讨论。

(5)结合实际案例，讨论当今互联网教育背景下，大学校园基础教育和社会环境实践教育对大学生创新创业的影响。

(三)案例分析

(1)这节课教案编写的主要特点是体现了体育教育与创新创业教育融合所提倡的“大学低年级应侧重培养学生体育方向创新思维和意识”的教学理念，能紧紧围绕学习目标，利用各种教学方法和手段创设教学情境，引导学生培养体育方向创新思维和意识。

(2)本课的教学重点是学习教育在现今时代实际教学和生活中的应用。教师在教学设计上，充分发挥了学生的主体作用，注重培养学生的自主锻炼和创新意识；在学习方法上，运用了多媒体直观教学法、讲解法、示范法、分组讨论法和自主学习的方法。

(四)创新创业案例讨论

小明，2011年，以“自行车及自行车旅游”创业项目赢得海南省创业大赛二等奖，在海口宣布启动“56自行车运动俱乐部”自创品牌，着力打造海南国际旅游岛自行车旅游新风尚。

相信自主创业改变人生命运的小明，长年酷爱阅读《商界》等杂志，一心希望自己成为一个响当当的企业家、实业家，不断通过自己的努力，积极推动社会发展。读大二时，小明就通过创新创业通识教育的学习，主动在校园内与同学合作创办体育用品租赁俱乐部，而此前曾利用课余时间推销泡面、摆地摊、兼职房产销售员等，小小年纪已历经“创业磨难”。2010年大学毕业后，小明并不像其他同学那样急着要去找一份“稳定的工作”，而是继续走上自主创业道路，创办了自己第一家公司，主要从事广告业务，包括自行车车载广告，旗下现有员工15人，平均月营业额达18万元。

海南国际旅游岛的政策优势以及海南“绿色崛起”的后发优势，被一向商机敏锐的小明“捕捉”到了，其结合自身长期开展自行车运动及有关业务的优势条件，2012年起决定开展自行车休闲旅游项目。小明说，“自行车休闲旅游，集健身养生、旅游休闲为一体，贯穿吃住行购娱环节，非常吻合海南旅游发展方向以及自然风光优美的特点，也是当前年轻人喜欢的时尚生活方式”。

思考并回答：

(1)分析和评价大学生的创业动机。

创业动机是创业行为背后的驱动力，它引起创业者从事创业活动，并推动创业者向某个目标前进，根据创业者性格特征、生活环境、家庭背景、受教育程度的不同而有所区别，主要有以下几种：

第一，成就的需求，即为了满足个人自我实现的一种需要。第二，追求独立的需求，即以自由意志来指导生活，寻求独立的生活方式。第三，控制的欲望，即创业者在创业过程中所表现出来的强烈的企图心，对权力展现出一定的支配、控制的愿望。第四，改变目前的经济状况。

(2)小明的案例对准备创业的大学生有哪些启示？

从小明的案例我们可以看出，成功创业离不开创新创业素质教育、明确的创业动机、良好的创业素质和良好的创新创业环境。相信自主创业改变人生命运的小明，一心希望自己成为一个响当当的企业家、实业家，不断通过自己的努力，积极推动社会发展，正是这样明确的动机和坚定的信念推动着小明在创业的道路上越走越远。

从大二起，小明就开始了自己的创业尝试，经历学校创新创业的比赛和校外创业的实践，在多次创业经历中，遇到了不少"磨难"，然而他没有放弃，而是不断地总结和反省，逐渐积累了创业经验，培养自己的创业能力。正是经过多次创业经历的积累，才使他在创业方向的选择上用独到的眼光和成熟的心态去面对。

二、现代教育技术

信息化是当今世界发展的潮流，而提高国民的信息素养、培养信息化人才则是国家信息化建设的根本。教师信息化既是教育信息化的重要组成部分，又是推动教育信息化建设的重要力量。因此，教师教育必须加快信息化进程，加大信息化建设力度，为全面提高中小学教师的信息素养奠定坚实的基础。现代教育技术课程主要是为了培养教师的教育技术能力而开设的教师教育公共基础课程，其可以促进教师教育能力的提高，加强教育技术基本技能，以教育技术相关理论为基础，重点培养学生的实践技能。

现代教育技术是指运用现代教育理论和现代信息技术，通过对教与学的过程和资源的设计、开发、利用、管理和评价，以实现教学优化的理论和实践。其内容分为理论介绍和实践应用两大部分。第一部分是理论介绍，内容包括现代教育技术概论、现代教育技术的理论基础、教学设计、中小学现代教育技术环境；第二部分是实践应用，内容包括素材获取与加工、多媒体课件的设计与开发、网络课程的设计与开发、信息技术与课程整合。现代教育技术系统地介绍了教育技术的基本理论和现代化教学媒体的特点，使学生在今后的教学工作中能更好地利用现代教育技术进行优化组合教学以提高教学质量。

现代教育应体现在"教育"与"现代技术"相结合之上。我国的教育事业源远流长，早在春秋战国时期，大教育家孔子就很重视教育。发展到今天，随着计算机技术、多媒体技术和网络技术及其应用的迅速发展，信息技术在教育教学中的全面应用成为现实，也为探索新的教学模式、方法、手段提供了机会，同时给教育教学领域改革的突破带来了前所未有的机遇。

教育要面向现代化，首先应该是教育思想的现代化。那么，现代教育技术作为现代教育模式的一种辅助手段，它的质量及其在教学中的效果如何，自然成了改革成败的重要因素之一。现代教育技术辅助教学成功的主要标志，应该是有利于学生主动参与自主学习，有利于揭示教学内容的实质，有利于教师与学生、学生与学生之间的相互交流协作学习，有利于学生思维和技能的训练，有利于创新能力的培养等。

现代教育模式与传统教育模式的根本区别就是把"以教师教为中心"的教学模式，转变为"以学生学为中心"的教学模式。传统教育是以教师传授知识为指导思想，采取"以教师教为中心”的教学模式;现代教育是以学生主动建构为指导思想,采取“以学生学为中心”的教学模式。教师通过适当的教学设计,使学习者可以按照自己的认知水平任意选择学习内容、学习方式以及各种工具,学习是学生主动参与完成的,真正实现了个别化的教学。如果学习中遇到了问题,可以通过协作学习,通过学生与教师或学生与学生,甚至学生与认知工具之间的交互得到解决[3]。

通过现代教育技术的学习,学生可以从新时代互联网技术的网络链接,以多种形式了解体育与健康、体育与现代教育的关系,提升学习热情。

体育教育基础理论创新教学案例如下。

体育理论教学案例

——《现代教育技术学》,“网络教育资源检索”章节

(刘芳、高铁俊主编,中国人民大学出版社,2012年版)

(一)背景

在现今“大众创业、万众创新”背景下,需要将体育专业教育与创新创业教育广泛结合,融合体育专业相关理论和实践特色,将创新创业具体活动融入实际教学中,本案例以“现代教育技术学”课程为例,可以通过思维导图、案例分析、网络实践、做表分析等进行课堂创新。

(二)案例介绍

大学三年级,《现代教育技术学》“网络教育资源检索”章节。

1.学习内容

(1)网络教育资源检索。

(2)创新设计和应用能力的体育教育。

2.学习目标

(1)学生能在轻松的课堂气氛中体验和学习现代教育技术基础知识与体育教学的关联。

(2)学生能通过所学的知识进行实践,培养体育方向创新设计和应用能力。

3. 教学设计

先通过学习思维导图(下图)了解本次课程教学目标,然后通过对百度、谷歌、搜狗等网络搜索引擎的介绍,再深入了解百度知道、知乎、悟空问答、网络问答等,引导学生了解它们之间的区别与联系,分析不同的体育专业术语、体育理论概念等最适合哪种搜索或问答方式,指导学生进行模拟教学实践,最后共同进行师生点评反思,讨论网络搜索、问答模式与体育结合在“互联网+”比赛中的可能应用,在激活思维、拓展能力的过程中体验思考、合作、创新、实践的感受,从而有效地提高学生主动参与学习的兴趣。

4.片段介绍

(1)通过PPT介绍常见搜索引擎和问答软件,激发学生兴趣。

(2)根据表格,案例分析型分组讨论不同网络资源检索的区别和联系。(案例

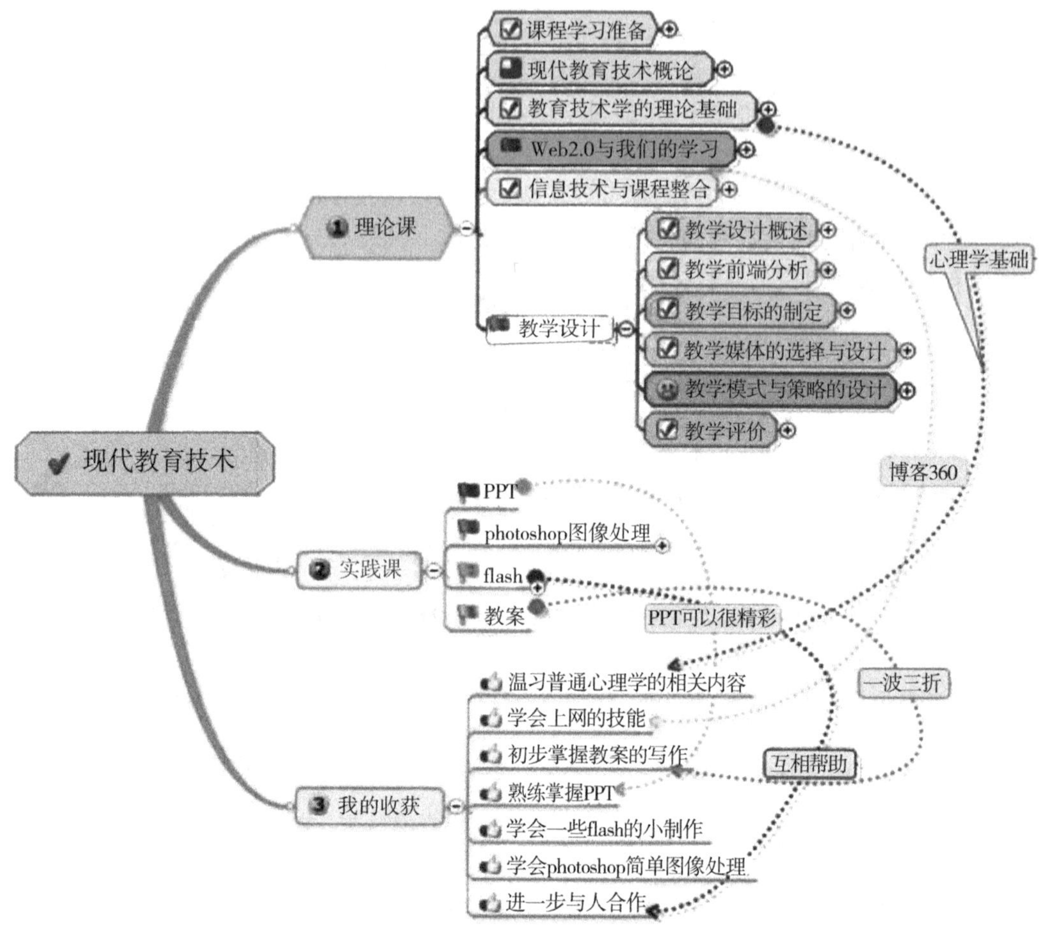

“现代教育技术”课程学习思维导图

分析型：就是以小组为单位讨论实际的创新创业问题，案例分析可以很好地测试学生的分析能力、推理能力、自信心、商业知识以及沟通能力。）

(3)依据小组中个人体育专项、本学期体育理论专业名词为关键词，利用手机或电脑进行网络搜索和问答搜索，寻找最适合的问题解答模块，进而拟写课堂讨论总结报告。

(4)选择较为合理的小组讨论结果，作为模板带领和指导学生制作PPT课件进行片段教学实践，可作为课题讨论或课后作业。

(5)总结、评价与实际应用讨论。以“悟空问答”为例，讨论如何在其中找寻学生需要的信息并鉴别其有效程度。

(三)案例分析

(1)这节课教案编写的主要特点是体现了体育教育与创新创业教育融合所提倡的“大学高年级应侧重培养学生体育方向创新设计和应用能力”的教学理念，能紧紧围绕学习目标，利用各种教学方法和手段创设教学情境，引导学生培养体育方向创新创业能力。

(2)本课的教学重点是学习不同搜索和问答软件在实际体育教学中的应用。教师在教学设计上,充分发挥了学生的主体作用,注重培养学生的自主锻炼和创新意识;在学习方法上,运用了多媒体直观教学法、讲解法、示范法、分组竞赛法和自主学习的方法。

(3)在模拟教学实践过程中,教师力求把现代教育技术、创新创业教育和体育理论与实践有机结合,构成了新的教学情景,有利于调动学生用已有的知识在实践中去体验的积极性,体现了"创新型体育理论教学"的思想。

(四)创新实践——悟空问答

通过"悟空问答"对体育、健康相关问题的搜索,提问和回答,填入下表,真实了解网络教育资源检索的新兴模式,探索不同新型模式的优缺点和可信度,并结合自身实际,思考创新创业实践在其中应用的可行性。

网络问答分析表

悟空问答	问答人群	问答专业性	网络问答优点	网络问答缺点
体育频道				
健康频道				

第二节　体育教育实践创新教学

一、课程教学与班级管理

课程教学与班级管理密切结合教师教育专业实际,突出学术性、实用性,为广大师范生提供课程教学与班级管理的理论和实践方面的知识。主要内容包括课程教学中的基本方法、原则和注意事项,班级管理中的学生和班主任、班级管理目标与内容、班级管理的原则与方法、班级组织建设、班级日常管理、班级活动管理、班级文化管理、班级突发事件管理、班级管理过程中的家校合作模式、班级管理的评价等。

通过课程的学习,师范专业的学生掌握从事课程教学和班主任工作所必备的专业理论知识和基本技能与技巧,逐步树立科学的学生管理观念,初步形成运用所学知识解决课程教学和班级管理工作的实际问题的能力。

本课程通过"做""练""案例分析"等形式开展教育教学活动,在"做"的过程中训练学生掌握缜密有方的教学和组织管理能力、机智灵敏的应变能力、广泛灵活的交往协调能力、深刻敏锐的观察分析能力、使人心悦诚服的说服能力、生动艺术的语言表达能力,在"练"和"案例分析"的过程中理解和掌握基本原理和理论知识。

教学方法与形式的建议:①按照开放教育试点所倡导的自主学习方式,教学应以辅助学生联系实际、运用小组学习等方法开展自学为主。②运用多种媒体教材的一体化设计方案,结合本地区学生的学习条件实际,提供多种方式的学习支持服务。③面授辅导应侧重于理论教学部分,强化基础知识的学习,讲清思路与方法。④学习方法的指导要突出重点,重视案例教学方法的适当运用,培养学生分析研究实际问题的能力。⑤注意研究并安排好课程实践教学环节，利用教育实习基地组织学生开展实地考察和撰写工作分析报告，鼓励学生运用所学知识进行顶岗实习，提升班级管理能力的发展。⑥创造条件帮助学生运用中小学所提供的教学资源，指导学习使用好音像等多种媒体教材，开展视听学习交流活动。

课程教学与班级管理着重在课程教学的组织方法和班级教学管理的有机结合，学生可以从新时代创新创业背景下的慕课、翻转课堂、微课、线上线下结合课程等不同课程模式，了解并逐步掌握不同课程模式下的班级管理，探索专业知识和创新创业教育的多方面融合。

体育教育基础理论创新教学案例如下。

体育理论创新实践教学案例

——《课程教学技能》《班级管理》，"组织教学的技能"章节

（王晞主编，福建教育出版社，2008 年版；张作岭、宋立华主编，清华大学出版社，2014 年版）

（一）背景

在现今"大众创业、万众创新"背景下，需要将体育专业教育与创新创业教育广泛结合，融合体育专业相关理论和实践特色，将创新创业具体活动融入实际教学中，本案例以创新精神、创业技能和实践应用能力为培养目标，通过短视频学习、优缺点列举法分组讨论、网络慕课学习实践等方式进行课堂创新。

（二）案例介绍

大学二年级，《课程教学与班级管理》"组织教学的技能"章节。

1.学习内容

(1)教学模式与教学策略。

(2)创新创业实践的体育教育。

2.学习目标

(1)学生能在轻松愉悦的课堂气氛中体验和学习课程教学与班级管理基础知识，了解其与体育教学的关系。

(2)学生能通过所学的知识培养体育方向创新实践能力。

3.教学设计

通过对慕课、翻转课堂、微课、线上线下结合课程等新型课堂模式的介绍，引导学生了解它们之间的区别与联系，分析不同的体育理论课程、体育技术课程理论教学等课堂适合哪种教学方式，指导学生进行模拟教学实践，最后共同进行师生点评反思，讨论新型教学模式在大学生创新创业训练项目中的可能应用，在激活思维、拓展能力的过程中体验思考、合作、创新、实践的感受，从而有效地提高学生主动参与学习的兴趣。

4.片段介绍

(1)通过相关短视频介绍最新教学模式，激发学生兴趣。

(2)根据表格、图片，优缺点列举法分组讨论不同教学模式的区别和联系(下表)。(优缺点列举法，这是一种逐一列出事物优点的方法和检讨此一事物的各种缺点及缺漏，进而探求解决问题和改善对策。)

(3)依据小组中个人体育专项、本学期体育理论课程的特点拟写适合的教学模式作业。

(4)选择较为合理的小组作业,作为模板带领和指导学生进行片段教学实践。

(5)总结、评价与实际应用讨论。

教学模式分析表

区　别	模　式			
	慕　课	翻转课堂	微　课	线上线下结合
概　念				
特　点				
优　点				
缺　点				

(三)案例分析

(1)这节课教案编写的主要特点体现了体育教育与创新创业教育融合所提倡的“大学低年级应侧重培养学生体育方向创新实践能力”的教学理念,能紧紧围绕学习目标,利用各种教学方法和手段创设教学情境,引导学生培养体育方向创新思维和实践应用。

(2)本课的教学重点是学习不同教学模式在不同课堂教学中的应用。教师在教学设计上,充分发挥了学生的主体作用,注重培养学生的自主锻炼和创新意识;在学习方法上,运用了多媒体直观教学法、讲解法、示范法、分组竞赛法和自主学习的方法。

(3)在模拟教学实践过程中,教师力求把课程教学与班级管理、创新创业教育和体育理论与实践有机结合,构成了新的教学情景,有利于调动学生用已有的知识在实践中去体验的积极性,体现了“创新型体育理论教学”的思想。

(四)创新学习实践——慕课

通过中国大学MOOC(慕课)的在线开放课程优秀案例的观看,直观了解新兴课堂教学模式。

(1)引导学生参与慕课学习,感受网络学习和师生网络互动。

(2)通过学习和实践,拟写课后作业(慕课教学的优势和网络教学的新型管理方式)。

(3)思考现今网络教学的优缺点,探索网络教学的创新点(如疫情之下的网络教学直播)。

二、中文写作

大学各专业学生都应该掌握最基本的中文写作知识,从而锻炼并提高其写作能力和水平。学生需要通过阅读、模拟写作、记日记等方式进行学习。此外,论文写作可以通过思维导图的模式,结合体育专业,进行创新学习。

思维导图是由英国教育学家东尼·博赞于20世纪70年代提出的一种辅助思考工具，主要结合了心理学、脑科学原理等。思维导图是放射性思维的表达，也是人类思维的自然功能，增强使用者的立体思维能力，是打开大脑潜力的万能钥匙。思维导图可以用于生活的各个方面，以清晰的思维方式达到改善人的行为表现。

随着科学技术的发展及教育学、心理学领域的新发展，体育教学方法出现一种新的趋势，这个趋势可以归纳为现代化、个性化、多样化、心理化、民主化。基于脑科学、心理学及构建主义学原理的思维导图是一种呈放射状的思维表达方式，是一种将放射性思考具体化的方法，也是一种新兴的学习方法，可以应用于生活的各个方面，以清晰的思维方式达到改善人的行为表现。将思维导图应用在体育教学领域中符合体育教学方法的发展方向。根据体育教育专业学生的培养目标，应当将思维导图应用到体育理论知识、体育运动技术、体育教育专业授课综合知识能力等方面。

自21世纪以来，人类走向了科学化、信息化时代，科教兴国，利用先进的科学技术、优秀的教学方法能达到事半功倍的效果。随着心理学、脑科学的发展，越来越多的教育机构采用了诸如思维导图、心理暗示、催眠、潜意识等培训手段，提高了教学效果。思维导图运用在体育教育专业教学中，为体育教学方法注入了新的血液，达到以理论指导实践，提高运动技能水平，从而达到提高体育教育专业学生的综合能力水平。

中文写作可以帮助学生在科学研究、论文撰写、调研报告等方面提升实践能力，学生可以从“互联网＋”的角度，结合思维导图，探索专业知识和创新创业教育的全方位融合。以中文写作的素材运用为例，运用思维导图构建素材案例框架，教师可以在上课的时候使用幻灯片展示教学素材，学生可以用思维导图记笔记，总结写作技巧，更好地提高创新学习的效率。

体育教育基础理论创新教学案例如下。

体育理论创新实践教学案例

——《中文应用写作教程》，“应用写作基础”章节

（戴盛才主编，复旦大学出版社，2011年版）

（一）教学目标

(1)通过对作文、论文素材模式化、老旧而缺乏时代感等现象的分析，挖掘中文写作的创新案例。

(2)通过训练，学生学会运用“互联网＋”等创新素材的方法。

（二）学情分析

学生在运用写作素材时存在的共性问题有：千篇一律模式化、陈旧缺乏时代感、堆砌材料凑字数。从平时讨论型作业来看，学生回答问题较少自身思考创新，较多重复课本理论知识或案例；从论文写作来看，学生较少结合当今社会热点或自身经历，较多重复老旧新闻案例。

（三）重点难点

(1)“互联网＋”等创新素材的积累。

(2)“互联网＋”等创新素材在体育相关写作中的运用。

(四)教学过程

1.导入:分析讨论——写作素材模式化,缺乏时代感

现象一:“勤奋学习的是爱因斯坦,淡泊名利的是居里夫人,助人为乐的是雷锋,不畏死亡的是刘胡兰,身残志坚的是张海迪,就这么几个死定的例子,光荣地造就了上海乃至全国这么多考试和比赛里的作文高手。”——韩寒《三重门》(《三重门》,韩寒,作家出版社,2000年版)

现象二:“一到6月7日,古代名人们就忙得不得了:屈原不停地跳下汨罗江,变成了跳水运动员;项羽不停地自杀,剑放在脖子上拿不下来;韩信干脆赖在别人胯下不起来;陶渊明频频出山,出入考场,过不成隐逸生活;司马迁难言之隐的疮疤被考生一揭再揭,一次又一次地遭受宫刑,真是哪壶不开提哪壶……”(高考作文阅读感想)

现象三:“前言、文献综述、总结建议等基本千篇一律,没有结合现实社会生活中的前沿、热点、焦点问题,没有真正融合地方特色需求的实际建议,更多的是套话和模板重复。”(本科毕业生论文阅读感想)

2.探究讨论——如何选材

(1)要选用自己最熟悉的、感受最深的素材,最好是自己的亲身经历,即使是选用“大众化”的素材(老旧素材),也要在形式上、角度上变通。

(2)要选择那些比较时鲜的,尤其是当前现实生活中的热点、焦点问题等最有说服力的素材。因为有自己独特的感受,最能打动读者(评阅教师),同时表示关注社会、关注现实、关注人类自身,具有社会责任感。

素材一:乒坛名将王皓在雅典奥运会男单决赛中惜败韩国的柳承敏。指责、非议四起,之后多次大赛屈居第二,被戏称为“乒坛千年老二”,但他没有放弃,坚持苦练技术,磨炼意志,终于在2006年多哈亚运会和2007年世锦赛上两次以4比0的绝对优势完胜宿敌柳承敏,报了一箭之仇。2011年8月27日,王皓入驻国际乒联“名人堂”,是“韧”的精神圆了他的王者之梦。

素材二:两个节目——《体育科学》《科学看武术》(CCTV-10科教频道)。

棒球击球选手和网球选手的反应时间究竟有多快,冰雪运动中冰刀伤害的严重性究竟有多大,橄榄球选手传球的准确度究竟有多好……体育科学为您揭示体育运动的真相,带您领略体育背后的精彩。

分析讨论:适用主题——体育、科学、创新。

3.课堂作业——应用写作

阅读以下素材,撰写“‘互联网+’对体育发展的影响”小论文。

从勇士夺冠背后的硅谷黑科技,到柯洁与阿尔法狗的人机大战,再到平昌冬奥会上,创造吉尼斯纪录的无人机灯光秀,创新科技正在以百米冲刺的速度进入体育产业,在全球范围得到了体育、科技、投资界的高度关注。英国时间5月3日,被誉为体育科技“奥斯卡”的世界体育科技大奖(Sports Technology Awards,STA)就将迎来第五届颁奖典礼。STA旨在探索并发掘人工智能、虚拟现实、智能穿戴、大数据、生物科学等前沿科技在体育产业的应用,通过科技力量加速体育变革。

4.思维导图小结

课后通过网络搜寻思维导图制作软件，结合本次课程自主创新制作课堂总结的思维导图，并相互交换评分。

(五)创新创业案例——“互联网＋体育”的 PPT 写作

(1)引导学生观看优秀写作案例，了解 PPT 的写作与设计。

(2)通过学习和实践，拟写课外作业(论文开题报告 PPT 版本或读书笔记 PPT 版本，下图)。

健身：大众体育服务的突破点

行业概览：
随着“80后”“90后”这部分群体消费能力的上升，健身塑形开始成为国内大众体育服务的主流。根据相关市场数据，2014年，健身产业产值达到1272.28亿元。目前资本布局体育产业的又一重要入口，早期投资超过90%。

行业痛点：
服务种类偏少、商业开发不够；国人健身习惯仍未完全养成；健身俱乐部数量较少（美国健身俱乐部数量是中国的5倍），且盈利情况较为惨淡（仅有20%处于盈利）。

用户需求及互联网介入：
练什么？怎么练？选择最适合自己的训练项目，同时保障训练的时间、频次和效果；纯健身指导创业公司。

方向价值：
入口、数据与习惯培养。

典型公司：KEEP

健身

成立时间：2014年
KEEP是一款具有社交属性的移动健身工具类产品。用户可利用碎片化的时间，随时随地选择适合自己的视频健身课程，进行真人同步训练。

融资过程：
2015.7 B轮 1000万美元 纪源资本/贝塔斯曼/银泰资本Ventech
2015.4 A轮 500万美元 银泰资本/贝塔斯曼
2014.11 天使轮 300万人民币 泽厚资本

业务发展：
解决最“小白”用户的健身指导、项目选择和健身督促作用；通过碎片化训练视频，打造可实施性较高的成体系健身项目指导，鼓励用户不断实践锻炼。
2016年最新版本正式推出跑步和电商两大功能，由最初的移动健身工具逐步向运动平台转型。

每一个入口性工具型产品的必经道路
运营数据较好，商业模式及变现还需继续观察

“互联网＋体育”的 PPT 写作案例

思考与练习

1.请根据疫情阶段和疫情后体育与互联网的结合，撰写小论文。

2.创新创业与中文写作实践结合，学生应当注重课堂中、后的哪些内容？

3.请学生感受新型的教学模式，尝试新型教学模式下的不同学习方法。

参考文献

[1]杨春艳.本科院校体育教育专业“学科”理论课程的改革与实践[J].新乡学院学报，2016(9):73-76.

[2]吴明.普通高校体育基础理论课教学探讨[J].南京体育学院学报，2000(3):31-33.

[3]邹骐阳.体育教育学科知识论基础及价值选择研究[J].体育科技文献通报，2019(11):88,94.

第三章 体育专业基础知识创新型教学

新课程的实施是我国基础教育战线上一场深刻的变革，新的理念、新的教材和新的评价，对广大教育工作者提出了更高、更新的要求。这就需要中小学体育教师迅速走进新课程、理解新课程，掌握体育专业基础理论知识和实践的课程。作为新时期的小学体育教师，如何去发扬传统教学的优势，尽快地适应课程改革的需要，需要有好的方法[1]。

一、树立"健康第一"的指导思想

随着生产自动化水平的迅速提高、社会物质生活的较大改善以及闲暇时间的不断增多，人们的生活方式发生了很大的变化。特别是近年来，健身锻炼正在成为人们日常生活中不可缺少的组成部分。例如，随着医疗改革制度的实施和完善，健康成了人们关注的热点，每天晨练、登山、打球的人络绎不绝，加入体育锻炼的人群越来越广，终身锻炼的意识已逐渐深入人心。因此，体育教师也要树立"健康第一"的指导思想，利用体育教学改善学生的心理健康和社会适应能力，从而以增进学生身心健康这一目标出发，引导学生掌握基本的运动技能，学会科学锻炼身体的方法，培养坚持课外锻炼的习惯，促进身体素质、心理健康、社会适应能力等全面发展。

二、以学生发展为中心，关注每一位学生的健康成长

传统的体育教学是以教师、教材、课堂为中心，学生跟着教师转，教师跟着教材转，教师教无兴趣，学生学无乐趣。新课程以"一切为了每一位学生的发展"为最高宗旨和核心理念，要求教师心中要装着每位学生的喜怒哀乐和身心健康，把学生看成学生的主体，学习的主人，要以学生发展为中心，将学生的全面发展放在首要地位。例如，首先，根据学生的体能和体育基本技能的差异，确定教学目标、安排教学内容，让全体学生都有平等参与体育活动的机会。其次，关注学生的需求，重视学生的情感体验，激发学生的学习动机和兴趣，让学生在自主的学习过程中学会学习，享受学习的乐趣，养成健全的人格。

三、转换角色，建立新型的师生关系

建立新型的师生关系，是新课程改革实施和教学改革的前提与条件。新课程的推进要致力于建立充分体现尊重、民主和发展精神的新型师生关系，使学生学习的主动性和创造性得以充分发挥。要建立新型的师生关系，教师应真情对待学生，关心爱护每一位学生，公平地对待学生，不能厚此薄彼，尤其是对于学习成绩不理想的学生，教师要多鼓励、多关怀，相信他们的潜力，切实帮助他们，成为学生学习的促进者和服务者。传统教学中的师生关系，是一种不平等的关系，教师不仅是教学过程的控制者、体育活动的组织者、成绩的判定者和

绝对的权威者，而且总是千方百计地把自己的要求“格式化”，根据自己的思路进行教学。新课程要求教师从知识技能的传授者转变成学生发展的促进者，由居高临下的指挥者转变成合作型的良师益友，使教学过程转变为师生共同开发课程标准的过程。例如，在上立定跳远课时，笔者改变了以往惯用的教师讲解、示范→学生模仿练习→纠正错误动作，这一传统的“格式化”的教学方式，采用了让学生在师生共同创设的虚拟的动物王国运动会中，学习模仿各种动物的双脚起跳、双脚落地（立定跳）的方法。学生通过实践→思考→创造→发现→学习等步骤，在老师的鼓励和师生共同探讨、实践下掌握了动作技能。整个学习过程教师只是学生学习的引导者和服务者，在与学生平等的交往中帮助学生掌握学习方法，学生始终是学习的主人，教师在一旁起着鼓励、促进作用，如此合作教学较以往事半功倍。

四、灵活运用各种教法和学法

新课程强调教学过程是师生交往、共同发展的互动过程。在教学过程中要处理好传授知识与培养能力的关系，注意培养学生的独立性和自主性，引导学生质疑、调查、探究，在自主学习中培养独立思考能力，探究学习中培养解决问题能力，合作学习中提高合作交流能力。例如，“跳短绳”一课，过去教师一般采用传授式教学法和学生反复练习的方法来完成教学任务，其实可以改用激趣法和鼓励法进行教学尝试，如课前，激发学生模仿小兔子、袋鼠等动物跳，然后，布置给学生“小动物学跳绳，比一比谁学得快”的任务，让学生自由练习[2]。练习过程中，一些基础好的学生很快就完成老师布置的任务，为了保持学生的练习兴趣，一方面引导学生学习花样跳绳，另一方面让学生当小老师教不会的同学。体育教学方法层出不穷，在教学实践中灵活运用各种教法和学法，是新时代创新创业教育对教师的要求。

体育专业基础理论是指体育宏观性、全局性的知识体系，或者说是体育整体性、综合性的基础理论，也可以说是整个体育事业的基本理论。体育教育中最普遍、规模最大的活动是学校体育和体育专业教育，两者相互作用、相互依存，体现一种互动关系。按照培养方案的课程，每节一个学科的介绍理论和实践结合的创新型案例，培养学生的创新实践能力。例如，可以通过以下几种创新的体育教学法，提高学生的上课热情和创新思维发散能力。

（一）“成功”教学法

“成功”教学法是根据学生的实际情况和接受能力，适当把教授的技术动作转变为精华部分，降低难度，不过分追求速度、远度、准确度，激发学生以顽强的意志坚持把动作做好，并实施因材施教，让学生在完成动作的同时体验“成功”的乐趣，以此给予鼓励。中小学生具有很强的自尊心、自信心，往往一点点的成功喜悦感就会激发他们昂扬的斗志和坚持锻炼的决心。部分学生对体育课不感兴趣，再加上看到同伴完成动作很好，自己内心就会排斥或不情愿参与，而有了坚持的意志和积极参与的态度，对技术动作的认识和探索就会自然而然地加强。实施中，体育教师要为学生创造“成功”的机会，使其体验成功的快乐，促使追求成功的愿望，最终达到学生主动积极地自学自练的目的。但不可使用过度，处处都是成功不仅起不到激发练习的信心，而且会让学生“飘飘然”。

（二）“娱乐”教学法

体育或体育课对青少年体质增强的作用毋庸置疑，每个孩子的家长和老师也都明白。但实际上中小学生对待体育或体育课总是提不起兴趣，更别说积极主动地去练习了。调查显示超过40％的学生对体育课的兴趣一般或不喜欢，接近40％的学生对体育课的兴趣一般或不喜欢。而实际上，多数学生不是不喜欢体育课，而是觉得体育课太枯燥乏味、没意思，根本提不起兴趣。他们心中的体育课应该是丰富多彩、娱乐身心的一种方式，而不是在文化课本来就很紧张的情况下再去上什么“没意思”的体育课。“娱乐”体育教学法恰恰能激发学生对体育课的兴趣和爱好，从教学方法上激发学生参与练习的积极性，通过设计丰富多彩的教学内容、实施多种多样的教学方式和组织形式，以此调动学生主动地了解体育知识、掌握技术动作，变“被动体育”为“主动体育”。“娱乐”教学法的设计和编排需要体育教师多下功夫，捕捉技术动作的“娱乐”成分和元素，使用各种工具和手段调动学生参与的主动性。这种方法虽说给体育教师增加了备课的负担，但对学生来说，那种从体育课中获得娱乐的快乐是坚持锻炼和积极投入锻炼中的有效“催化剂”。当然，在教学应用中，也应避免只注重娱乐，而忽视了体质锻炼和技能学习，防止本末倒置。

（三）“口诀”教学法

口诀法是体育教师在教学过程中，通过对技术要领的理解和反思，加上自身教学实践的经验总结，提炼出来的一种包含重要技术动作要领，以顺口、押韵的形式进行教学的方法。口诀教学法使用起来方便、快捷，学生容易接受；免去了讲解的啰唆和枯燥，学生在课后又能时不时地喊几句，促进加深记忆。例如，记忆人体的必需氨基酸——携一本蛋色书来[缬氨酸，异亮（亮）氨酸，苯丙氨酸，蛋氨酸，色氨酸（甲硫氨酸），苏氨酸，赖氨酸]。

（四）群体激励教学法

群体激励教学法又称“智力激励法”“头脑风暴法”，源起美国人奥斯本，是指通过集体思维共同相互激励的形式，引发众多反应，产生多种解决问题的设想的一种教学方法，类似于启发法和小组讨论法的叠加。首先是教师提出问题，让学生通过创造性思维和实践去探究，最终形成正确的答案或结果。在长期的应试教育影响下，43.8％的体育教师不让学生主动探究新方法、新练法，45.4％的体育教师不给学生自由表达、讨论的机会。这种方法针对我国传统应试教育培养出来的学生来说，培养他们的创造力和创新意识具有重大功效。学生在探索问题的同时就是寻找解决问题的过程，再加上教师专门设置的一些疑难，迫使学生开动脑筋、启发思维，必然提升了学生的创新意识和解决问题的能力。

（五）移植教学法

移植教学法就是“将体育教学方法直接的理论基础、普通教学论以及其他学科的好经验、好方法，以及边缘学科新涌现的新知识、新理论部分地或全部地引入体育教学领域，并通过一定的改造而获得新的体育教学方法”。体育是个特殊的学科，大量的教学方法来自教育学、心理学领域，练习方法来自训练学领域，这些学科内的教学方法在合适的教学步骤、练习阶段内都可以移植过来，丰富发展体育课堂教学。体育教师在运用移植教学法时，要视野开阔、酌情使用，做到“举一反三”“异中求同”。体育教师丰富的知识面、发散的思维方式、教学经验的总结与反思是应用移植教学法的决定因素，切忌为求新而进行胡编乱造、滥用。

（六）难度增减教学法

难度增减教学法是指在不改变运动技术动作的结构和性质的基础上，对教学内容的难度进行增减调整的一种教学方法。这种教学法在现实体育教学中经常使用，如跳跃纵箱前先练习跳山羊，肩肘倒立前先练习有人辅助练习，篮球罚球练习前先缩短距离练习等。一般都是先易后难，而在一些训练课上，往往是增加难度的做法，如有人影响下罚篮，故意抛不到位的球让学生垫等。难度增减教学法不但有助于教学进度的顺利进行，而且对消除学生的恐惧感、增加信心、提高抗干扰能力都起到重要作用。

(七)逆向思维教学法

逆向思维教学法是指按照反向思维,反方向引出问题的一种教学方法。人们习惯于按照正向思维进行教学,但一些技术动作按照反向程序进行反而会取得更好的效果。例如,掷标枪、先教持枪投掷,再加上助跑,最后完整练习;跳远,先教起跳,再教助跑和落地;等等,这些教学程序的反顺序也需要教学方法的反向进行。此类技术动作的特点往往具有共性,都是先练习较难掌握的技术动作,而且这些技术动作对成绩起到决定因素。在实际教学中,体育教师总是抱怨学生笨,学不会动作,逆向思维一下,反思自己教的方法,是"接受"的问题还是"教授"的问题,是"学不会"的问题还是"教不会"的问题,这同样也是逆向思维教学法的应用。

(八)情景教学法

情景教学法是指在学习动作前,先用语言或场景把学生带入一定情景,让学生设身处地地强化练习的一种方法。具体的实施手段有以生活展现情景,以实物演示情景,以录像、画片再现情景,以音乐、语言渲染情景,以展示、表演、示范体会情景等。例如,教中长跑时,把学生比喻成抗震救灾的人民子弟兵;学习篮球变向运球时,模拟比赛现场,启发学生用什么方法摆脱防守队员;放松练习时,想象自己是快乐的小鸟,自由地飞翔等。再如,长春市外国语学校陈永东教师创设的太极放松操——大西瓜,"一个圆圆大西瓜,我从中间切开它,一半送给老师您,一半送给同学了,拿去吧! 拿去吧! 我自己呢! 没了,没了!"情景创设需要体育老师"煞费苦心",而启发、激励学生身临其境地练习更是需要教学艺术。这种方法既能激发学生练习的积极性,又能提高教师创设情景、组织教学方法的能力。尤其是对低年级的小学生来说,情景教学法能激起孩子的无限遐想,使其感受到自己就是主人公,练习起来自然卖力。

体育专业基础理论知识和实践的课程主要从体育的基本理论知识到体育基本技术的实践指导进行了系统的阐述,并对体育不同运动项目的学习训练方法和技能进行了实用性的介绍,学生可以通过创新教学案例、分组"头脑风暴"、创新视频观看等方式,更好地进行专业课程创新创业教育,提升学生的创新思维能力[3]。

第一节　体育专业基础理论创新教学

体育专业基础理论是体育学科的重要内容,以研究体育一般规律为对象,主要研究内容包括体育的产生和发展、特点和作用、目的与任务、制度与手段,体育教学、运动训练、体育锻炼的一般原理和方法,以及体育组织管理、学校体育、幼儿园体育、厂矿企业农村体育等。体育理论来源于体育实践,但不是简单地反映体育实践,而是将丰富的实践经验加以正确地概括,并提高到理论高度,揭示体育的客观规律,从而指导人们的实践。体育理论的建立和发展,同许多学科有着密切联系,并越来越多地运用其知识成果来解决自身的理论问题。

常见体育教学方法分类如图 3.1 所示。

体育教学方法
- "以教为主"教学方法
  - 传授类方法：如讲解法、问答法、讨论法、纠错法、命令法、分解完整法等
  - 练习类方法：如示范法、演示法、保护与帮助法、重复练习法、循环练习法等
- "以学为主"教学方法
  - 指导类方法：如变换法、口诀法、游戏法、情景法、评比法、激励法、小群体法等
  - 学习类方法：如发现法、质疑法、问题探究法、合作学习法、自主学习法等

图 3.1　体育教学方法

一、体育概论

体育概论是从宏观、整体的角度综合研究体育的基本特征和发展规律的学科。体育概论从整体上揭示体育的本质特点，剖析体育的社会地位、功能、目的任务及其与各种社会文化现象之间的关系，阐明体育的组织和方法手段以及国际体育、未来体育等。《体育概论》是根据国家体委下达的《体育学院体育系、运动系本科〈体育概论〉课程教学基本要求》编写的，从整体上去研究和认识体育，进行高度综合与概括，是体育实践的理论反映，它揭示了作为社会现象的体育的发展规律，指导体育向合理化方向发展；目的在于培养合格的体育工作者，加深他们对体育本质的理解和认识，掌握体育的基本规律，提高他们的理论水平和分析问题、解决问题的能力，使他们更加热爱自己的职业，明确自己未来的使命。

在学习和研讨体育概论的过程中，应做到以下几点基本要求：

(1)坚持百花齐放、百家争鸣的学术方针。

(2)坚持以马克思主义唯物辩证法和唯物史观分析问题。

(3)坚持理论联系实践。

对体育概论的单纯理论学习可能比较枯燥，教师可以通过展示国外相关体育图片和视频介绍最新体育科技，激发学生兴趣；也可以布置任务，通过学生网络上收集课程相关的创新创业案例或短视频，以 1 至 2 页 PPT 和视频形式呈现，班级学生集体评分以作为过程性考核的加分标准。

体育专业理论教学创新案例如下。

体育专业理论教学创新案例

教学名称：《体育概论》，"体育科学"章节
（杨铁黎主编，人民体育出版社，2014 年版）

(一)背景、意义及介绍

体育概论教学目的在于培养合格的体育工作者，加深他们对体育本质的理解和认识，掌握体育的基本规律，提高他们的理论水平和分析问题、解决问题的能力，使他们更加热爱自己的职业，明确自己未来的使命。在现今"大众创业、万众创新"背景下，需要将体育专业教育与创新创业教育广泛结合，融合体育专业相关理论和实践特色，将创新创业具体活动融入实际教学中，本案例以"体育概论"课程为例，设计创新型理论教学的崭新模式，通过符合学校、地方特色的创新创业教育培养一专多能的应用型体育人才

续表

(二)教学目标

(1)学生能在轻松愉悦的课堂气氛中体验和学习体育概论基础知识与体育教学的关联。

(2)学生能通过所学的知识培养体育方向创新思维和意识

(三)学生特征分析

(1)共性:现在的学生,独生子女比较多,自我意识强,不善于与人合作和分享,学习注意力易扩散或转移,练习兴趣高但不易长久集中。

(2)差异:项目喜爱难相同,身体素质和技能技术掌握差异大,运动能力不均衡。

(3)影响因素:满足学生的实际需要和重视学生的情感体验,通过课堂实践分组,男、女混合,促成他们团结合作,搭起他们展现自我的平台,使他们都能体验到团结合作学习和成功的乐趣

(四)主要内容和方法

1.学习内容

(1)体育科学。

(2)创新创业素质的体育教育。

2.教学组织

多媒体直观教学法、讲解法、分组讨论法和自主学习法

(五)流程设计

<table>
<tr><th colspan="2">学习阶段</th><th>学生活动</th><th>教师活动</th></tr>
<tr><td colspan="2">第一阶段:动员和兴趣引导</td><td>学习阅读教材和教师的PPT</td><td>(1)讲述体育概论、体育科学学习的意义和教学的流程。
(2)指导学生收集资料,同时教师参与学生的讨论中</td></tr>
<tr><td rowspan="3">第二阶段:准备阶段</td><td>提出和选择课题</td><td rowspan="3">根据彼此的特点,各小组经过讨论选定课题;根据小组的选题,进行小组分工,收集资料,与老师一起商讨等,最终展示成果项目</td><td rowspan="3">通过对新兴科技在体育中应用的介绍,引导学生了解和探索体育与科学之间的紧密联系和生活应用,分析不同的体育理论、体育技术等通过哪些科技手段进行了改善和提升,最后共同进行师生点评反思,在激活思维、拓展能力的过程中体验思考、合作、创新的感受,从而有效地提高学生主动参与学习的兴趣</td></tr>
<tr><td>成立课题组</td></tr>
<tr><td>形成小组实施方案</td></tr>
<tr><td colspan="2">第三阶段:实施阶段</td><td>小组完成讨论,展示学习成果。
实例:
仿生运动服“鲨鱼装”。
它的核心在于模仿鲨鱼的皮肤。鲨鱼皮肤表面粗糙的V形皱褶可以大大减少水流的摩擦力,使鲨鱼得以快速游动。“鲨鱼皮”泳衣的超伸展纤维表面便是完全仿造鲨鱼皮肤而制成的。这款泳衣还融合了仿生学原理,在接缝处模仿人类的肌腱,为运动员向后划水提供动力。
运动员在游泳的时候,其身体前后都存在“涡流”阻力。前面的阻力是因为要挤开水流才会前进,后面则是人前进时,后面的水流还没跟上,让开了位置而出现真空,产生了一个向后拉的力量</td><td>(1)通过国外相关图片和视频介绍最新体育科技,激发学生兴趣。
(2)根据分组,引导学生讨论体育与科技之间的联系。
(3)依据小组中个人体育专项,以学习体育理论课程为例拟写课堂作业。
(4)选择较为优秀的小组作业,作为模板带领学生共同进行总结、评价与实际创新创业应用讨论</td></tr>
</table>

续表

创新思维，创业讨论：针对普通服装和鞋袜进行头脑风暴，想象它们的体育方向创新用途；讨论研究创新运动服装的设计在“互联网＋”大赛中的体育方面应用
（六）总结与反思
（1）这节课教案编写的主要特点体现了体育教育与创新创业教育融合所提倡的“大学低年级应侧重培养学生体育方向创新思维和意识”的教学理念，能紧紧围绕学习目标，利用各种教学方法和手段创设情景，引导学生培养体育方向创新思维和意识。 （2）教师需要考虑课前推荐预习题目和相关小视频，让学生提前了解教学前沿知识，更好地激发学生学习兴趣和课堂中讨论实施话题的积极性
（七）创新视频推荐
《科学看武术》（央视网视频，科技之光）——有一种技术因岁月而蔚为传奇，因好莱坞而声名大噪，那就是宛若超人的武术。快如闪电的拳法、让人动弹不得的神经击，甚至还有传说中的“死拳”，而传说是否真有其事？我们将测试史上最复杂的武器：人体，科学则是我们的铁面判官

二、体育社会学

“体育社会学”是体育专业学生的必修课程，是介于体育科学和社会学之间的一门综合性学科，它既是社会学的分支学科，又是体育科学中的一门基础学科。它将社会学的理论成果和实证的研究方法充分运用于解释体育现象，是社会学领域中的一门应用社会学；它又从社会本质上把握体育的特征、功能、手段和途径，是体育领域的基础学科。体育社会学并不是社会学和体育科学的简单重叠，它有自己独立的学科体系和研究视角，有更加具体的针对性和更加广泛的运用性。

体育社会学是把体育这种社会文化现象作为一个不断变化发展的整体，运用社会学的研究视角，在外部研究体育与其他社会现象之间的相互关系，在内部研究体育与人的社会行为、社会观念的关系，以及体育运动的结构、功能、发展动力和制约因素，用以推动体育和社会合理发展的综合性的社会科学。体育社会学研究的基本内容包括体育与社会相互关系、体育社会学理论和体育社会问题以及不同体育形态的研究。

体育社会学的主要任务是揭示体育这一社会亚系统诸因素发展的规律性和趋势，研究体育的内部结构及其在具体社会条件下的作用机制。它的研究内容主要有：①体育运动的社会学理论。研究体育运动中的人际关系，为制定和实施体育工作的战略、政策、组织和制度提供理论和实践依据；体育运动如何独自成为一个社会系统及其发展方向；现代体育运动高度竞技化、大众化、科学化、商业化的特点及体育运动中各种群体的性质与功能等。②体育运动与社会的关系。体育运动的社会价值和社会地位；体育运动在丰富文化生活、发挥教育功能、实现人的社会化和促进精神文明建设方面的作用；体育运动与生活方式、社会秩序、意识形态、个性形成的关系；体育运动与政治、经济、文化、教育、科学、艺术和国际交往的关系；现代社会中影响体育运动的各种社会因素；体育运动的社会变迁、社会控制等。③大众体育。学校体育的活动内容与发展方向；闲暇与体育运动；生活方式与体育运动；不同职业、年龄和身体状况的个人和群体对体育的不同社会需求；老年体育与伤残人体育的组织和发展；观众问题等。④竞技运动的社会性质与特点。竞技运动是体育运动的重要组成部分，它是以“产生”冠军、优胜者为目标而进行的献身性运动，而不是以增强体质为直接目的的健身性锻炼，在性质与方向上区别于大众体育。在这一领域着重研究：竞技运动的社会背景、目标、道德、结构、体制、功能，与大众体育相互区别又相互渗透的关系；竞技运动成绩的社会作用和社会对竞技运动成绩的影响；培训运动员的社会标准与社会网络；职业运动员的性质、机能及其在现代社会生活中的地位和人际关系；观众的社会心理和社会行为等。

体育社会学的创新型教学，可以通过课堂分组、进行小组对抗、采用辩论赛等形式讨论不同社会体育现象；也可以依据小组中个人熟悉的体育项目为例，团队合作拟写课堂作业，然后选择较为优秀的小组作业，作为模板带领学生共同进行总结、评价与实际应用讨论。

体育社会学创新型教学案例如下。

体育专业理论教学创新案例

教学名称：《体育社会学》，“体育公共服务”章节 （卢元镇主编，高等教育出版社，2018 年版）
（一）背景、意义及介绍
体育社会学在外部研究体育与其他社会现象之间的相互关系，在内部研究体育与人的社会行为、社会观念的关系，以及体育运动的结构、功能、发展动力和制约因素，用以推动体育和社会合理发展，而体育公共服务则是其中重点之一。在现今“全民健身”背景下，需要将体育专业教育与创新创业教育广泛结合，融合体育专业相关理论和实践特色，将创新创业具体活动融入实际教学中，本案例以“体育社会学”课程为例，设计创新型理论教学的崭新模式，通过符合学校、地方特色的创新创业教育培养一专多能的应用型体育人才
（二）教学目标
（1）学生能在轻松愉悦的课堂气氛中体验和学习体育社会学基础知识与体育教学的关联。 （2）学生能通过所学的知识培养体育方向创新思维和意识
（三）学生特征分析
现在的学生，独生子女比较多，自我意识强，不善于与人合作和分享，学习注意力易扩散或转移，练习兴趣高但不易长久集中。 理论课堂教学应尽量满足学生的实际需要和重视学生的情感体验，通过课堂实践分组，使他们都能体验到团结合作学习和成功的乐趣
（四）主要内容和方法
1.学习内容 （1）体育公共服务的具体实施。 （2）创新创业素质的体育教育。 2.教学组织 多媒体直观教学法、讲解法、分组讨论法和自主学习法

续表

(五)流程设计			
学习阶段		学生活动	教师活动
第一阶段：动员和兴趣引导		学习阅读教材和教师的 PPT	(1)讲述体育社会学、体育公共服务学习的意义和教学的流程。 (2)指导学生收集资料，同时教师参与学生的讨论
第二阶段：准备阶段	提出和选择课题	根据教学案例，形成小组，进行小组分工，收集资料，与老师一起讨论等，最终展示讨论结果	通过对体育公共服务的理论介绍，帮助学生了解基础知识，之后通过案例教学引导学生了解和探索科技发展、创新思维和体育公共服务结合的生活应用，分析不同服务方式的重点和优缺点，最后共同进行师生点评反思，讨论新型体育公共服务形式在大学生创新创业训练项目中的可能应用，在激活思维、拓展能力的过程中体验思考、合作、创新的感受，从而有效地提高学生主动参与学习的兴趣
	成立课题组		
	形成小组实施方案		
第三阶段：实施阶段		小组完成讨论，展示学习成果 **实例：** 公共自行车是城市公共交通领域的一种新型公共服务基础设施，为缓解城市交通压力，推行低碳环保的生活方式，解决城市交通中“最后一公里”难题提供了新的思路。案例以公共自行车系统在北京、武汉两个城市的发展为例，讲述了该系统由“民心工程”变成“闹心工程”的过程。两市采用的运营模式分别是纯民营化和政府补助。两种模式在实际运营中，均出现一系列问题，与系统建立初衷相去甚远。2016 年下半年，互联网共享单车的风行，对公共自行车形成了很大的冲击。面对此种情形，如何及时优化、调整公共服务提供模式，是对政府管理公共事务能力的一大考验。 **教学目的与用途：** ①通过对我国典型城市便民自行车设立过程的分析，初步掌握服务型政府的内涵及职能，公共服务的基本供给机制、模式和体系，以及具体实施过程中的组织与管理；②通过对北京和武汉便民自行车	(1)通过相关 PPT 分别介绍常见体育公共服务和新型服务，激发学生兴趣。 (2)根据分组、讨论不同体育公共服务方式的区别和联系。 (3)依据小组中个人熟悉的体育项目为例，团队合作拟写课堂作业。 (4)选择较为优秀的小组作业，作为模板带领学生共同进行总结、评价与实际应用讨论。 **案例知识点：** (1)公共服务的基本供给机制、模式和体系。 (2)公共服务的组织与管理。 (3)公共服务中政府和市场的不同功能及效率比较。 (4)公共服务市场化改革的含义、方式、优缺点及启示。 (5)公共服务市场化改革的形式、理论依据、制度基础及现实问题。

续表

学习阶段	学生活动	教师活动
	的运营模式的分析，了解政府和市场在公共服务中的不同功能及所体现出的效率的差异，并对公共服务市场化改革的含义有所认识；③通过对便民自行车运营中存在的一系列“不便民”的问题的分析，了解公共服务在具体实施过程中可能会出现的问题；④在对运营模式的分析中，掌握公共服务市场化改革的方式、优缺点，并能有所思考；⑤在对最后一部分具体公共自行车公司存在的问题进行解读的基础上，了解公共服务市场化的形式、理论依据及存在的现实问题，并对在这种改革中政府所应扮演好的角色有所认识	(6)公共服务市场化改革中政府的角色转变。 **思考：** (1)公共自行车系统和共享单车的优缺点。 (2)自行车体育服务的发展前景。 (3)未来体育社会服务的发展畅想

创新思维，创业讨论：针对自行车进行头脑风暴，想象它们的体育方向创新用途；讨论有桩自行车、公共自行车、共享单车等在互联网十大赛中的体育方面应用

(六)总结与反思

(1)本课的教学重点是学习体育公共服务在实际教学和生活中的应用，教师在教学设计上，利用多种教学方式，充分发挥了学生的主体作用，注重培养学生的自主学习能力和创新意识。

(2)希望通过实际案例教学和课后作业的补充思考，引导学生针对社会实际中的体育公共服务现象，积极提出自己的思考和建议，培养学生体育方向创新设计和应用能力

(七)创业案例推荐

场馆 O2O：Tap.in2

公司介绍：Tap.in2 的创始人乔丹・西姆斯(Jordan Syms)试图变革球迷们的观赛体验。创立 Tap.in2 之前，他是策略性沟通的领导者，在科技、娱乐和航空业领域有着丰富的经验。

产品介绍：Tap.in2 这款 APP 致力改变球迷的现场观赛体验。球迷们可以在这个平台上预定食物、饮料以及其他球迷商品；在收到订单后的 6 分钟之内，就会直接将商品送至球迷们的座位。

在 2015 年 NBA 季后赛和总决赛期间于克里夫兰骑士队的球场试运营之后，Tap.in2 已经在 8 月 11 日与骑士队正式签署合作协议，未来这个平台将应用于更多场馆

三、学校体育学

学校体育学是研究与提示学校体育工作的基本规律，阐明学校体育工作的基本原理与方法的一门学科，是培养各级体育师资，组织和实施学校体育工作所开设的一门专业基本理论课程。学校体育学是体育科学与教育科学交叉的，以现代教学论为一般理论基础的一门新兴学科。

“学校体育学”是一门综合应用性课程，它综合吸收了教育学、心理学、人体科学、体育学等基础学科知识，在培养体育师资所应具备的专业知识能力过程中发挥着支柱与核心作用，通过对“学校体育学”课程的学习，使学生较全面系统地掌握中学体育教学与开展课余体育

活动的基本理论与方法，发展学生运用理论指导学校体育工作的实践能力，增强学生在学校体育课程改革中的适应与创新能力，最终为造就“体育教学视野开阔、基础理论宽泛、实践能力突出”的高素质体育专业教师服务。

“学校体育学”课程的主要内容涵盖四大部分：

(1)学校体育总论：学校体育学的教育价值；现阶段我国学校体育发展现状及未来趋势。

(2)体育课程与教学：体育知识的特性与认知规律；体育教学的目标任务与实施过程。

(3)课外体育：课外体育锻炼与运动训练。

(4)学校体育管理：体育工作计划与考核。

概括起来看，学校体育学的理论知识范围依据不同的功能和指向，大致可以分为认识理论、解释理论、规范理论，这三类理论知识构成了一个完整的理论知识体系。

认识理论——主要回答如何认识学校体育，即学校体育的目标是什么，培育什么样的人才。

解释理论——主要阐释体育新课程的理念、思路和在实践中的实施问题。

规范理论——主要回答应该怎么做，如课外体育怎么做，合格教师应该怎么做。

理论与实践相结合：充分利用中小学体育教育资源，组织学生深入中小学体育教学一线进行观摩和学习，以及在部分教学中，学生在课堂进行实践操作。

学习与应用相结合：通过体育教育实习，巩固学生学校体育学的知识，培养学生运用学校体育学的相关知识解决实际问题的能力。

基础与提高相结合：在学生学习学校体育学基本理论知识的基础上，通过指导学生的毕业论文、专题研究等环节，培养学生运用学校体育学的相关知识分析问题、解决问题，从事科学研究的能力。

学校体育学与教师、学生的关系最为密切，教师可以在课程教学中带领学生实地观摩中小学校体育教学，根据课程目标设置观察和记录的重点，再辅以课外拓展或研学活动的体育教学，引导学生自主学习实践，更好地进行创新创业的专业教育。

学校体育学创新型教学案例如下。

体育专业理论教学创新案例

教学名称：《学校体育学》，“体育教学的组织形式”章节
（范海荣、任继祖主编，北京师范大学出版社，2009 年版）

（一）背景、意义及介绍

“学校体育学”是一门综合应用性课程，它综合吸收了教育学、心理学、人体科学、体育学等基础学科知识，在培养体育师资所应具备的专业知识能力过程中发挥着支柱与核心作用，通过对“学校体育学”课程的学习，使学生较全面系统地掌握中学体育教学与开展课余体育活动的基本理论与方法，发展学生运用理论指导学校体育工作的实践能力，增强学生在学校体育课程改革中的适应与创新能力，最终为造就“体育教学视野开阔、基础理论宽泛、实践能力突出”的高素质体育专业教师服务。

在现今“大众创业、万众创新”背景下，需要将体育专业教育与创新创业教育广泛结合，融合体育专业相关理论和实践特色，将创新创业具体活动融入学校体育学教学中，本案例以创新精神、创业技能和实践应用能力为培养目标，设计体育理论实践型教学和创新型技术实践教学的崭新模式，通过符合学校、地方特色的创新创业教育培养一专多能的应用型体育人才

续表

(二)教学目标

(1)学生能在轻松愉悦的课堂气氛中体验和学习课程学校体育学基础知识,了解其与体育教学的关联。

(2)学生能通过所学的知识培养体育方向创新思维和实践能力

(三)学生特征分析

学生较容易受到外界因素的影响,如在理论课程中易受智能手机等便携娱乐设备的影响而分心,更需要通过课堂中的分组实践、创新思考、网络资料搜索等教学方法,帮助学生专注于理论课程或者利用手机辅助课堂教学

(四)主要内容和方法

1. 学习内容

(1)体育教学的组织形式与教学策略。

(2)创新创业实践的体育教育。

2. 教学组织

多媒体直观教学法、讲解法、分组讨论法、探究学习法和自主学习法

(五)流程设计

<table>
<tr><th colspan="2">学习阶段</th><th>学生活动</th><th>教师活动</th></tr>
<tr><td colspan="2">第一阶段:动员和兴趣引导</td><td>学习、阅读教材和教师的 PPT</td><td>(1)讲述学校体育学、体育教学的组织形式学习的意义和教学的流程。
(2)指导学生收集资料,同时教师参与学生的讨论</td></tr>
<tr><td rowspan="3">第二阶段:准备阶段</td><td>提出和选择课题</td><td rowspan="3">根据教学案例,形成小组,进行小组分工,收集资料,与老师一起讨论等,最终展示讨论结果</td><td rowspan="3">通过针对小学生、中学生、大学生不同年龄段学生课堂教学组织形式的介绍,引导学生了解它们之间的区别与联系,分析不同的体育理论课程、体育技术课程需要哪些不同组织方式,指导学生进行模拟教学实践,最后共同进行师生点评反思、讨论新型组织方式(如体育游戏)在大学生创新创业训练项目中的可能应用,在激活思维、拓展能力的过程中体验思考、合作、创新、实践的感受,从而有效地提高学生主动参与学习的兴趣</td></tr>
<tr><td>成立课题组</td></tr>
<tr><td>形成小组实施方案</td></tr>
</table>

续表

学习阶段	学生活动	教师活动
第三阶段：实施阶段	小组完成讨论，展示学习成果。 **实例**：体育游戏——背摔 (1)项目名称：背摔。 (2)项目性质：个人挑战及团队合作项目。 (3)项目任务：全队每位队员都上背摔台，背对大家，身体笔直倒下，由下面队员安全地将其接住。第一位学员倒下后，在其安全站稳后，号召大家对他予以鼓励，再询问接人队员的感受、感觉；全体队员都倒完后，在现场对全队表现给予肯定、鼓励，召集大家喊队训、唱对歌。 (4)总结——自信、信任、责任。 (5)思考——教学组织中的重点注意事项？这项体育游戏适合哪个年龄段的学生	(1)通过相关短视频介绍最新课堂教学组织形式，激发学生兴趣。 (2)根据表格、图片分组讨论不同组织形式的区别和联系。 (3)依据小组中个人体育专项，针对不同年龄段学生拟写适合的教学组织作业。 (4)选择较为合理的小组作业，作为模板带领和指导学生进行片段教学实践。 (5)总结、评价与实际应用讨论

创新思维，创业讨论：针对体育游戏进行头脑风暴，想象它们的体育方向创业用途；讨论研学活动、户外拓展训练、团队建设等在互联网+大赛中的体育方面应用

(六)总结与反思

(1)这节课教案编写的主要特点是体现了体育教育与创新创业教育融合所提倡的“大学低年级应侧重培养学生体育方向创新实践能力”的教学理念，能紧紧围绕学习目标，利用各种教学方法和手段创设情景，引导学生培养体育方向创新思维和实践应用。

(2)本课的教学重点是学习不同教学组织形式在不同年龄段学生课堂教学中的应用，教师在教学设计上，充分发挥了学生的主体作用，注重培养学生的自主锻炼和创新意识，在学习方法上，运用多媒体直观教学法、讲解法、示范法、分组竞赛法和自主学习的方法。

(3)在模拟教学实践过程中，教师力求把教学组织创新形式、创新创业教育和体育理论与实践有机结合，构成了新的教学情景，有利于调动学生用已有的知识在实践中去体验的积极性，体现了“创新型体育理论教学”的思想

(七)创业案例推荐

视觉未来(Visus Future)VR工作室——虚拟现实创新组织教学形式

核心内容：视觉未来(Visus Future)VR工作室是一家专门服务于体育领域内赛事直播、录播、内容制作、推广播出的公司，通过VR内容代加工、代理销售、后期制作和自有平台建设盈利。工作室以“拥抱未来视角”的理念，致力于打造国内最优秀的体育VR服务商，为客户制作优质的VR内容。

创新点：VR给体育的是身临其境的浸入感。VR能通过技术手段实现运动员第一人称视角或者场边座席等酷炫角度。VR为媒介的体育转播能极大地丰富我们收看体育赛事的途径。从2D影像到3D立体，从3D到360度全景，从360度到站在场中央或者拥有裁判视角，观众通过VR技术以他们喜欢的、全新的方式置身于比赛中。体育传媒与VR结合的重心在内容制作上，通过VR实现的体育转播需要带来更优的观赛体验。所以，基于VR的内容创业会是下个阶段的一大热点。

竞争力：应用的技术高效便捷，广播级设备适用于各种赛事的直播录播、内容制作；提供最专业的体育VR服务，收取的服务费较低；团队成员均来自体育行业，具有丰富的体育传媒经验，竞争力很强；新技术的应用开辟了赛事推广，内容分发的新方向，能吸引大量的客户

第二节　体育理论结合实践创新教学

一、运动训练学

运动训练学是全国体育院校学生的必修课程，也可以作为大学体育的公共选修课程。本课程按照运动训练学知识体系的通识性和学生的需求，以关键问题为导向，理论联系实际地进行知识讲解，按照“问题—探讨—反思—提升”的主线条组织每一知识点的教学。运用在线视频讲解、线上线下互动的讨论、即时网上辅导反馈、网上作业提交和批改、在线自主测试等教学方式开展教学活动，使学生掌握运动训练的一般理论和方法，提高学生指导运动训练和科学体育健身的能力。

运动训练学是研究运动训练活动，以及有效组织运动训练活动行为的科学，是我国高等体育院校体育教育和运动训练专业的必修课程。主要内容包括导言、运动训练基本原则、运动员竞技能力及其训练、运动训练计划的制订与实施。主要讲授运动训练和运动训练学的基本知识，包括学科的体系架构、核心概念、训练方法等；讲授辩证协同的运动训练原则体系，包括训练动机、训练内容、训练负荷、训练安排的活动准则；讲授运动员主要竞技能力构成、评定与培养，包括体能、技术、战术三部分；讲授如何组织运动训练过程，包括训练过程的基本架构、制定实施、过程调控等。

运动训练学研究的主要目的在于：揭示运动训练活动的普遍规律，指导各专项运动训练实践，使各项训练活动建立在科学的训练理论基础之上，努力提高训练的科学化水平。

运动训练学的主要任务为：

(1)从众多专项的训练实践中总结出带有普遍意义的共性规律。

(2)深入探索尚未被人们所认识和认识还不十分清楚的运动训练规律。

(3)进一步健全运动训练学理论和内容体系。

(4)广泛吸取现代科技成果和多学科的理论与方法，应用于运动训练学的理论研究与实践应用之中。

(5)运用一般运动训练学的基本理论指导各专项训练实践。

运动训练学的创新型教学，可以通过案例模拟演练，进行理论结合实践的学习；先预设运动训练情景，如主要针对不同人群的不同训练组织方式进行思考讨论，再团队合作拟写运动训练方案，然后选择较为优秀的小组作业，作为模板带领学生共同进行总结、评价与创新创业应用讨论，最终应用在学校高水平运动员的训练实践中。

运动训练学创新型教学案例如下。

体育核心理论教学创新案例

教学名称:《运动训练学》,“训练过程的计划与组织”章节
(田麦久主编,高等教育出版社,2000年版)

(一)背景、意义及介绍

运动训练学是研究和阐明运动训练规律的一门综合应用性学科。通过本课程的学习,使学生对运动训练学的研究内容产生兴趣的同时,对运动训练学的基本知识有一个初步的了解。

在现今“大众创业、万众创新”背景下,需要将体育专业教育与创新创业教育广泛结合,融合体育专业相关理论和实践特色,将创新创业具体活动融入实际教学中,本案例以“运动训练学”课程为例,设计创新型理论教学的崭新模式,通过符合学校、地方特色的创新创业教育培养一专多能的应用型体育人才

(二)教学目标

(1)学生能在轻松愉悦的课堂气氛中体验和学习运动训练学基础知识与体育教学的关联。

(2)学生掌握运动训练的一般理论和方法,提高学生指导运动训练和科学体育健身的能力,培养体育方向创新思维和创新实践能力

(三)学生特征分析

现在的学生,独生子女比较多,自我意识强,不善于与人合作和分享,学习注意力易扩散或转移,需要通过网络的创意视频、新型的创新创业案例等结合专业理论,更好地提高学生的课堂学习兴趣

(四)主要内容和方法

1.学习内容

(1)训练过程的计划与组织。

(2)创新创业素质的体育教育。

2.教学组织

多媒体直观教学法、讲解法、分组讨论法、探究学习法和自主学习法

(五)流程设计

学习阶段	学生活动	教师活动
第一阶段:动员和兴趣引导	学习、阅读教材和教师的PPT	(1)讲述运动训练学、训练过程的计划与组织学习的意义和教学流程。 (2)指导学生学习和收集资料,同时教师参与学生的讨论

续表

<table>
<tr><td rowspan="3">第二阶段：准备阶段</td><td>提出和选择课题</td><td rowspan="3">根据教学案例，形成小组，进行小组分工，收集资料，与老师一起讨论等，最终展示讨论结果</td><td rowspan="3">通过对训练计划与组织的理论介绍，引导学生了解和探索不同运动目标训练计划的区别联系和生活应用，分析不同的减肥训练、健身训练、柔韧训练等不同训练方式的重点，最后共同进行师生点评反思，讨论不同训练模式在大学生创新创业训练项目中的可能应用，在激活思维、拓展能力的过程中体验思考、合作、创新的感受，从而有效地提高学生主动参与学习的兴趣</td></tr>
<tr><td>成立课题组</td></tr>
<tr><td>形成小组实施方案</td></tr>
<tr><td colspan="2">第三阶段：实施阶段</td><td>小组完成讨论，展示学习成果。
实例：不同人群的减肥训练
青年——
中年——
老年——
思考——不同人群减肥训练计划中的重点注意事项</td><td>(1)通过相关 PPT 介绍常用训练计划与组织，激发学生兴趣。
(2)根据分组，讨论不同运动目标训练计划的区别和联系。
(3)依据小组中个人体育专项、熟悉的身体训练为例拟写课堂作业。
(4)选择较为优秀的小组作业，作为模板带领学生共同进行总结、评价与实际应用讨论</td></tr>
<tr><td colspan="4">**创新思维，创业讨论**：针对不同人群的不同训练组织方式进行头脑风暴，想象它们的体育方向创业用途；讨论运动训练指导结合手机 APP 等在互联网＋大赛中的体育方面应用</td></tr>
<tr><td colspan="4">**(六)总结与反思**</td></tr>
<tr><td colspan="4">(1)这节课教案编写的主要特点是体现了体育教育与创新创业教育融合所提倡的“大学高年级应侧重培养学生体育方向创新设计和应用能力”的教学理念，引导学生培养体育方向创新思维和意识。
(2)本课的教学重点是学习训练计划与组织在实际教学和生活中的应用，教师在教学设计上，充分发挥了学生的主体作用，注重培养学生的自主学习和实践的能力</td></tr>
<tr><td colspan="4">**(七)创业案例推荐**</td></tr>
<tr><td colspan="4">1.互联网＋科学训练——Athos
介绍：Athos 成立于 2013 年，它拥有一套完整的健身监测系统：健身服加 APP。其健身服运用了 EMG(肌电图)技术，它能够读出肌肉运动时的电活动，过去 EMG 数据只有专业机构和职业运动员才有机会看到。该系统可以有效纠正不规范的训练动作，提高训练质量。
2.不同年龄段减肥人群的运动处方
运动处方案例如下图所示。</td></tr>
</table>

续表

青少年肥胖者的运动处方

运动项目

可做有氧运动，包括慢跑、跳跃、游泳、远足、跳绳、踢毽子及肢体练习，如韵律操、健身操、仰卧起坐等

运动频率

视个人情况而定，一般一周4~5次

运动强度

由小强度开始，一般为最大运动心率的60%~70%

饮食搭配

低脂、低热量、低糖、低盐饮食保证高蛋白、维生素和水的摄入

限制零食

运动时间

每次25~35分钟，具体时间可视减肥要求而定

注：最大运动心率（次/分钟）=200-年龄

中青年肥胖者的运动处方

运动项目

可尝试长跑、步行、游泳、划船、爬山等，也可练习有氧体操，如健美操、迪斯科、球类运动等

运动频率

运动频率可适当增大，一般每天1次为宜

运动强度

一般运动强度可达最大运动心率的70%~80%

饮食搭配

减少主食和糖类的摄入

严格控制三餐主、副食量

限制高热量保证高蛋白和纤维素的摄入

运动时间

每次运动时间不少于1小时，具体时间可视减肥要求而定

老年肥胖者的运动处方

运动项目

长距离步行或远足、慢跑、骑自行车、游泳、爬山等，并辅以太极拳、乒乓球、羽毛球、网球、迪斯科、健身操、爬楼梯等

运动频率

可视具体情况增减，一般每周3~4次为宜

运动强度

因人而异，运动由小强度开始

年龄	最大运动心率
40岁	140次/分以内
50岁	130次/分以内
60岁以上	120次/分以内

饮食搭配

以植物性食品为主

适当限制蛋白质

严格限制脂肪、食盐及酒类、含糖饮料的摄入

提高纤维素饮食

运动时间

每次时间控制在30~40分钟，下午运动最好，坚持长期运动

运动处方案例

二、健康教育学

健康教育学是研究健康教育的基本理论和方法的一门学科，是医学与行为科学相结合所产生的交叉学科。它力图在医学，尤其是在预防医学领域应用行为科学的方法和成就，研究人类行为和健康之间的相互联系及其规律，探索有效、可行、经济的干预策略与措施，以及对干预效果和效益进行评价的方式方法，从而服务于疾病预防、患者康复、增进身心健康、提高人类的生活质量。

健康教育是人类最早的社会活动之一。随着社会经济和科学技术的发展，人类与疾病做斗争的形势的变化和健康知识的积累，第二次世界大战后行为科学体系的形成和传播学、管理科学等的发展成熟，为健康教育从自然的、缺乏理论和方法学指导的状态转变为自觉的、建立在科学理论和方法学基础上的系统的社会活动奠定了基础。另外，人类行为与生活方式的改变、疾病谱的变化和新的严重传染性疾病的出现，以及人们对健康的更强烈的追求，也使系统的健康教育活动越来越受到关注与重视。

健康教育学是研究传播保健知识和技术、影响个体和群体行为、消除危险因素、预防疾病、促进健康的科学。它通过传播和教育手段，向社会、家庭和个人传授卫生保健知识，提高自我保健意识，培养保健能力，养成健康行为，纠正不良习惯，消除危险因素，防止疾病发生，促进健康和提高生活质量。目前，健康教育作为教育的重要内容，已经成为世界上许多发达国家和地区学校教育的基本任务，成为素质教育的重要标志。2000 年，教育部首次在"健康第一"原则的指导下，将体育课更名为"体育与健康"课，这标志着健康教育正式以课程的形式进入学校教育的课程体系。为了培养合格的体育与健康教育师资，"健康教育"自然地走入课堂，成为普通高等学校体育教育专业学生的重要课程。

为适应本科体育教育专业健康教育和能力的培养，从理论与实践并重的角度出发，按照"普及健康科学知识和培养合格体育与健康教育师资"的原则，针对体育教师的教学需要设计了课程的教学体系。本课程系统介绍了健康教育的定义、对象、内容、目的及其与体育教育其他课程的关系；详细介绍了健康促进、健康管理、健康行为等健康教育的基本理论；具体介绍了与当代青少年和大学生健康密切相关的健康体能、健康心理、健康饮食、性健康、肥胖控制等；结合体育教育专业的特点，还有健康睡眠、合理用药、疾病预防、环境与健康、生活护理等方面知识。

通过健康教育学的学习，使学生初步掌握常见健康相关内容和方法，帮助同学们养成良好的生活习惯、选择健康的行为和生活方式、消除和减少危险因素、改善生活质量，从而达到促进大学生身体健康的目的，培养从事健康教育实施和管理的能力。

健康教育学的创新型教学，可以通过线上线下结合的课程，以网络联系形成兴趣小组，不定时展开学习讨论。采取线上成绩 70%（课程讨论 10%、章节测验 15%、签到统计 5%、课外作业 15%、课程音视频 20%、互动讨论 10%、期末考试 25%），线下成绩 30%（平时表现 30%、综合考试 70%）的形式，更好地把理论知识运用到实践应用方面。

健康教育学创新型教学案例如下。

体育核心理论教学方案模板

教学名称:《健康教育学》,“健康饮食”章节
（王健主编,高等教育出版社,2018年版）

(一)背景、意义及介绍

健康教育是人类最早的社会活动之一,良好合理的健康饮食习惯是健康教育的一个重要方面,可使身体健康地生长、发育;不良的饮食习惯则会导致人体正常的生理功能紊乱而感染疾病。同时,恰当的饮食对疾病可能起到一定的治疗效果,帮助人体恢复健康。在当今社会,健康饮食已成为一个热门的话题。

在现今“大众创业、万众创新”背景下,需要将体育专业教育与创新创业教育广泛结合,融合体育专业相关理论和实践特色,将创新创业具体活动融入实际教学中,并以“健康教育学”课程为例,设计创新型理论教学的崭新模式,通过符合学校、地方特色的创新创业教育培养一专多能的应用型体育人才

(二)教学目标

(1)学生能在轻松愉悦的课堂气氛中体验和学习健康教学基础知识与体育教学的关联。

(2)学生能通过所学的知识培养体育方向创新思维和意识

(三)学生特征分析

学生的理论知识基础不扎实,对专业名词等的了解和记忆较少,需要通过网络慕课等线上学习与理论结合实践的线下学习,更好地帮助学生提高学习兴趣和学习效果

(四)主要内容和方法

1. 学习内容

(1)健康饮食。

(2)创新创业与健康教育。

2. 教学组织

多媒体直观教学法、讲解法、分组讨论法、探究学习法和自主学习法

(五)流程设计

学习阶段	学生活动	教师活动
第一阶段:动员和兴趣引导	学习、阅读教材和教师的PPT	(1)讲述健康教育学、“健康饮食”学习的意义和教学的流程。 (2)指导学生学习和收集资料,同时教师参与学生的讨论

续表

第二阶段：准备阶段	提出和选择课题	根据教学案例，形成小组，进行小组分工，收集资料、与老师一起讨论等，并可以在课后通过网络联系维持学习，最终展示讨论结果	通过对健康饮食在体育中应用的介绍，引导学生了解和探索饮食与健康之间的紧密联系和生活应用，分析不同的饮食对运动、生活、工作等有哪些改善和提升，最后共同进行师生点评反思，在激活思维、拓展能力的过程中体验思考、合作、创新的感受，从而有效地提高学生主动参与学习的兴趣
	成立课题组		
	形成小组实施方案		
第三阶段：实施阶段		小组完成运动与饮食相关讨论，展示学习成果。 **实例**：运动减肥人群的饮食计划 早餐：牛奶，鸡蛋，全麦面包少许。 午餐：鸡胸肉，青菜，黄瓜，魔芋，白米饭。 晚餐：牛肉，青菜，开心果，粗粮粥，小西红柿。 运动后的夜宵：酸奶。 **思考**——运动减肥人群饮食计划中的重点注意事项	(1)通过图片和国内相关视频介绍最新饮食对健康、运动的影响，激发学生兴趣。 (2)根据分组、讨论饮食与健康、运动之间的联系。 (3)依据小组中个人体育专项、饮食习惯为例拟写课堂作业。 (4)选择较为优秀的小组作业，作为模板带领学生共同进行总结、评价与实际应用讨论

创新思维，创业讨论：针对不同人群的不同营养需求特点进行头脑风暴，想象它们的体育方向创业用途；讨论运动和营养结合智能手表等在互联网+大赛中的体育方面应用

(六)总结与反思

(1)这节课教案编写的主要特点是体现了体育教育与创新创业教育融合所提倡的“大学低年级应侧重培养学生体育方向创新思维和意识”的教学理念，能紧紧围绕学习目标，利用各种教学方法和手段创设情景，引导学生培养体育方向创新思维和意识。

(2)教师需要考虑课前推荐预习题目和相关小视频，让学生提前了解教学前沿知识，更好地激发学生学习兴趣和课堂中讨论话题的积极性

(七)创业案例推荐

在校食堂创业，体育生掌厨自制健身餐

四川外国语大学成都学院的食堂里，一家健身餐店面显得格外醒目。大二学生小东是店铺创始人之一，他是体育系的学生，健身是自己所学的专业。“作为一名健体运动员，训练和饮食要求都是十分严格的，但是在此之前学校减肥餐市场是空白的。”

为了辅助锻炼，去年7月起，小东开始自己做健身餐。而让他没有想到的是，他做的健身餐很受同学们的欢迎。于是小东便产生和同学合伙开店的想法。目前，他们一天就能卖出100多份健康套餐。

店铺合伙人关心也是学校大二体育系的学生，他介绍说，健身餐最大的特点就是低油、低盐、低脂肪，目的是提供健身和运动爱好者所需的健康能量。目前最受欢迎的鸡胸肉套餐的价格为18元一份，牛肉餐为23元一份，相较于食堂的其他食物价格要稍贵一些，可对于热爱运动和想保持身材的同学，这却是难得的能量来源。

目前店铺由5名在校生共同经营，他们称自己售卖的不仅仅是一份食物，更是一种积极的生活理念

思考与练习

1.常见的体育教学创新方法有哪些?

2.在疫情中或疫情常态下,体育专业大学生理论结合实践的创新创业应用有哪些?

3.请学生参考创新型的教案设计,尝试编写你熟悉的体育专业理论课程与创新创业融合的教案。

参考文献

[1]王颖.高校体育教育专业基础理论课程教学改革探究——以《学校体育学》为例[J].山东体育学院学报,2012(1):107-111.

[2]吉建秋,陈颖川.案例教学法在普通高校体育理论课中的借鉴与启示[J].体育科研,2001(3):33-34.

[3]卫京伟,贾俊刚.在体育理论课教学中培养大学生的创新能力[J].体育科技文献通报,2006(8):19-20.

第四章　体育工具知识创新型教学

随着经济社会的发展，特别是2020年建设创新型国家战略的提出，要求高校人才培养不仅注重学生专业技能的提高，更要注重学生创新精神、创业素养、创业能力的培养。高等体育院校肩负着国家体育专业人才的培养，为适应经济社会新常态，培养出具有精湛的体育专业技能，又具有创新创业素养与能力的人才，体育院校必须在教育教学改革中探讨专业教育与创新创业教育融合发展之路。体育工具知识的创新型教学可以作为人才培养的一个核心目标，围绕此目标进行创新创业教育与专业教育相融合的课程设计。在课程设置中可以将专业化与多元化相结合，促进创新创业教育融入课程设置的各个方面。例如，在大学一、二年级主要进行创业基础类知识的讲授，主要培养学生的创新创业心理、意识和思维；在大学三、四年级根据学生的个体需求，结合市场经济的特点进行差别性创新创业教育。

体育工具知识的教学本身就是理论结合实践的专业教育，更应该从校外实践平台建设和校内外开展丰富多彩的创新创业实践活动等方面开展[1]。当前，用人单位越来越清楚地认识到职业综合素质对一个人职业发展的影响远远要重于他所掌握的专业技能。创新创业教育就是一种素质教育，它能够使学生理论与实践相结合，促进其综合素质的全面发展。因此，体育院校应该将创新创业实践教育融入专业实践教育中，整合校内外资源，搭建融合教育实践平台。首先，以专业为依托，校内外广泛开展各种创新创业竞赛，营造良好的氛围，鼓励学生运用掌握的专业知识进行创新发明、创业模拟。通过活动，校内外学生不断进行沟通、交流，激发学生基于专业进行创新创业热情。其次，搭建校内外实践基地和孵化基地，为学生提供创业学习和实践的机会，校内外实习实训基地既检验了学生的专业技能，同时也提高了他们理论与实践相结合的综合素质与能力。最后，充分利用校友资源，开展创新创业教育。体育院校可以与往届创业比较成功的校友建立联系，一方面聘请他们回母校进行创新创业教育的讲座，另一方面可以由他们带领学生参与创新创业的实践活动。这种合作方式，不仅可以使学生了解到创新创业经验与历程，同时还可以形成一种潜移默化的基于专业进行创新创业教育的影响。整合校内外资源，不断加强实践平台的建设，能更好地促进创新创业教育与专业教育的融合发展。

网络教学是伴随计算机网络技术发展而出现的一种新型教学模式，对提高学生的学习兴趣、增强学生的学习能力与师生互动具有积极意义[2]。体育工具知识的创新型教学还可以结合网络教学的新形式，高校既可以采用网络平台设计好的模块化课程组织网络教学，也可以利用网络平台提供的工具组织本地本校的教师根据网上学习资源清单，结合本地本校特点，形成灵活课程表，推送给学生自主点播学习[3]。例如，利用国家网络云课堂组织实施，利用省教育资源公共服务平台组织实施，利用各类电视教学资源组织实施，利用各类社会公益资源组织实施等。有成型网上教育教学模式的地区和学校要积极吸收相关先进技术，为开展好网络教育教学工作提供技术支撑；没有成型网上教育教学模式的地区和学校可以积极利用社会资源，加强合作，采取多种形式开展网络教学[4]。各地各校要组织教师充分利用班级、学科、年级等微信群、QQ 群以及电话等多种渠道，做好教学互动，开展远程答疑和学习指导，提高学习效果[5]。

每次开展线上教学，应完成以下环节：

(1)课前——发布学习任务：

①使用慕课资源开展线上＋直播混合式教学。课前发布慕课视频观看、章节测验、文档阅读任务。

②不使用慕课资源开展直播教学。课前发布讨论、阅读相应文献资料等教学任务。

(2)课中——开展慕课课程视频教学或自建直播授课。课中环节可利用网络教学平台手机端——学习通 APP 发布课件 PPT，教师直播授课，并开展主题讨论、抢答、测验等课堂活动。

(3)课后——讨论答疑。课后应布置作业、发布讨论，各学院应组织课程教师团队在线为学生答疑。

每个学习阶段还要完成一次较为全面综合的在线教学的测试评价，作为本阶段在线教学的单元成绩。

第一节　体育工具理论教学案例

一、体育统计学

体育统计学是一门基础应用学科，以体育领域中随机现象的统计规律性为研究对象，以概率论为理论基础，为定量研究提供实验设计、调查设计，以及收集、整理和分析体育数据资料的各种统计方法。随着体育事业的迅速发展，体育统计学已成为体育科学研究不可缺少的工具，在体育学科发展中愈来愈体现出其重要作用。

本课程是专业基础课，课程的建设关系到学生能否解决体育领域中统计问题的能力，对大学生毕业论文设计与创作能提供很好的帮助。同时，本课程能很好地培养学生的逻辑思维能力。

体育统计的研究对象是体育领域的随机现象和非体育领域但与体育有着一定联系的其他系统的随机现象。体育运动中的教学、训练都存在着大量的随机现象，体育统计方法被广泛应用于体育的各个学科，如学校体育、竞技体育、大众体育等都有大量应用统计的研究；运动生理、运动生物力学、体育测量与评价、体育心理学等学科都必须运用统计分析方法，如生长发育预测、体育成绩预测要用到动态分析；人数估计、评分标准制定要用到正态分布理论，心理指标比较要用统计推断；不同教学方法、训练方法的效果研究用到方差分析法。

通过本课程的学习，应达到以下要求：

总体上要领会体育统计的基本思想、概念及体育统计研究的基本思路，能运用统计方法解决实际问题；掌握统计的基本方法、统计技术，能够对统计方法所得出结果进行合理的分析，得出结论。具体掌握以下几项内容：

(1)掌握统计的基本概念,描述统计的基本方法;掌握统计假设检验的基本思想、均值差异显著性检验的方法。

(2)理解方差分析的基本思想,掌握方差分析中的基本概念,掌握方差分析表的内容,并对方差分析表做出合理的分析。

(3)理解相关分析的概念,掌握简单相关分析、等级相关分析、偏相关分析与复相关等内容;理解回归分析的基本概念,掌握一元回归分析及其相关概念,并能够运用相关和回归分析研究两变量之间的关系。

(4)了解和掌握统计研究设计的有关内容。

体育统计方法是一门应用工具,它应用领域很广泛,特别是在运动生理、生化、心理等领域有着较重要的应用。所以要很好地应用这门工具,必须很好地熟悉与研究与之有关的理论、课程。和其联系最紧密的课程是概率论和数理统计,它是统计方法的基本理论。

体育统计学的创新型教学,可以通过六六讨论法进行分组讨论,通过角色扮演进行案例教学,充分发挥教师组织、学生组长引导带头作用,针对不同体育统计需求的情景进行教学实践,以培养学生自学自练、开拓创新的能力,更好地把理论知识运用到实践应用方面。

体育统计学创新型教学案例如下。

体育工具知识创新教学案例

——《体育统计学》,“统计资料的收集与整理”章节

(丛湖平主编,高等教育出版社,2007年版)

(一)教学思路设计

在“理论结合实践”的思想指导下,依据单元教学的目标,本课试图在教学内容、教学方法、教学组织等方面,以学生为主体,引导学生发散思维,在掌握基本理论知识和实践技术的前提下,积极融入社会创新创业的浪潮。

(二)教学目标设计

针对学生前3次课学习中表现出来的知识回答和实践模仿能力,教学目标确定为:

(1)学生能说出不同资料收集方法的要点。

(2)通过不同水平不同程度的要求,80%的学生能够完成基本实践演练。

(3)在合作与交流的学习中,积极参与讨论,提出问题,思考解决方案。

(4)培养学生开拓创新,不断向新的目标挑战的优良品质。

(三)教师指导设计

结合学习内容和学生水平差异,本节课主要采用诱导式学习,分组讨论练习的教学方法。介绍完基础理论知识后,指导学生学会看图和根据教师示范进行模仿,通过不同统计的情境设置,结合教师的启发诱导,激发学生学习实践的热情;根据学生的实际能力,自选资料收集的情境,分组并选出组长,对每一组提出不同的要求,尽量依据每一位学生努力达到目标的情况进行升级,促使学生在合作的基础上积极主动地参与学习活动,培养自主学习、创新学习的能力。

(四)教学过程设计

本次课教学过程大体设计3个阶段:理论讲解、案例教学与思考总结。

(1)理论讲解:通过单字强调和一句话概括,让学生能够更好地记忆资料收集方法的要点。了解资料的来源和收集方法,了解常用的抽样方法,理解频数分布表制作的步骤及方法。

①日常工作中积累资料。

②全面调查。

③专题研究。

(2)案例教学:本课中心环节,采用分组讨论、角色扮演式案例教学,充分发挥组长引导带头作用,以培养学生自学自练、开拓创新的能力。

①导入:对案例教学的实施流程进行说明,使学员了解教学目的和教学活动的具体安排。

②背景资料介绍:通过播放不同情境下资料收集和实际操作的视频短片,使学员更直观地了解资料收集统计的实际操作。

③分组研讨:在教师引导下,在组长组织下,采用六六讨论法进行分组研讨。六六讨论法是以脑力激荡法作为基础的团体式讨论法。方法是将大团体分为6人1组,只进行6分钟的小组讨论,每人1分钟,然后再回到大团体中分享及做最终的评估。主要针对3种情境——生活现状中的资料收集(明天的天气情况)、科学研究中的资料收集(90%最大摄氧量强度的运动对心脏的压力负荷情况)与调查问卷中的资料收集(体育大学生创新创业的需求和困难)。

④分组展示:各组汇报研讨成果,各派两位代表,1人讲解,1人示范展示。

⑤教师分别点评并强调资料收集中的注意事项。

(3)思考总结:

①通过学生课堂发言和投票赞成情况,针对学生自主讨论分析和实践进行评价评分。

②通过PPT的总结和提问,突出本次课的重点和难点问题,总结本课所学内容,正确评价教学效果,告知学生实践中应注意的问题。

(五)教学扩展创新

讨论“随机抽样调查”在大学生创新创业训练项目中的可能应用,鼓励学生在毕业论文或科研论文中参与研究实践,在激活思维、拓展能力的过程中体验思考、合作、创新、实践的感受,从而有效地提高学生主动参与学习的兴趣。

(六)创新创业案例

体育创新发展知识服务平台(下图)

通过知网的体育创新发展知识服务平台,更多地进行体育相关知识的统计分析,了解体育统计在体育创新发展中的应用。

体育创新发展知识服务平台

二、体育科研方法

体育科研方法是为大家探索未知体育领域的本源，揭示体育运动发展的客观规律和体育与社会发展的关系，并利用研究成果为实践服务的一门学科

体育科研方法主要以数理统计理论和方法研究体育教学、运动训练和体育管理领域中的各种问题，是现代体育的主要研究工具。同时，体育科研方法课程作为体育学院一门各专业的必修课，旨在使学生掌握体育科研方法的基本原理，学会设计课题，掌握收集与分析统计资料的基本方法，从而培养学生的科学思维和科学研究能力，为学生将来从事体育科学研究工作奠定良好的基础。

“体育科研方法”课程属于方法学课程体系，对培养学生探索精神、创新意识、完成毕业论文设计和写作起着非常关键的作用；对学生课外开展科技创新活动，毕业后继续探索体育科学的新领域、新问题也起着重要的作用。

具体课程目标有：①知识目标：使学生形成对体育科学研究的总体性认识，掌握体育科学研究的类型、程序及研究方法，知道本科生毕业论文要求包括选题、开题报告的撰写和论文的撰写等。②能力目标：使学生能够对研究课题及其目的、价值，研究的内容有总体性认识和把握，要掌握和使用电子资源，包括阅读电子刊物资料等，基本资料的收集、整理和分析手段等。③素质目标：培养学生必需的科学素质和基本科研能力，发现问题、提出问题、解决问题的能力，重点是养成独立思考问题的能力和解决问题的手段，开拓思维，养成严谨的治学态度。

教学内容包括：导论、选题、科研假设、研究设计与计划制订、文献研究法、调查研究法、实验研究法、逻辑分析法、毕业论文的撰写、毕业论文的评价、论文的报告与答辩。

实践性教学的设计：结合自己的专业或兴趣，自己动脑、动手完成一定量的作业。例如，可以配备专门的作业本，作业本包括下列内容：

(1)文摘摘录(不少于10篇，要求学生选定自己的科研课题，可以当成毕业论文题目，然后围绕该课题或题目，查阅10篇论文，并摘录文摘)。

(2)观察记录表设计(根据观察法的内容，设计一个观察表格，以便进行观察)。

(3)非结构访问提纲(要求设想某个面访，设计大致的访问提纲)。

(4)调查问卷(要求自定某个主题，设计一个完整的调查问卷)。

(5)实验设计(根据实验法的内容，自己设计一个实验，写出实验设计)。

(6)研究计划制订(以10篇文摘为主题，设计一个科研课题，并完成一个完整的研究计划，以锻炼学生的科研设计能力)。

体育科研方法的创新型教学，可以将科研素养水平发展的各种能力水平嵌入学科课程学习深入的每一个部分，并与其他课程和实践相结合。例如，课前预习中，应学习查找文献、阅读文献的能力；课外学习中，应主动参与社会实践调查或参与实验操作等科研实践；课堂教学中，通过体育科研方法的系统学习，对体育科研有更进一步的完整认识，开始思考毕业论文的选题方向；课后复习中，通过着手撰写大学生创新创业项目的科研论文或毕业论文，与教师合作共同完善理论联系实践的能力[6]。

体育科研方法创新型教学案例如下。

体育科学研究方法创新教学案例

——《体育科学研究方法》，“体育科学研究导论”章节

(黄汉升主编，高等教育出版社，2015年版)

(一)教学思路设计

在“理论结合实践”的思想指导下，依据单元教学的目标，本课试图在教学内容、教学方法、教学组织等方面，以学生为主体，引导学生发散创新思维，在掌握基本理论知识和实践技术的前提下，积极融入社会创新创业的浪潮。

(二)教学目标设计

(1)学习体育科学研究基本理论。

(2)通过学习，掌握体育科学研究的意义和任务、内容和特点、类型和形式，熟悉体育科研方法的分类及其发展趋势，初步了解开题报告的撰写。

(3)本次课的教学重点在于体育科研的理论基础和文献综述的撰写；带领学生进入体育科学研究领域，了解什么是体育科学研究，怎样进行体育科学研究。

(三)教师指导设计

结合学习内容和学生水平差异，本节课主要采用诱导式学习，分组讨论练习的教学方法。介绍完基础理论知识后，指导学生根据写作案例进行模仿，通过不同角度的思考方向，结合教师的启发诱导，激发学生学习实践的热情。

(四)教学过程设计

本次课教学过程大体设计3个阶段：理论讲解、案例教学与思考总结。

(1)理论讲解:通过图片和相关小视频的概括介绍,让学生能够更好地了解基本知识。

①科学与体育科学研究:体育科学是研究和揭示各种体育现象,最大限度发挥人体运动能力,以及怎样通过身体练习,有效地提高人类健康水平和促进人的全面发展等规律性的、综合性的、系统化的知识体系。

②体育科学研究的意义和任务

③体育科学研究的内容和特点

④体育科学研究的类型和形式

⑤体育科研方法及其趋势

(2)案例教学:本课中心环节,采用分组讨论、真实写作案例教学,充分发挥组长引导带头作用,以培养学生自学自练、开拓创新的能力。

①导入:开题报告的撰写——文献综述。

②背景资料介绍:提供3篇文献,一份参考案例,引导学生进行文献综述的协作。

③分组研讨实践:在教师引导下分组,在组长组织下,采用脑力激荡法(脑力激荡法是最为人所熟悉的创意思维策略,该方法由Osborn早于1937年所倡导,此法强调集体思考的方法,着重互相激发思考,鼓励参加者于指定时间内,构想出大量的意念,并从中引发新颖的构思。脑力激荡法虽然主要以团体方式进行,但也可于个人思考问题和探索解决方法时,运用此法激发思考。该法的基本原理是:只专心提出构想而不加以评价;不局限思考的空间,鼓励想出越多主意越好),分别从不同的情况对综述概括的实施进行多角度的讨论,最终形成一份文献综述。

④分组展示:各组汇报研讨成果,展示写作情况。

⑤教师分别点评并强调写作注意事项。

(3)思考总结:

①通过学生课堂发言和投票赞成情况,针对学生自主讨论分析和写作进行评价评分。

②通过PPT的总结和提问,突出本次课的重点和难点问题,总结本课所学内容,正确评价教学效果,告知学生写作中应注意的问题。

(五)教学扩展创新

讨论"开题报告中文献综述"的写作在本科生毕业论文和大学生创新创业计划书中的可能应用,鼓励学生积极进行论文写作实践,在激活思维、拓展能力的过程中体验思考、合作、创新、实践的感受,从而有效地提高学生主动参与学习的兴趣。

(六)创新创业案例

智慧体育创新研究中心

智慧体育创新研究中心作为国家体育总局体育科学研究所最年轻的中心之一,围绕体育产业科技创新及智慧化研究展开工作,致力于科研所科技创新成果的应用转化,重点工作包括健身物联网标准建设、运动大数据技术研发、智慧体育专项软硬件开发、智慧化场馆建设管理研究等,加速物联网在运动健康方面的推广应用,以创新科技建立科学运动服务体系,打造智慧体育产业平台。

中心聘请中国工程院院士担任首席专家，拥有由5名专家、4名专职人员、2名博士及5名硕士组成的专业团队，并联合相关企业和高校建立协同联合实验室，为体育事业和体育产业的发展提供创新技术服务。目前已经与华为成立“运动健康联合实验室”，共同打造智慧运动健康综合研究平台；与北京大学数字中国研究院华南分院、中体产业集团股份有限公司、恒和集团有限公司成立数字教育与智慧体育联合实验室，加速推进教育信息化的进程与完善青少年体质健康评价及管理；与福州宜美电子有限公司成立“运动训练智能可穿戴联合实验室”，致力于运动训练智能可穿戴设备方面的技术创新研究；联合上海畅星集团成立“运动大数据”联合实验室。目前，已经形成了以智慧体育创新中心为平台，以各联合实验室近300人为支撑的研发团队，其中博士占到10%，硕士占到50%。

中心已拥有包括一种电动跑步机物联网适配器及程序设计控制方法、基于图像测量技术的无磁惯导单元标定方法、一种电动跑步机物联网适配器、微型三无线维空间姿态采集装置、惯导式人体动作捕捉系统传感器固定装置、超低功耗远距离心电数据无线采集系统、一种心电数据采集带、心电数据采集心带、微型无线三维加速度采集装置、采用无线传感器网络技术采集运动状态时参数的装置等多项专利。

三、体育教材教法

体育教材教法着眼于21世纪培养体育专门人才的实际需要，坚持继承与创新、改革与发展，坚持实事求是，从本科教学实际出发，突出教学性、针对性、实用性、实践性、科学性、先进性、时代性，力求从教材体系和专业发展、教学内容、教学手段与方法掌握上进行改进、提炼、拓展，以使教学对象能适应未来社会的需要。

《中学体育教材教法》是高等学校体育教育专业教材，也是教育部专升本系列规划教材之一，主要内容包括中学体育教学大纲中规定的田径、体操、球类（篮球、排球、足球等）、民族传统体育、游泳、滑冰、游戏等内容的教材和教法，以及体育基本知识的内容分类、教材安排、讲授方法、成绩考核等。《中学体育教材教法》充分结合体育专业人才培养目标和中学体育实际，具有很强的针对性和实用性。

《小学体育教材教法》主要针对小学生的体育运动实际，着重于小学生发育情况和生理特点进行专业教学指导，并特别增加了少年儿童选材方法、课余运动训练和小学体育竞赛组织等章节。

中小学体育教材教法的创新型教学，可以采用“四副眼镜法”（万花镜、墨镜、望远镜和放大镜），组织4组学员，分别从讲授法、学习法、直观法和练习法4种不同的情况对体育教学的实施进行多角度的讨论学习。以学生为主体，引导学生发散思维，在掌握基本理论知识和实践技术的前提下，积极融入社会创新创业的浪潮。

中小学体育教材教法创新型教学案例如下。

中小学体育教材教法创新教学案例(体育教学方法与特点)

——《中小学体育教材教法》,“中小学体育教材教法的概述”章节

(熊健、刘义峰主编,化学工业出版社,2017年版)

(一)教学思路设计

在“理论结合实践”的思想指导下,依据单元教学的目标,本课试图在教学内容、教学方法、教学组织等方面,以学生为主体,引导学生发散思维,在掌握基本理论知识和实践技术的前提下,积极融入社会创新创业的浪潮。

(二)教学目标设计

针对学生前3次课学习中表现出来的知识回答和创新学习能力,教学目标确定为:

(1)学生能说出体育教学不同方法和特点。

(2)通过不同水平不同程度的要求,90%的学生能够熟悉基本体育教学的实施。

(3)在合作与交流的学习中,积极参与讨论,提出问题,思考解决方案。

(4)培养学生开拓创新,不断向新的目标挑战的优良品质。

(三)教师指导设计

结合学习内容和学生水平差异,本节课主要采用诱导式学习,分组讨论练习的教学方法。介绍完基础理论知识后,指导学生学会看图和根据教师示范动作进行模仿,通过视频和不同中小学体育教学要求的情境设置,结合教师的启发诱导,激发学生学习实践的热情;根据学生的实际能力,自选教学情境,分组并选出组长,对每一组提出不同的要求,尽量依据每一位学生努力达到目标的情况进行升级,促使学生在合作的基础上积极主动地参与学习活动,培养自主学习、创新学习的能力。

(四)教学过程设计

本次课教学过程大体设计3个阶段:理论讲解、案例教学与思考总结。

(1)理论讲解:教材教法是将教材、教学方法与学生实际相结合的教学方法。研究体育教材教法首先应研究基本的教学方法理论。

体育教学方法实际上是实现体育教学目的的途径和手段——依据师生双边活动进行分类,可分为讲授法和学习法(包括练法);依据体育教学目标进行分类,可分为传授理论知识的方法、技能教学的方法、锻炼的方法、教育的方法;依据教学活动中获得信息的主要途径及其来源进行分类,可分为语言法、直观法和练习法。

体育教学方法的特点:

①教学的组织与教法相结合。

②练习法与恢复法相结合。

③练习应与保护和帮助相结合。

④教、学、练相结合。

(2)案例教学:本课中心环节,采用分组讨论、角色扮演式案例教学,充分发挥组长引导带头作用,以培养学生自学自练、开拓创新的能力。

①导入：对案例教学的实施流程进行说明，使学员了解教学目的和教学活动的具体安排。

②背景资料介绍：通过播放体育教学常用方法和片段教学的视频短片，使学员更直观地了解体育教学的优秀方法效果。

③分角色分组研讨：在教师引导下，在组长组织下，采用“四副眼镜法”（万花镜、墨镜、望远镜和放大镜），组织4组学员，分别从讲授法、学习法、直观法和练习法4种不同的情况对体育教学的实施进行多角度的讨论。

④分组展示：各组汇报研讨成果，各派两位代表，一人讲解，一人示范。

⑤教师分别点评并强调体育教学常用方法和片段教学的注意事项。

(3)思考总结：

①通过学生课堂发言和投票赞成情况，针对学生自主讨论分析和实践进行评价评分。

②通过PPT的总结和提问，突出本次课的重点和难点问题，总结本课所学内容，正确评价教学效果，告知学生实践中应注意的问题。

(五)教学扩展创新

讨论“体育教学方法和特点”在大学生创新创业训练项目中的可能应用，鼓励学生在大学体育俱乐部教学中进行多种创新方式的体育教学，在激活思维、拓展能力的过程中体验思考、合作、创新、实践的感受，从而有效地提高学生主动参与学习的兴趣。

(六)创新创业思考

摸线往返跑——点放烟花教学片段

让学生通过春节点放烟花的实践记忆，模仿学习摸线往返跑的技能，并通过“形式趣味化”“目标合理化”“过程探究化”“负荷适量化”等目标来设计教学片段。

第二节　体育工具知识实践教学案例

一、体育测量与评价

体育测量评价学是体育科学的学科之一，属于综合性的应用学科。它是在体育领域内对人的体质、身体的形态与机能、身体素质、运动技术等，以及其相关因素进行测量与价值判断的理论与方法体系。其主要作用是能够客观地揭示受测者个人、集体和单位的各项测试指标状况与水平，可以为领导者提供决策依据，为体育指导员、教师、教练员等制订计划、改进工作提供客观数据。

广义的体育测量是指在体育运动中，以仪器或者其他测量手段，对人体各种属性特征进行定量化的过程。狭义的体育测量是指以仪器或其他测量手段，直接对受试者测定其固有的各种指标，如身高、体重、胸围等。

体育测量评价是对体育范畴内身体综合能力及其有关因素进行测量与价值判断的一门

应用学科，属于方法学范畴。它为体育运动实践提供了各种测量和评价的基本理论与方法，有着极大的实用价值。

体育测量评价的意义：

(1)为政府职能部门提供决策的依据。

(2)为修建体育大纲提供依据。

(3)为评定学校体育卫生工作提供评价依据。

(4)激励学生在体育锻炼中的积极性。

(5)为运动训练和选材提供科学依据。

体育测量评价是一门对体育范畴内身体综合能力及其有关因素进行测量，并赋予价值判断的一门应用性学科，研究对象涉及体育的各个领域，因而其基本理论与方法在体育领域有广泛的用途，是体育教学、训练、科研的必备工具。

体育测量与评价课程一个重要的特点就是应用性强，创新型教学时应紧紧抓住应用性这一特点，整合“应用板块”的教学内容。例如，在讲授体育测量编制实施、运动技术与身体素质测量的基本要求与注意事项、我国国民体质监测概述等基本知识时，结合课的内容，设计两个课外作业——“身体素质的测量评价”和“运动技术的测量评价”，内容包括体育测验的编制，选择 4 项或 5 项运动素质和一个运动项目进行测量，两人一组，学生互测，并安排学生到学校“学生体质测试中心”进行实习工作，使学生在实践中理解知识，在实践中创新创造。

体育测量与评价创新型教学案例如下。

体育测量与评价

——《体育测量与评价》，“体质综合测量与评价”章节

（孙庆祝主编，高等教育出版社，2010 年版）

(一)教学思路设计

在“体育理论结合创新实践”的思想指导下，依据单元教学的目标，本课试图在教学内容、教学方法、教学组织等方面，以学生为主体，引导学生发散创新思维，在掌握基本理论知识和实践技术的前提下，积极融入社会创新创业的浪潮。

(二)教学目标设计

(1)学习体质测试基本理论。

(2)通过学习，掌握体质基本测量、综合测量的方法和评定。

(3)本次课的教学重点在于体质测定的注意事项和重点评价；带领学生进入体质测试的领域，了解如何更好地进行学生体质的综合测评。

(三)教师指导设计

结合学习内容和学生实际，本节课主要采用诱导式学习，分组讨论练习的教学方法。介绍完体质测试与评价的基础理论知识后，指导学生根据实际案例进行分组讨论，通过不同角度的思考方向，结合教师的启发诱导，激发学生学习实践的热情。

(四)教学过程设计

本次课教学过程大体设计3个阶段:理论讲解、案例教学与思考总结。

(1)理论讲解:通过图片和相关体质测试短视频的概括介绍,让学生能够更好地了解基本知识。

①体质测量与评价概述(体质的概念和范畴、理想体质稳定的特征、影响体制的主要因素、国内外体质研究的发展)。

②体质测量的内容(我国体质测量方案、国外体质测量方案)。

③体质的综合评价(体质综合评价的基本原则、各类指标在综合评价中的权重、体质综合评价标准的制定和应用)。

(2)案例教学:本课中心环节,采用分组讨论、案例教学,充分发挥组长引导带头作用,以培养学生自学自练、开拓创新的能力。

①导入:阅读案例,了解体质测试的实际操作和创新设计。

②背景资料介绍:通过大学生体质测试挑战赛模式的创新,引导学生进行体质测试实际操作的思考。

③分角色分组研讨:在教师引导下,在组长组织下,采用“四副眼镜法”(万花镜、墨镜、望远镜和放大镜),组织4组学员,分别从传统体质测试的优缺点、体质测试挑战赛的优缺点、体质测试软件综合测评的优缺点、不同体质测试方法的注意事项4种不同的角度对体质测试进行多方面的讨论。

④分组展示:各组汇报研讨成果,展示讨论情况。

⑤教师分别点评并强调体质测试的重点注意事项。

(3)思考总结:

①通过学生课堂发言和投票赞成情况,针对学生自主讨论分析和创新建议进行评价评分。

②通过PPT的总结和提问,突出本次课的重点和难点问题,总结本课所学内容,正确评价教学效果,告知学生体质测试中应注意和改进的问题。

(五)教学扩展创新

讨论“体质综合测评”在居民社区或养老院的可能应用,鼓励学生积极参与相关社会实践,在激活思维、拓展能力的过程中体验思考、合作、创新、实践的感受,从而有效地提高学生主动参与学习的兴趣。

(六)创新创业案例

健康测评体系,孩子的体质健康让家长看得见。

目前体适能或者说体能训练近两年在中国的兴起,也代表了体育产业浪潮后项目更加多元和细分,以及原先的专业训练方式逐渐走向大众市场的趋势。少儿运动培训本身的“体育+教育”属性和能带来稳定现金流的商业模式使得它成为最受市场热捧的领域之一。

面对儿童青少年体育培训机构对专业化及特色竞争力的强劲需求,某健康服务公司与国内著名体育院校和师范院校合作,基于互联网应用技术和云计算技术,研发了包含青少年儿童健康测试、结果分析、健康测评报告以及测评硬件在内的一整套测量和数据服务系统,成功开创了儿童体质健康领域的移动互联网教育行业先河，真正提升儿童体质健康水平。

健康测评体系通过专业的测量和数据分析，指导机构科学设计体能课程，从而针对性地提升孩子们的体质弱项，让课程教学显性化，课程教学效果看得见！

（七）案例教学实例

创新大学生体质测试挑战赛模式

2017年湖南科技大学的体质测试以一种挑战赛的形式创新展开，学生们以运动员的身份参加测试，在体质测试中增加了很多互动和挑战环节，使得活动更有趣味性、挑战性，激励学生积极参与活动。创新挑战赛模式激发学生参与积极性。

早在体质测试开始前，体育学院就开展了多次会议，秉承着“专业人士服务非专业人士”的理念，注重裁判员和引导员素质和评测效率的提高，专门打造了一支专业性很强的体育队伍。这使得体质测试效率从去年的日均测试500多人提升到日均1000多人。在提升效率的同时，也更加注重公平。同时，通过与各方面的协调安排，本次体质测试新增了微信平台互动、摄影、征文等一系列活动。

挑战赛有助于激发同学们的团队价值追求和集体荣誉感，磨炼学生的毅力，强化学生的责任与担当，让每个学生充分地展示自己的能力。体质测试以挑战赛的形式开展，大大提高了学生们的关注度和参与度，提高了学生体育锻炼的积极性，促进了学校体育锻炼文化的发展。为进一步发展体质测试互动文化，本次体质测试新增了摄影、征文、微信平台互动等环节。在场的人都可以在主席台处点歌，通过微信进行互动，一条消息甚至能在半天时间达到15000多次的转发量。这种互动形式增加了比赛的趣味性，改变了以往的中规中矩，这是一大突破点，也是体质测试互动文化的发展进步。

未来拟将体质测试挑战赛作为校运会的一个集体项目，延长校运会两天的时间，让全校同学以运动员身份参与体质测试运动会。

二、针灸推拿

针灸和推拿属养生治病之道。针、灸有别，针法指在体表的腧穴上进行针刺、叩击、放血等操作，灸则指用艾绒做成艾炷、艾条或艾绒装入温灸器中，点燃后熏灼皮肤的一定穴位，进行温热刺激。

推拿指中医用手在人体上按经络、穴位以推、拿、提、捏、揉等手法进行治疗。通常是指医者运用自己的双手作用于病患的体表、受伤的部位、不适的所在、特定的腧穴、疼痛的地方，具体运用推、拿、按、摩、揉、捏、点、拍等形式多样的手法和力道，以期达到疏通经络、推行气血、扶伤止痛、祛邪扶正、调和阴阳、延长寿命的疗效。

课程主要学习中医学基本理论知识和与本专业有关的现代科学技术、现代医学方面的基本知识，受到中医临床技能、针灸、推拿医疗技术等方面的基本训练，具有运用针灸、推拿诊疗各科疾病的基本能力。

(1)掌握中医学基础理论、临床医学知识以及必要的现代医学基本知识。

(2)掌握针灸、推拿的基本理论和操作技能。

(3)具有运用针灸、推拿处理临床各科疾病的初步能力。

(4)熟悉国家卫生工作的方针、政策和法规。

(5)了解中医学,尤其是针灸、推拿学的理论前沿和应用前景。

(6)掌握文献检索、资料查询的基本方法,具有初步的科学研究和实际工作能力。

针灸推拿学作为一门实践性很强的临床学科,既有丰富的理论基础,又有大量的临床知识,因此如果不掌握一定的学习方法,想真正学好是不容易的。

(1)要突出规律抓重点。要从诸多内容中,尽量多地提取一些规律性的东西,对于促进学习、启迪思维和加强记忆是有极大帮助的。例如,经络的走向交接规律、分布特点、络属关系等重点内容,是必须掌握和熟悉的(方法:背歌诀、画图示、做体位演示等)。

(2)要分别记住各经分布(经络背诵)和起止点。如大凡阴经均起止于指趾内侧端,阳经均起止于指趾外侧端,这是共性。但也有特殊性:如手阳明大肠经起于食指内侧端,终于对侧鼻旁;足厥阴肝经起于足大趾外侧端。

(3)要记住各条经络最好的方法是在人体上实际测划,则熟能生巧。记经络症候,应先记主要的,然后再记细节,如肺经主治咳、喘、痰、胸满、咽喉不适,其他如伤风、自汗,缺盆部及肩臂内侧痛等也可兼见。

针灸推拿的创新型教学,可以在教师引导下,采用技能考察型分组实践,组织学员分组,分别从不同的情况对推拿按摩的实施进行多角度的讨论,以考查学生的分析能力、逻辑推理能力和实践能力,再结合网络教学磨炼手法,更好地引导学生发散思维,在掌握基本理论知识和实践技术的前提下,积极融入社会创新创业的浪潮。

针灸推拿创新型教学案例如下。

针灸推拿学创新教学案例

——《针灸推拿学》,“推拿按摩手法”章节

(梁繁荣主编,中国中医药出版社,2009 年版)

(一)教学思路设计

在“理论结合实践”的思想指导下,依据单元教学的目标,本课试图在教学内容、教学方法、教学组织等方面,以学生为主体,引导学生发散思维,在掌握基本理论知识和实践技术的前提下,积极融入社会创新创业的浪潮。

(二)教学目标设计

针对学生前 3 次课学习中表现出来的知识回答和动作模仿能力,教学目标确定为:

(1)学生能说出推拿按摩不同手法的动作要点。

(2)通过不同水平不同程度的要求,90%的学生能够完成基本手法演练。

(3)在合作与交流的学习中,积极参与讨论,提出问题,思考解决方案。

(4)培养学生开拓创新,不断向新的目标挑战的优良品质。

(三)教师指导设计

结合学习内容和学生水平差异,本节课主要采用诱导式学习,分组讨论练习的教学方法。介绍完基础理论知识后,指导学生学会看图和根据教师示范动作进行

模仿，通过视频和不同推拿按摩要求的情境设置，结合教师的启发诱导，激发学生学习实践的热情；根据学生的实际能力，自选按摩情境，分组并选出组长，对每一组提出不同的要求，尽量依据每一位学生努力达到目标的情况进行升级，促使学生在合作的基础上积极主动地参与学习活动，培养自主学习、创新学习的能力。

(四)教学过程设计

本次课教学过程大体设计3个阶段：理论讲解、案例教学与思考总结。

(1)理论讲解：通过单字强调和一句话概括，让学生能够更好地记忆推拿按摩手法的要点。

①按：用手指或手掌在皮肤或穴位上有节奏地按压。

②摩：用手指或手掌在皮肤或穴位上柔和地进行摩擦。

③推：用手指或手掌向前、向上或向外推挤皮肤肌肉。

④拿：用一手或两手拿住皮肤、肌肉或盘膜，向上提起，随后又放下。

⑤揉：用手指或手掌在皮肤或穴位上进行旋转活动。

⑥搓：用单手或双手搓擦肢体。

⑦掐：用手指使劲压穴位。

⑧点：用单指使劲点按穴位。

⑨叩：用掌或拳叩打肢体。

⑩滚：用手背近小指部着力于体表施术部位，通过腕关节的伸曲和前臂的旋转、协调运动的滚动。

⑪捏：用拇指和其他手指在受术部位做对称性挤压。

⑫擦：用手掌的大鱼际、小鱼际或掌根在受术部位上进行直线来回摩擦。

(2)案例教学：本课中心环节，采用分组讨论、角色扮演式案例教学，充分发挥组长引导带头作用，以培养学生自学自练、开拓创新的能力。

①导入：对案例教学的实施流程进行说明，使学员了解教学目的和教学活动的具体安排。

②背景资料介绍：通过播放推拿按摩常用手法和实际操作的视频短片，使学员更直观地了解推拿按摩的不同手法效果。

③分角色分组研讨：在教师引导下，在组长组织下，采用技能考察型分组讨论实践(技能考察型分组讨论：往往是在小组参与下考查学生的分析能力、逻辑推理能力和实践能力)，组织4组学员，分别从伏案工作者肩颈按摩、运动员臀部放松按摩、头痛不适者脑部按摩、运动损伤康复者腿部按摩4种不同的情况对按摩的实施进行多角度的讨论。

④分组展示：各组汇报研讨成果，各派3位代表，1人讲解，1人示范，1人作为被实验对象。

⑤教师分别点评并强调推拿按摩注意事项。

(3)思考总结：

①通过学生课堂发言和投票赞成情况，针对学生自主讨论分析和实践进行评价评分。

②通过PPT的总结和提问，突出本次课的重点和难点问题，总结本课所学内

容，正确评价教学效果，告知学生实践中应注意的问题。

（五）教学扩展创新

讨论“不同推拿按摩手法针对不同人群”在大学生创新创业训练项目中的可能应用，鼓励学生在大学体育俱乐部教学中参与理疗实践，在激活思维、拓展能力的过程中体验思考、合作、创新、实践的感受，从而有效地提高学生主动参与学习的兴趣。

（六）创新创业案例

摩摩哒康复推拿

（1）核心内容：本公司基于亚健康人群，将客户清晰定位于中小型企业，针对性地对企业员工提供高效、便捷、专业的康复推拿技术，为这一类人群提供解决颈肩腰腿不适的问题。

（2）创新点：随着社会的发展，个人的经济压力越来越大，办公室人群长期静坐肌肉不活动，身体各项机能降低，且很少有时间寻求放松治疗。我们主要是为办公室人员提供高效、便捷、高性价比的服务，且康复推拿结束时，主动为客户提供健康信息与家庭保健方法。

（3）竞争力：本公司具有一流的服务团队，有医科大学西医背景，体育学院武术、经管背景等各有专长的在读研究生，助力公司的技术服务、高效率运营及文化建设。他们的激情与活力、专业技术以及投入康复理疗事业的信心能够为整个行业带来强劲动力。期望通过技术，深化潜在客户群体对康复推拿的认识，纠正大众对中医推拿、康复技术的误区，给当前行业带来新的发展概念。

三、体育绘图

体育绘图是体育工作者经常用到的一种教学手段，它是以一种简练的视觉符号作为手段，用概括的线条来表示人体体育动作、动作技术、场地器材和队列队形的一种画图方法，是用最简洁的线条在最短的时间内画出所需要的体育动作技术简图。体育绘图的出现，给教学带来了极大的方便，广大体育教师要不断探索新的体育绘画简图技法，掌握体育绘图在教学中的运用技巧，充分发挥体育绘图在教学中的作用。这对新课程体育教学改革，提高教学艺术和教育质量具有一定的价值和现实意义。

体育绘图从学科的整体来看，包含的面比较广，不仅有一套基础理论知识，而且有各项目具体的绘图技法及要求。其主要包括以下内容：

（1）理论部分有体育绘图的发展概况和绘图的意义内容分类、体育绘图的学习方法、工具的选择运用及基本练习、体育绘图人物比例以及透视原理与方法，还有体育绘图的几何形分析方法和快速画出动作神形的技巧等。

（2）技术部分包括人体各部位的画法及变化的画法、各种形式图具体画法、各项目的不同画法及器材、组织教学图的画法。

体育绘图的学习有利于探索新的教学方式。当今的教学，已经由原来的发挥教师的主体作用转变为教师与学生的互动，体育绘图课正是体现这种互动最方便的课堂。因为它不仅将体育运动与绘图生动地结合在一起，也部分体现了西方教育所推崇的实用主义教育，即引导学生在实践中探索，在实践中获取知识。大家知道，以往的理论教师以讲解示范为主，学习以视听笔记为主。而体育绘图课更多强调学生不仅仅是按照教师的讲解，照着教科书涂涂画画，而是要以体育教学实践为基础，以正确理解运动形态为前提，正确地画，形象地画，创造性地画。

体育绘图的学习有利于加强体育师生的体育人文意识。体育是一种庄严肃穆的礼仪庆典文化，是一种记录人类潜能发展的文化，是一种昭示科技进步的文化。从人类产生至今，体育作为生活中必不可少的部分，也阐述着人类的进步史。虽然体育绘图的开设是在12世纪80年代，但如果将它作为一门学科来研究则时间可追溯到远古。一些保存至今的岩画、壁画、墓葬出土文物反映了当时的祭祀、舞蹈、狩猎等丰富的体育活动场面。这说明用绘图来表现与体育有关的题材其历史是久远的，人类从未放弃用绘图这种形式描述体育文化现象、提示体育规律从而指导人类实践。中国的体育以其博大精深、内涵丰富吸引世界众多的目光，作为炎黄子孙，我们有必要传承文明、继往开来，以一种崭新的姿态面向它，改进它，丰富它。

体育绘图的创新型教学，需要理论结合实践，可以采用"创意解难法"(重点在于在解决问题的过程中，问题解决者应以有系统、有步骤的方法，找出解决问题的方案)，以学生为主体，通过教师与学生的互动引导学生发散思维、结合实际，更好地进行创新学习实践，以加强学生的体育人文意识。

体育绘图创新型教学案例如下。

体育绘图创新教学案例(人体运动图)

——《体育绘图》，"人体运动图"章节

(雷咏时主编，高等教育出版社，2002年版)

(一)教学思路设计

在"理论结合实践"的思想指导下，依据单元教学的目标，本课试图在教学内容、教学方法、教学组织等方面，以学生为主体，引导学生发散思维，在掌握基本理论知识和实践技术的前提下，积极融入社会创新创业的浪潮。

(二)教学目标设计

学习体育绘图是由抽象到具体，再由具体到抽象的思维过程，手、脑、眼的准确配合及协调的锻炼，正确表现动作的运动结构过程，也是运动技能技巧水平提高的一个思维过程。同时，描绘形象优美的体育运动图示的过程也是一个审美的过程，它会激发丰富的想象力并升华为发现美、创造美、理解美的过程，通过提高审美意识，使学生更热爱生活，更珍惜健康，从而更热爱体育锻炼。

(三)教师指导设计

结合学习内容和学生水平差异，本节课主要采用诱导式学习，分组讨论练习的教学方法。介绍完基础理论知识后，指导学生学会看图和根据教师示范动作进行模仿，通过视频和不同绘图要求的情境设置，结合教师的启发诱导，激发学生学习实践的热情；根据学生的实际能力，自选绘图情境，分组并选出组长，对每一组提出不同的要求，尽量依据每一位学生努力达到目标的情况进行升级，促使学生在合作的基础上积极主动地参与学习活动，培养自主学习、创新学习的能力。

（四）教学过程设计

本次课教学过程大体设计3个阶段：理论讲解、案例教学与思考总结。

（1）理论讲解：通过单字强调和一句话概括，让学生能够更好地记忆按摩手法的要点。

人体运动图包括以下形式：

①单线图，不是一条线图，而是以一两条简单线条表达动态的图。

②轮廓图，指用线条表达出人体结构各环节的外轮廓的一种绘图形式，它要求绘图者具有一定的造型能力及对人体解剖结构、比例的充分认识和理解，是一种难度大的图。其特点是逼真和形象、表现力强，多用于质量要求比较高的教科书及正规出版物。

③实体图（又称影图），是根据轮廓图或人体肌肉结构的解剖关系用实线粗细概括表达人体运动动态的一种方法，形象生动；但表现复杂动作局限性较大。

④体块图，是用线或面表现运动动态的一种图示，它的特点是高度概括人体运动动态，多用于宣传体育有关的知识，如书籍封面、宣传招贴画、报头及服饰。

以上各种类型的简图，虽各有风格特点，但表现动态的程度不相同。我们要根据各种不同对象的需要选择，教学中需要的是快速生动和优美的单线表现方法。

（2）案例教学：本课中心环节，采用分组讨论、角色扮演式案例教学，充分发挥组长引导带头作用，以培养学生自学自练、开拓创新的能力。

①导入：对案例教学的实施流程进行说明，使学员了解教学目的和教学活动的具体安排。

②背景资料介绍：通过播放体育绘图常用手法和实际操作演示的视频短片，使学员更直观地了解体育绘图的不同手法效果。

③分角色分组研讨：在教师引导下，在组长组织下，采用“创意解难法”（创意解难法是美国学者 Parnes 于 1967 年提出的教学模式，是发展自 Osborn 所倡导的脑力激荡法及其他思考策略，此模式重点在于在解决问题的过程中，问题解决者应以有系统、有步骤的方法，找出解决问题的方案），组织4组学员，分别从板书绘图、教案绘图、教材绘图、绘图比赛展示4种不同的情况对绘图的创意实施进行多角度的讨论，最终形成实践成果。

④分组展示：各组汇报研讨成果，各派两位代表，一人讲解，一人示范。

⑤教师分别点评并强调相关绘图注意事项。

（3）思考总结：

①通过学生课堂发言和投票赞成情况，针对学生自主讨论分析和实践进行评价评分。

②通过 PPT 的总结和提问，突出本次课的重点和难点问题，总结本课所学内容，正确评价教学效果，告知学生实践中应注意的问题。

（五）教学扩展创新

讨论“不同绘图手法针对不同体育教学”在大学生创新创业训练项目中的可能

应用，鼓励学生在大学体育俱乐部教学中参与绘图实践，在激活思维、拓展能力的过程中体验思考、合作、创新、实践的感受，从而有效地提高学生主动参与学习的兴趣。

(六)创新创业思考

如何通过组织“体育绘图大赛”，设计宣传绘画(下图)，提高学生学习兴趣和实践热情。

体育绘图比赛宣传

思考与练习

1.常见的体育工具知识和实践内容有哪些?

2.请学生搜寻网络上的新型体育工具相关的电脑或手机软件?

3.请学生参考实践教学案例，尝试设计你熟悉的体育工具理论或实践课程的生活教学案例。

参考文献

[1]唐绪明，黎明.新形势下体育统计知识在体育教学中的应用研究[J].四川文理学院学报.2018(3):143-145.

[2]孙冬青.论现代远程教育技术对体育理论教学的创新[J].中国成人教育.2009(24):179-180.

[3]王淑芳，薛娇，马海泉.科教融合协同创新以开放的思维迎接新的教育革新[J].2012(11):6-10.

[4]王伟.创新创业教育融入专业教育机制创新研究[J].黑龙江教育学院学报，2019(1):4-6.

[5]李利荣.专业教育与创新创业教育的分立与融合[J].中国成人教育，2018(20):70-72.

[6]谢秀兰.试论高校创新创业教育理念的守正创新[J].高教学刊，2019(4):28-30.

第五章 体育人文知识创新型教学

大学生作为这个国家未来的希望不仅要具有强健体魄，也要具有高素质的思想，他们的思想道德将会影响社会的未来发展方向。高校该做的是提高对大学生思想的正确引导，以及树立正确的人生观、价值观、世界观，从而提高这个社会的整体教育水平。体育人文知识的创新型教学，就可以将体育与思政教育融合，逐渐形成润物细无声式的“体育思政”教学模式。

在体育文化中，我们也应该注意思政教育的发展。体育文化可以作为思想政治的载体，使思想政治更广地在大学生之间传播。思政教育也可以提高体育文化氛围，体育人的营造离不开精神文化的支持，就像每届运动会都会有一个主题一样，将“更高、更快、更强”的精神寄托在体育文化之中。当然，在高校的教育当中，要真正做到体育教育与思政教育相结合是一件很难的事情。教师在教学过程中更应该注重教学方法和途径使学生更好地去接纳新型的体育课程与思政教育。例如，在体育人文课程中穿插着对思想教育的融合，潜移默化中提高学生们的思想道德水平，逐渐和时代接轨，创造新型的教育模式，使学生以优秀人物为榜样来更好地提升个人素质的修养[1]。

中华优秀传统文化中的人文理性精神有助于构建高校学生的创业价值取向，艰苦奋斗、诚实守信的优良品格可以规范高校学生的创业道德，独到的战略眼光和坚定的爱国抱负能够提升高校学生的创业素质。为此，将中华优秀传统文化融入创新创业教育，融入思想道德教育、体育人文教育等方面，加强中华优秀传统文化中关于创新创业教育的理论研究和价值挖掘，实现创新创业知识与专业知识耦合联动，能让大学生以专业知识进行创新创业，从而获得最佳育人效果[2]。

体育人文知识相对枯燥，但是，若将体育人文知识与思政教育、中华优秀传统文化教育和创新创业教育相融合，不仅可以促进教学，更可以推动我国高等教育体系的改革与发展。因此，在“大众创业、万众创新”大背景下，大学作为实施创新创业教育的主阵地，要将体育人文教育、思政教育、中华优秀传统文化融入创新创业教育，不断探究，设立多种类型的创客空间和创新创业基金以推动产学研合作及协同创新平台建设，优化融合路径，这样才能在保留中国底蕴和民族精神的前提下成就创新，做好中华优秀传统文化的保护和传承；这样才能加强文化自信，树立崇高的文化理想，培养新一代对国家及文化的感情[3]。

第一节　体育人文理论创新教学

一、体育史

体育史指的是体育运动发生、发展的历史过程。通过对体育活动历史的考察和研究，可进一步认识体育发展和演变的客观规律。从时间上看，体育史可分为古代、近代、现代和当代体育史；从区域上看，可分为中国体育史、外国体育史和世界体育史；从内容上看，可分为通史或专项史（如竞技体育史、学校体育史、田径运动史）等。

体育史的主要研究内容：体育起源；体育在各社会形态中的表现形式；体育在社会发展过程中的作用及地位；体育在各个时期的内容及其与人的需要的关系；体育与生产力、经济发展的关系；各时期体育与文化的关系，体育的社会制约性及其目的、任务；各时期的体育手段、方法和内容等。

体育史的研究重点：有关资料的收集和整理；对于已有的资料，应以辩证唯物主义观点进行分析，做出较为科学的结论；要通过合理体例的表述，反映体育活动的发展和沿革；注意各种不同体育活动之间的联系和影响，正确处理好通史和专门史之间的关系。一是还原体育在历史中的本来面目，实事求是，正本清源，以利于体育文化的继承与传播；二是总结体育发展的经验教训，进而揭示体育发展的客观规律，为当代体育的发展提供借鉴。增长体育历史知识，增加体育人文素养；培养史学思维，扩大体育视野；学习优秀遗产，培养民族精神；探索发展规律，指导体育实践。

体育史的创新型教学，可以采用“研究式案例教学”，适度引用体育历史漫画、视频等吸引学生兴趣，再通过多个学习小组的研究性学习活动，可使学生对所学知识有了初步掌握，再鼓励学生在课外进行问卷调查和实地调研，在激活思维、拓展能力的过程中体验思考、合作、创新、实践的感受，从而有效地提高学生主动参与学习的兴趣。

体育史创新型教学案例如下。

体育史创新教学案例

——《体育史》，“原始体育”章节

（谭华主编，高等教育出版社，2009 年版）

（一）教学内容

体育起源的研究，正确理解体育的起源，掌握其基本特征。

（二）教学目标

通过“原始体育起源和发展”的模拟论坛讨论，指导体育专业学生在学习和实践时，既学会如何从理论的视角解释现象，又学会如何将理论运用于实践之中。

（三）教学重难点

体育史概念和起源的正确性理解，辩证唯物主义和历史唯物主义的理解及其掌握的意义。

(四)教学过程

(1)导语——适度引用体育历史漫画,具体、系统、详细地对体育史的起源和发展涉及的主要内容方面进行总结运用,引出本次课程内容。

(2)理论讲解——在讲授原始体育时,用幻灯机放出历史漫画"飞石锁",吸引学生兴趣;通过教师生动形象的描述让学生对原始体育有了深刻理解,了解石球的由来以及后来镂空的套球的出现;再如讲授蹴鞠,用幻灯片放出历史漫画宋太宗"蹴鞠图",加以解说,烘托气氛,古代体育自然会深刻地印入学生的脑海中。

(3)研究式学习——案例教学"对体育起源的研究"。

研究式案例教学注重发挥学生主体作用,通过多个学习小组的研究性学习活动,可使学生对所学知识有了初步掌握。但由于受学习经验、理解能力等的限制,对某些问题的认识可能出现疏忽或理解上的偏差,教师做最后的总结性纠正、补充、阐发、归纳等工作是必要的,在学生各抒己见的基础上,把个别、具体的结论变为系统化、条理化的知识。

具体实施步骤(下图)中的课堂提问是提高教学效率的有效手段,但如何提问,则要讲究艺术性。抽签提问法就是其中之一,打破传统的课堂提问教学模式,使学生感到新意,增加学习的兴趣。具体做法可分为5个步骤:第一步,提出问题,制造悬念;第二步,指导学生带着问题去看书和思考,寻找答案;第三步,抽签提问,让几个学生回答,列出不同意见;第四步,讨论,自由发言,分析问题;第五步,老师归纳总结。其中关键的是第一步和第三步。第一步要难易适当,并有一定的诱惑性,能引起学生去思考;第三步抽签,机会要均等,使人人都感觉到自己有可能被抽中,因而认真看书,积极动脑筋想问题,不敢懈怠。

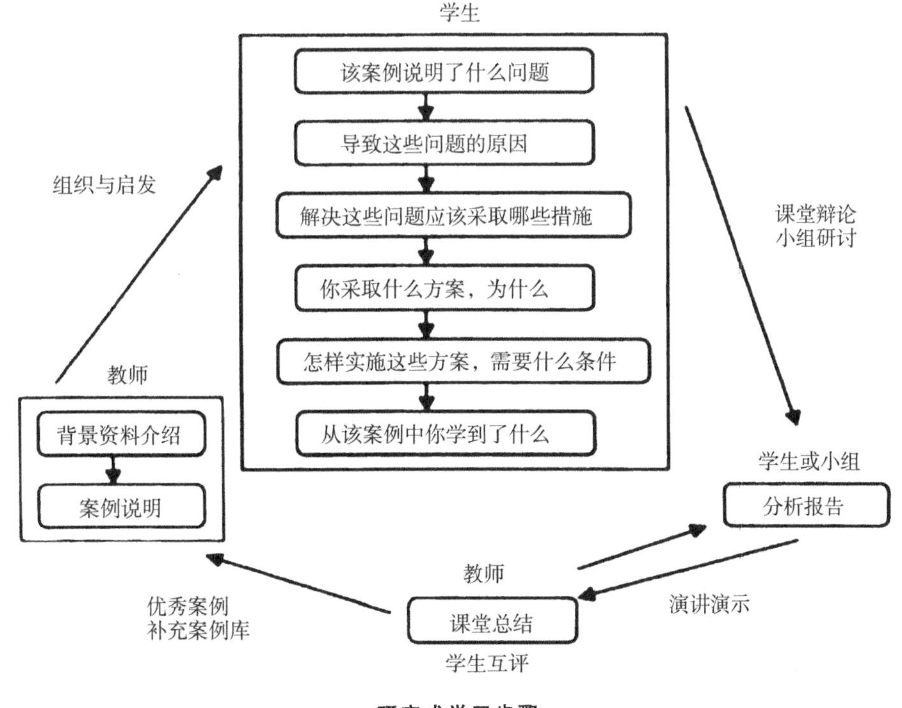

研究式学习步骤

(4)教学总结反思——案例教学创新型课堂发挥了教师的主导作用和学生的主体作用,为学生提供了讨论问题、启发思考、分享经验、交流观点的平台,实现了学学相长、教学相长,但还需要注意协调不同学生研究组之间的交流。

(五)教学扩展创新

讨论“融合与创新:体育史与体育文化共生发展”在大学生创新创业训练项目中的可能应用,鼓励学生在毕业设计或科研论文中进行问卷调查和实地调研,在激活思维、拓展能力的过程中体验思考、合作、创新、实践的感受,从而有效地提高学生主动参与学习的兴趣。

(六)创新创业案例

传承创新和谐发展——第8届东北亚体育史学术大会综述

2009年8月3日至5日,由东北亚体育史学会和中国体育科学学会体育史分会主办的第8届东北亚体育史学术大会在中国大连召开,来自日本、韩国、国内各体育院校、体育科研机构的学者出席了大会,中国大陆学者112人与会。

如何培养学生创新创业的能力?体育学院教师认为,创新创业的关键在于学习能力。学生主动学习的能力,对新知识、新趋势的敏感是创新创业的基础。“体育专业的学科交叉非常多,要在这方面有所建树,一定要广泛涉猎。”体育学院院长表示,“‘体育哲学’等课程的开设,其目标也是给学生们在体育的世界里打开更多的窗户,让他们善于用专业的思维思考问题”。

学院将学生学习能力的培养作为教学工作的主要目标。在教学过程中,体育学院倡导老师在课堂中注重教与学的互动,在上专业课的过程中用提问式和互动式的教学方法,促进学生的主动思考,提升学生的学习积极性。

二、体育经济学

体育经济学,体育科学的学科之一,是以经济学的分析方法研究体育产业的应用经济学。研究的内容主要包括:体育产业与国民经济发展的关系;体育产业;体育市场;体育消费;体育资金和体育投资;体育资产;体育产业内部的权利与收益分配制度和格局;体育产业的宏观发展计划与产业发展政策等。

体育经济学的研究对象是体育与经济的关系及体育领域的经济现象、经济活动的本质及规律。体育作为一种社会文化现象,与经济之间既有外部联系,也有相互交叉而形成的内在联系。体育与经济的外部联系表现在:经济是体育发展的基础,经济发展既创造出社会对体育的需要,也为体育的发展提供经济资源,制约着体育的发展;体育也反作用于经济,体育部门可以向社会提供体育服务这种特殊消费品,扩大对与体育有关的商品的需求,促进劳动效率的提高和经济的增长。体育与经济的内在联系,即体育与经济之间的交叉渗透关系。体育领域也存在经济活动和经济过程,存在着体育服务产品的生产、交换、分配、消费等环节,存在着人与人的经济关系。

体育经济学有两个显著的特点:一是应用性。体育经济学运用经济学原理研究体育领域的经济现象、经济活动,揭示体育领域经济社会效益发展变化的规律性,是一门应用理论学科,是经济理论与体育部门经济实践活动之间的桥梁,是体育部门经济活动的理论概括,用以指导体育部门的实践，为体育事业发展战略、方针、政策的制定和实施的科学化服务。二是交叉性。这是由体育经济学研究对象的特殊性决定的。研究体育运动经济问题，既需要经济科学知识，也需要体育科学知识。体育经济学是经济科学与体育科学相互联结而生成的交叉学科，它既是经济科学的一个分支，也是体育科学的一个分支。

研究体育经济学不但是繁荣体育科学的需要，有其理论意义，也是体育事业发展的需要，具有现实意义。研究体育经济学，揭示体育在经济增长中的作用，有助于正确认识其在国民经济中的地位和作用，改变那种认为体育是纯消费部门的观念，纠正轻视体育和体育工作的思想。体育事业发展战略的制定，体育管理体制的改革，体育经费的筹集、管理、分配和使用，都是体育事业宏观决策的重大问题。研究体育经济学有助于科学地进行宏观决策，防止体育事业宏观决策上的盲目性和随意性。学习和研究体育经济学，有助于体育部门工作人员牢固树立经济观念、效益观念，克服不算经济账、不计消耗、不讲效益、不注意节约的思想，注重经济分析，改善经营管理。

体育经济学的创新型教学，可以结合学科的应用性和交叉性特征，采用“文本式案例学习”，选择适当的实际生活案例供学生自学，再组织学习小组进行讨论分析，为学生提供讨论问题、启发思考、分享经验、交流观点的平台，实现了学学相长、教学相长，从而更加有效地提高学生主动参与学习的兴趣。

体育经济学创新型教学案例如下。

体育经济学创新教学案例

——《体育经济学》，“体育公共支出”章节

（靳英华主编，高等教育出版社，2011年版）

（一）教学内容

体育与经济的关系。

（二）教学目标

了解现阶段我国体育的经济特征，掌握体育在劳动力再生产中的作用，掌握体育在经济增长中的作用；指导体育专业学生通过学习和实践时，既学会如何从理论的视角解释现象，又学会如何将理论运用于创新创业实践之中。

（三）教学重难点

重点掌握体育在经济增长中的作用，难点是体育经济相关知识在创新创业中的应用。

（四）教学过程

(1)导语——适度引用体育经济漫画、短视频，具体、直观、详细地对体育与经济的关系进行大致介绍，引出本次课程内容。

(2)理论讲解——经济是体育发展的基础(经济决定社会对体育的需要，经济制约体育运动的规模和水平，现阶段我国体育的经济特征)与体育的经济功能(体育经济功能的内涵，体育在劳动力再生产中的作用，体育在经济增长中的作用，体育对第三产业发展的作用，体育在增加就业和提高人民生活水平方面的作用)。

(3)研究式学习——文本式案例学习。

案例与讨论:什么是体育?你对经济这个概念如何理解?

案例与讨论:10年前,我国体育产业发展情况?10年前,老百姓从事什么体育活动?现在,从事什么体育活动?发生了哪些变化?为什么?

案例与讨论:北京奥运会对中国经济的影响?(从有形和无形两方面分析)

案例与讨论:10年前用于体育锻炼的时间是多少?10年后发生了哪些变化?原因在哪里?

案例与讨论:中国第一次申奥为什么没有成功?有多少经济原因?

具体实施步骤:

①导入:对课程的实施流程进行说明,使学员了解学习目的和创新活动的具体安排。

②案例文本阅读:阅读案例文本,全面了解案例材料,针对问题进行讨论。

③案例介绍:教师对案例的整体情况和重点内容进行讲解,使学员掌握案例中的主要内容。

④分组讨论:学员分小组,采用开放式问题讨论法,在教师引导下,围绕从本案例中获得的启发和借鉴进行研讨和交流。

⑤分组汇报:各小组汇报研讨成果。

⑥自由发言:围绕研讨成果,学员发表补充意见。

⑦教师点评:教师结合学员研讨成果,围绕"体育与经济的创新发展关系"进行点评、总结。

(4)教学总结反思——文本式案例教学的创新型课堂发挥了教师的主导作用和学生的主体作用,为学生提供了讨论问题、启发思考、分享经验、交流观点的平台,实现了学学相长、教学相长,但还需要注意协调不同学生研究组之间的交流。

(五)教学扩展创新

讨论"体育经济发展中的创新应用"在大学生创新创业训练项目中的可能应用,鼓励学生在毕业设计或科研论文中进行问卷调查和实地调研,在激活思维、拓展能力的过程中体验思考、合作、创新、实践的感受,从而有效地提高学生主动参与学习的兴趣。

(六)创新创业案例

"携手共进,共创未来"——体育经济与管理专业第二届创新创业策划大赛圆满落幕

为增强学生的实践能力,提高学生语言组织表达能力,拓展学生的视野,提升综合素质,培养就业意识,提高就业技能,体育系举办了体育经济与管理专业技能大赛。

本次比赛通过专家前期评选,共有5个项目进入决赛,比赛以展示和答辩结合的形式进行,展示内容主要为产品、服务介绍、创新点、商业模式、市场价值、风险分析等。选手们所展现出来的朝气与自信充分展现了新时代大学生独有的青春魅力与创新智慧,而现场评委精辟独到的点评更是将比赛推向了又一个高潮。最后江苏汇泽投资集团董事长、创青春国赛评委尚宏宇还为本次大赛做总结点评,他希望同学们在体育产业迅猛发展的大潮中，通过丰富多彩的创新活动，探索创业之路，让今日的学习助力未来的成长，大胆实践，梦想成真。

最终PMC产前储能团队获得一等奖，南京“速优”体育服务项目团队和环保色公益平台项目团队获得二等奖，蝶丽产后体适能中心团队和环保色公益平台项目团队获得三等奖。

创业大赛的成功举办不仅使大学校园创新意识、创业能力进一步地发展，更为大学生在走出校门前提供了一个创业实践的平台，大赛迸发出的激情与朝气必将有力促进体育经济与管理专业学生专业素养和核心技能进一步提升。

三、体育管理学

体育管理学是一门综合性的交叉学科，既是管理科学的分支，又是体育科学的组成部分之一。它是运用管理学理论和方法，研究体育组织的协调，以达到预定体育目标的学科。由于管理体系主要由管理者、被管理对象和管理手段3方面构成，因此其研究对象包括管理者和作为被管理者的人和财、物、时间、信息，以及管理形式和方法等。其内容包括：体育管理的基本原理；体育管理的发展历史；体育管理体制；体育管理的职能；体育管理的过程和方法；各类体育的管理形式和方法等。在实际应用中，常采用领域分类法，即学校体育管理、竞技体育管理、大众体育管理等。体育管理学研究方法主要有观察、调查、实验、比较、分析、个案研究等。

体育管理学的创新型教学，可以结合学科的应用性和交叉性特征，采用“论坛式案例教学”，选择适当的体育管理案例供学生自学，再组织学习小组围绕不同话题发表看法，部分学生和教师共同作为观众和裁判，在激活思维、拓展能力的过程中体验思考、合作、创新、实践的感受，从而有效地提高学生主动参与学习的兴趣。

体育管理学创新型教学案例如下。

体育管理学创新教学案例

——《体育管理学》，“社会体育管理”章节

（张瑞林、秦椿林主编，高等教育出版社，2008年版）

（一）教学内容

在社会体育管理中，社区居民公共活动场地的数量缺失、场地布局不合理、场地开放权限等问题造成的矛盾和解决对策。

（二）教学目标

通过“跳广场舞偏中老年的群体与竞技体育运动的青年群体之间场地争夺的矛盾”案例教学，指导体育专业学生在面对这类社会事件时，既学会如何从理论的视角解释现象，又学会如何将理论运用于实践之中。

（三）教学重难点

重点是体育管理的实施组织，难点是体育管理中具体问题具体分析解决的策略。

(四)教学过程

(1)导语——通过提问,具体、系统、详细地对体育管理学的管理职能在体育管理中所涉及的主要内容方面,进行总结运用,引出本次课程内容。

(2)理论讲解——体育参与社会管理,其核心就是要构筑符合广大群众切身需求的亲民、便民、利民的体育公共服务体系,更好地为全市人民日益增长的体育需求提供服务。体育在社会管理中的功能和作用主要体现在健身功能、社会功能、文化功能、励志功能等方面。当前,体育参与社会管理的有效路径就是要大力推进体育公共服务,努力创造条件不断满足人民群众日益增长的体育需求,着力提高人民群众的满意度和幸福感。

(3)创新论坛——案例教学"社会体育空间领域的激烈争夺"。

论坛式案例教学注重发挥学生主体作用,通过与学生的沟通和了解,邀请一部分有想法的学生担当论坛嘉宾,分为两组从中老年人和青年人的角度分别发表意见,一部分学生作为观众进行投票评价和点评,同时,教师作为中间"裁判"起到协调作用。

具体实施步骤:

①课程介绍和视频导入:对课程的实施流程进行说明,使学生了解教学目的和具体安排。播放相关视频或图片,使学生了解跳广场舞偏中老年的群体与竞技体育运动的青年群体之间场地争夺的故事。

②论坛一:"大众公共区域的使用和道德谦让":在教师的主持下,请学生代表作为论坛嘉宾,分别围绕"青年人不谦让"和"老年人倚老卖老",分别从老年人和青年人角度发表观点和看法。

③论坛二:"合理分配时间,不同年龄段人群共同健身":在教师的主持下,邀请学生代表作为论坛嘉宾,围绕"如何科学分配不同年龄段人群锻炼空间",分别发表观点和看法。

④教师总结:教师结合学生双方观点,以"协调保障大众体育空间"为题,进行总结和点评。

(4)教学总结反思——案例教学创新型课堂发挥了教师的主导作用和学生的主体作用,为学生提供了讨论问题、启发思考、分享经验、交流观点的平台,实现了学学相长、教学相长,但还需要注意协调论坛发言学生和学生观众的共同学习。

(五)教学扩展创新

讨论"协调保障大众体育空间"在大学生创新创业训练项目中的可能应用,鼓励学生在毕业设计或科研论文中进行问卷调查和实地调研,在激活思维、拓展能力的过程中体验思考、合作、创新、实践的感受,从而有效地提高学生主动参与学习的兴趣。

(六)创新创业案例

"我要运动"

"我要运动"成立于2014年7月,主打体育场馆预定,通过抢先占得场地的先机,夺得体育产业链入口。"我要运动"创始人兼CEO曾创建上海西可体育,一家垂直于体育场馆管理与运营的传统公司。

目前，在“我要运动”平台上，上海地区共计入驻场地500个，包括高校、中小学、社区等资源。龙利红表示，“从线下体育场地到线上，我们不仅仅是搬运而已”。“我要运动”在场地端花了大量力气建立一套数据管理系统，硬生生地把陈旧的、传统的用小本、黑板计数的场地预定方式改用数据管理软件。

与业内用“共享经济”和“健康管理”打法的竞品，如全城热炼、燃APP，“我要运动”的运营模式无疑是重的，首先，将经营权引入自己的资源池，非常考验“我要运动”的分销能力；其次，将平价的“稀缺资源”直接导向用户，对于“我要运动”的盈利模式亦有挑战。

未来，“我要运动”考虑针对一些极其热门的场地和时间实现“包销制＋拍卖制”，我们希望引入市场化的方式，去经营场地，把它本身的价值体现出来。

第二节　体育人文理论与实践结合教学

一、体育心理学

体育心理学作为心理学的一个分支，是一门研究人们从事体育活动(包括体育教学活动、课外体育活动和体育竞赛活动)的专门条件下的心理现象及其发生、发展规律的科学。其主要内容是体育教学心理、体育训练心理和心理训练、体育竞赛心理、个性特征与体育教学训练、体育教师心理、体育心理卫生、体育品德心理、体育集体心理等。

总之，体育心理学是一门研究体育活动与人的心理之间关系的科学。就其性质而言，它既是一门理论学科，又是一门应用性很强的学科。它也是体育教师必须掌握的教育学科。

课程在学生掌握普通心理学知识的基础上，进一步学习和掌握体育教学和体育训练竞赛情境中的心理现象和心理规律，使学生较全面系统地掌握体育心理学的基本理论、基础知识及有关的科学研究的方法，并具有运用体育心理学理论、方法指导中学体育教育工作；培养学生的辩证唯物主义观点和求实的科学精神；掌握体育心理学的基本理论和基本知识，了解体育教学和体育运动竞赛中的心理现象、规律及其原理，并以此来指导将来的实践；掌握有关的实验、心理测量、心理训练的操作方法，培养相应能力。

体育心理学的创新型教学，可以进行理论结合实践的教学探索，采用“辩论赛实践教学”，选择适当的体育心理实例供学生自学，再组织学习小组围绕不同话题发表看法，表现良好的学生担任辩手，在教师的主持和其他学生的支持下进行辩论比赛，在激活思维、拓展能力的过程中体验思考、合作、创新和实践，让学生在轻松活泼的氛围中获取知识，同时逐渐学会应用。

体育心理学创新型教学案例如下。

体育心理学创新教学案例

——《体育心理学》,"体育活动中的目标定位与目标设置"章节

(季浏主编,高等教育出版社,2006年版)

(一)教学内容

体育心理学作为心理学的一个分支,是一门研究人们从事体育活动(包括体育教学活动、课外体育活动和体育竞赛活动)的专门条件下的心理现象及其发生、发展规律的科学,而目标则是计划实施的第一个阶段,制定好合理的体育目标,才能做到有的放矢。

(二)教学目标

通过本章教学,使学生能够:

(1)对目标设置理论有初步了解,理解并掌握目标设置的概念。

(2)明白目标设置的原则及方法,并能够将这些原则、方法运用到自己的教学以及运动实践当中去。

(3)对于团队的概念及特点有一个大致了解,掌握团队目标的设置方法,并能够结合运动团队的实际情况应用该方法。

(三)教学重难点

(1)有效目标设置的原则。

(2)如何让学生更好地理解目标设置的原则。

(3)团队目标设置的方法与步骤。

(四)教学过程

(1)导语——通过案例,具体、系统、详细地对目标设置理论为主的体育心理学知识,进行总结运用,引出本次课程内容。

例子:哈佛大学有一个非常著名的关于目标对人生影响的跟踪调查。对象是一群智力、学历、环境等条件都差不多的年轻人,调查结果如下:3%的人有清晰且长期的目标;10%的人有清晰且短期的目标;60%的人有比较模糊的目标;27%的人没有目标。25年后发现,有清晰且长期目标的人25年来几乎都不曾更改过自己的人生目标。他们都朝着同一个方向不懈地努力,现在他们几乎都成了社会各界的顶尖成功人士,他们中不乏白手创业者、行业领袖、社会精英。有清晰且短期目标的人大都生活在社会的中上层。他们的共同特点是,那些短期目标不断被达成,生活状态稳步上升,成为各行各业的不可或缺的专业人士,如医生、律师、工程师、高级主管等。有比较模糊目标的人几乎都生活在社会的中下层面,他们能安稳地生活与工作,但都没有什么特别的成绩。没有目标的人几乎都生活在社会的最底层,他们的生活都过得很不如意,常常失业,靠社会救济,并且常常都在抱怨他人,抱怨社会,抱怨世界。

(2)理论讲解——体育中的目标设置,是根据运动者的体育能力和技能水平,确定在一定的时间内所要达到的体育学习和身体锻炼的具体目标,以及达成目标所采用的步骤、策略和时间安排;体育中的目标设置应当根据运动者的实际能力水

平，协调设置可测量、有一定挑战性、长期短期结合的目标。

(3)创新辩论赛——“个人体育目标和团队体育目标孰轻孰重”。

辩论赛实践教学注重发挥学生主体作用，通过与学生的沟通和了解，邀请一部分有想法的学生担当辩论选手，分为两组从个人体育目标更重要和团队体育目标更重要的角度分别发表意见，一部分学生作为观众进行投票评价和点评，同时，教师作为中间“裁判”起到协调作用。

具体实施步骤：

①课程介绍和视频导入：对课程的实施流程进行说明，使学生了解教学目的和具体安排。播放相关视频或图片，使学生了解不同情境下个人和团队体育目标的设置。

②两组同学分别推选3名代表作为本方的一辩、二辩、三辩参赛，其余成员为各自的“亲友团”，可以在自由辩论时间向对方提问，也可在辩论过程中有秩序地为本方队员提供观点支持。

③教师对各组同学的辩论进行点评，并对辩论过程中各心理学理论的陈述进行总结与补充。同时，还要强调获胜方虽然辩论获取胜利，但并不代表其所“拥护”的心理学理论就十全十美，举行辩论赛是为了让同学们在轻松活泼的氛围中获取知识，同学们一定要正确地认识各个心理学理论的观点。

④教师总结：教师结合学生双方观点，以“协调个人和团队体育目标设置”为题，进行总结和点评。

(4)教学总结反思——辩论教学创新型课堂发挥了教师的主导作用和学生的主体作用，为学生提供了讨论问题、启发思考、分享经验、交流观点的平台，实现了学学相长、教学相长，但还需要注意协调发言学生和学生观众的共同学习。

(五)教学扩展创新

讨论“体育目标设定”在大学生创新创业训练项目中的可能应用，鼓励学生在毕业设计或科研论文中进行心理问卷调查和实地调研，在激活思维、拓展能力的过程中体验思考、合作、创新、实践的感受，从而有效地提高学生主动参与学习的兴趣。

(六)创新创业案例

“壹心理”

“壹心理”是一个心理学网络服务平台，致力于心理学的传播和应用，平台聚集了心理学爱好者和专业从业人员，并连接心理学专家及需要心理帮助的人群(下图)。截至目前，已有超过1032个专业心理机构及3717位心理咨询师入驻“壹心理”平台。

“壹心理”拥有一个Web平台并相继推出了心理FM、口袋心理测试等APP以及心理学人网络社区——心理圈。“心理FM”是一个励志心理电台，用户可以通过这个产品进行心灵的自我治愈。目前电台拥有327位主播，节目已经超过1000期，每期节目收听量在110万人次。“口袋心理测试”则是一款帮助用户了解自己的趣味心理测试软件。

“壹心理”将传统心理服务整合成轻APP，并开发出面向企业用户的心理辅助产品。上线3个月内发展了20家渠道和12家终端客户，客户覆盖广东、广西、湖南等地区。在心理健康辅导方面，企业及政府部门仍然有所需求，他们需要专业的心理机构为员工提供定期的心理服务，包括心理测评、心理资本建设、心理咨询、心理培训等系统服务。

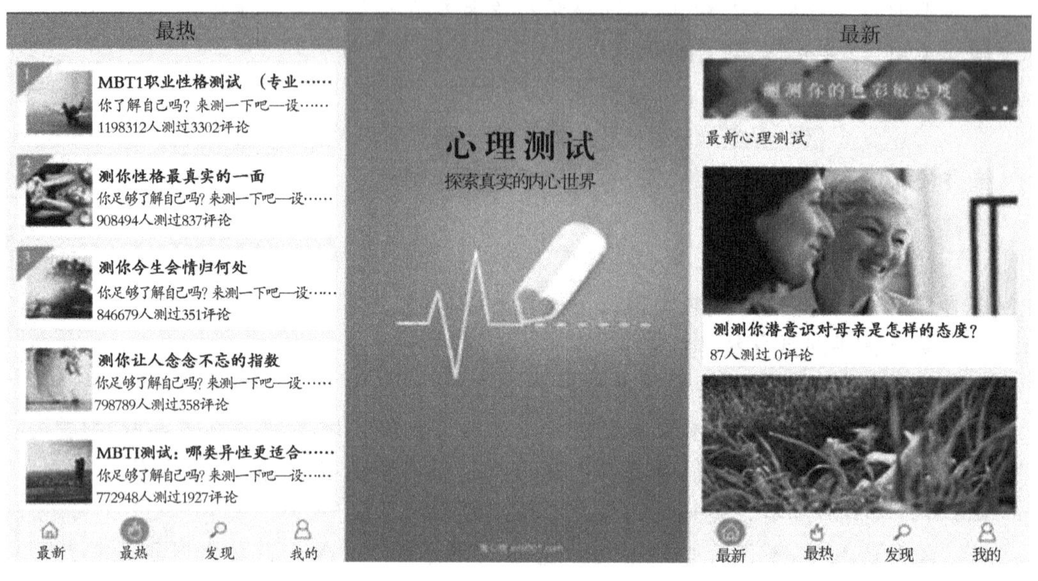

心理服务平台

二、客家体育

客家体育具有显著的健身、教育、娱乐等功能。首先，客家体育项目多，内容丰富，锻炼形式多样，选择面广；室内室外不受场地器材限制，适合在各级各类学校开展；单人、双人、群体不受人数限制，练习方法灵活多样；源于生产生活，简单易学，不需专门训练，参与面广；能有效提高学生的基本活动技能，发展学生四肢和躯干力量以及速度、灵敏、协调等身体素质，全面促进学生身体发展，提高学生的健康水平。其次，客家体育源于劳动，源于生活，每一个项目都包含着客家人热爱劳动、艰苦奋斗、勤俭治家的传统美德，蕴含着客家人克服困难、征服自然、改造社会、勇敢向上的民族精神。课程较为详尽地阐述了客家体育的特征与功能，介绍了客家体育的类别与项目，方便学生通过客家体育、客家游戏等方式进行创新教学。

客家体育的创新型教学，可以进行理论结合实践的教学探索，采用“举例思考结合实践”的教学方式，先通过希望点列举法对客家体育、客家游戏的课堂应用进行思考，再组织学生进行实践演练，验证具体客家体育、客家游戏的形式在大学体育课堂教学中的可能应用，让学生在轻松活泼的氛围中获取知识，同时逐渐学会应用。

客家体育创新型教学案例如下。

客家体育创新型体育教学案例

——《客家体育》,“客家体育概述”章节

(吴玉华主编,中国经济出版社,2007年版)

(一)教材分析

客家体育教材较为详尽地阐述了客家体育的特征与功能,介绍了客家体育的类别与项目。全书语言朴实,配以插图,给读者许多有用的知识。它既是一本普及读物,也是一本很好的体育教材。同时,对于客家文化研究来说,也不失一本有价值的参考书籍。

(二)教学内容

了解客家体育的概念、分类和特征。

(三)教学目标

通过“客家体育游戏在高校课堂教学中的改编”的论坛讨论,指导体育专业学生通过学习和实践时,既学会如何从理论的视角解释现象,又学会如何将理论运用于实践之中。

(四)教学重难点

客家体育的实践在实际教学创新中的应用。

(五)教学过程

(1)利用视频让学生认识、了解客家体育文化。

(2)以学生为主体,朗读书本主要内容,感悟和品味客家体育的基本概念。

(3)研究式学习——希望点列举法分组讨论(这是一种不断地提出“希望”“怎样才能更好”等的理想和愿望,进而探求解决问题和改善对策的讨论技法)。

案例与讨论:客家体育主要有哪些?哪些比较适合高校课堂教学?教学作用主要有什么?客家体育如何与体育教学紧密联系并发展创新?最终形成讨论结果并制作表格(下表)。

客家体育教学分析

项目分类	名　称	教学作用
对抗类	赛龙舟……	
攀爬类	爬杆……	
武艺类	梅花剑……	
走跑类	滚铁环……	
游戏类	踢毽子……	
投掷类	打沙包……	
负重类	抬杠……	

具体实施步骤:

①导入:对课程的实施流程进行说明,使学员了解学习目的和创新活动的具体

安排。

②文本阅读：阅读教材，全面了解客家文化，针对问题进行讨论。

③文本介绍：教师对教材的整体情况和重点内容进行讲解，使学员掌握主要内容。

④分组讨论：学员分小组，在教师引导下，围绕从中获得的启发和借鉴进行研讨和交流。

⑤分组汇报：各小组汇报研讨成果。

⑥自由发言：围绕研讨成果，学员发表补充意见。

⑦教师点评：教师结合学员研讨成果，围绕“客家体育游戏在高校课堂教学中的改编”进行点评与总结。

(4)课后教学思考——引导学生通过相关主题讲座了解客家体育文化。

奇迈客家文化讲堂第十一讲“客家体育之根，万里迁徙之本”主题讲座，体育学院院长受邀担任主讲。教授从客家历史渊源、何谓客家体育、客家体育的特征和客家体育个案4个方面进行了详细的阐述。他通过列举客家民间约定俗成的体育活动，如游大龙、舞草龙、“走古事”等，指出客家体育是客家人在迁徙的过程中，不断吸收融合途经地、定居地及其他少数民族体育文化发展的结果。他说，客家体育具有移民性与地域性、宗教性与民俗性、健身性与娱乐性、趣味性与竞争性等特征，并介绍了“上刀山”“下火海”“过钉床”等客家民俗绝技。他说，不论是客家武术还是深入一层的客家体育，都能充分体现客家遵从中华传统文化“以德为本”和儒家文化以“仁”为核心的道德内涵，反映了客家人身上敢于拼搏、团结互助的客家精神。

(六)课后创新创业拓展——客家体育的创新创业融合

学生思考：是否可以将客家体育特色与实践活动结合，形成具有当地特色的户外体育活动？例如客家体育创新团队——客家文化IP衍生品服务项目，研学项目，团队建设，户外拓展运动。

三、社会体育指导

社会体育指导针对社会体育工作者在工作实践中可能遇到的问题，以专题的方式设置了社会体育理论和实践概述、社会体育指导工作的法律问题、体育俱乐部的经营与管理、体育活动的运作管理、体育健身指导、健康体适能的测评与促进、不同人群的体育健身指导、不同项目的体育健身指导、体育健身活动中的医务保障、体育健身活动中的安全问题、社会体育的研究方法、社会体育在香港和澳门的发展等与社会体育工作领域紧密结合的专题。

《社会体育指导》可作为高等学校社会体育专业、休闲体育专业以及其他体育相关专业课程教材，还可以作为社会体育工作者业务参考书。《社会体育指导》是高等学校社会体育专业课程(理论与实践的桥梁课程)教材，以实践中的具体问题和案例为纽带，对社会体育专业本科阶段所学知识、技能进行了细致的梳理，重点强调各门学科的理论知识在实践领域的综合应用。

社会体育指导的创新型教学，可以进行理论结合实践的教学探索，通过“校园体育俱乐部模式”的案例，指导体育专业学生先从理论上认识俱乐部经营和管理的基本模式，随着理论学习的深入逐渐进行学校俱乐部学习实践，最后引导学生进行商业俱乐部的兼职学习，创新学习健身的数字化、智能化、专业化，更好地进行“互联网＋体育”的创业实践。

社会体育指导创新型教学案例如下。

社会体育指导创新教学案例

——《社会体育指导》，“体育俱乐部的经营与管理”章节

（傅浩坚、杨锡让主编，高等教育出版社，2012年版）

（一）教学内容

针对社会体育工作者在工作实践中可能遇到的问题，以专题的方式对体育俱乐部的经营与管理进行了重点介绍，从理论结合实践方面给予学生“体育融合创新”的崭新认识。

（二）教学目标

通过“体育俱乐部模式校园受欢迎”的案例教学，指导体育专业学生先从校园中认识俱乐部经营和管理的基本模式，再逐渐转化为商业体育俱乐部的实践管理，既学会如何从理论的视角解释现象，又学会如何将理论运用于实践之中。

（三）教学重难点

重点是体育俱乐部经营管理的基本模式，难点是体育俱乐部中具体问题具体分析解决的策略。

（四）教学过程

(1)导语——通过提问，具体、系统、详细地对社会体育指导所涉及的体育俱乐部经营和管理主要内容方面，进行总结运用，引出本次课程内容。

(2)理论讲解——社会体育指导，是指在群众性体育活动中从事技能传授、锻炼指导和组织管理工作。而随着大众健身的推广和健身俱乐部的兴起，体育俱乐部的经营与管理、体育活动的运作管理、体育健身的指导等各个方面，都越来越受到整个社会的重视和关注。

(3)两难问题讨论(让考生在两种互有利弊的答案中选择其中的一种，主要考查考生的分析能力、语言表达能力以及说服力等)——案例“体育俱乐部模式校园受欢迎”。

论坛式案例教学注重发挥学生主体作用，通过与学生的沟通和了解，邀请一部分有想法的学生担当论坛嘉宾，分为两组从传统体育选修课和新型体育俱乐部两种不同的角度分别发表意见，一部分学生作为观众进行投票评价和点评，同时，教师作为中间“裁判”起到协调作用。

具体实施步骤：

①课程介绍和视频导入：对课程的实施流程进行说明，使学生了解教学目的和具体安排。播放相关视频、图片或PPT，使学生了解传统体育选修课和新型体育俱乐部的不同。

②论坛一：“传统体育选修课对大学生的体育健身作用”：在教师的主持下，请学生代表作为论坛嘉宾，分别围绕“传统体育课的优点”和“传统体育课的缺点”，分

别从赞成和反对的两种角度发表观点和看法。

③论坛二："新型体育俱乐部模式对大学生的体育健身作用"：在教师的主持下，邀请学生代表作为论坛嘉宾，围绕"新型体育俱乐部的优势"和"新模式可能出现的问题"，分别从赞成和反对的两种角度发表观点和看法。

④论坛三："体育教学模式结合互联网的创新思考"：在教师的主持下，请全体学生一起围绕"新时代背景下互联网＋体育"，分别发表观点和看法。

⑤教师总结：教师结合学生双方观点，以"社会体育指导也要与时俱进"为题，进行总结和点评。

(4)教学总结反思——案例教学创新型课堂发挥了教师的主导作用和学生的主体作用，为学生提供了讨论问题、启发思考、分享经验、交流观点的平台，实现了学学相长、教学相长，但还需要注意协调论坛发言学生和学生观众的协调，保证全体学生的共同学习。

(五)教学扩展创新

讨论"不同项目体育俱乐部模式"在校园环境和社会商业环境中的可能应用，鼓励学生在毕业设计或科研论文中进行问卷调查和实地调研，更深层次地认识"大众创业、万众创新"背景下体育俱乐部的改变，在激活思维、拓展能力的过程中体验思考、合作、创新、实践的感受，从而有效地提高学生创新实践能力。

(六)案例教学实例

自主选择运动项目、任课老师和上课时间——体育俱乐部模式校园受欢迎

"我喜欢体育舞蹈，但平常专业课太忙，白天根本抽不出时间练舞，在体育俱乐部能自主选择上课时间，真是太好了！"福建龙岩学院大二男生小李说，由于解决了时间冲突问题，现在每周二晚上，他都能在舞蹈教室练舞。

为培养学生的"终身体育意识"，促进学生体能健康发展，龙岩学院本学期开始实施俱乐部教学模式。根据师资、场地等条件，学校共开设田径、篮球、排球、网球、乒乓球、羽毛球、体育舞蹈、啦啦操和武术 9 个俱乐部。国家体能测试取得 70 分以上的学生，可以申请加入俱乐部。俱乐部实行会员制，分为初级、中级和高级会员。中级班与高级班为俱乐部指导教师教授，基础班则由学生教练教授基本动作。

"学生自主选择运动项目、自主选择任课教师、自主选择上课时间，这'三个自主'，使得体育俱乐部有别于传统的选课式体育教学，也是学生爱上体育运动的第一步。"龙岩学院体育教师李老师告诉记者。采用俱乐部授课模式后，上体育课的学生比以前多了，请假的人明显少了，还有些学生在空闲时间来蹭课。

目前，该校参加俱乐部的学生有 1400 多人。"自从参加了俱乐部，我再也没有跟舍友在同一时间段上课了。我周一晚上上课，而他们有的俱乐部在早晨或傍晚上课。"大一学生小周介绍说。每个俱乐部的授课时间都不一样，一般安排在早晨、傍晚或晚上等非正常上课时间。每个俱乐部每周都会有 3 次授课时间，对于俱乐部的会员来说，每周至少要来上一次课。而错开上课时间，也有利于体育场地的合理利用。

"我认为分时授课非常合理，我们体育课固定在每周四下午，有时因为身体不舒服或碰上专业实训，就不得不请假。"大二学生小刘希望自己能早点加入体育俱乐部，以便灵活选择体育课的时间。

龙岩学院体育舞蹈俱乐部的卢老师认为，“采用俱乐部的授课模式，拉近了我与学生的距离。课后，一些学生还会通过网络请教跳舞的动作，这在以前是从没有过的”。

体育俱乐部授课模式从根本上改变了传统型体育教学的单调与乏味，满足了学生的个性要求，充分发挥了学生与教师在教学中的整体与互动功能。深圳大学体育部陈教授认为，最重要的，是培养了学生对体育的兴趣，形成“终身体育意识”。

(七)创新创业案例

新型健身俱乐部模式

喜欢被人称为“老韩”的韩伟，也在编织一个“互联网体育梦”，他目前是乐刻体育的CEO。之前的工作经历，韩伟经常跑欧美国家，他从国外火爆的健身场景找到了国内健身的痛点：健身场地匮乏、健身指导缺失。韩伟与他的团队，致力于提供“让每个人平等享有运动健康的资源”。于是，乐刻运动模式诞生了。乐刻运动实际上是小型的健身房模式。每家规模约300平方米，充分利用社区、企业、酒店等公共配套空间，即一方出场地，另一方负责运营，提供科学的健身指导与服务，力争打造“一小时健身圈”。

运营、指导、服务的过程，充满着美妙的科技想象力。乐刻运动首创了“24小时”“月付制”“智能化”“全程无推销”等概念，即全天候欢迎健身；实行统一价的月卡制体育消费，减轻健身支出的经济压力等。健身的过程则是高度智能化的，实行“刷脸进门”；使用智能跑步机、力量器械、手环等，都可进行全程心率监控，通过智能化、数据化的运动报告，形成一个物联网进行大健康管理，建立健身档案，还能开具运动处方；连健身环境也通过智能化手段监控，如监控人流，一旦发现异常及时报警提醒，提供更安全、更优质的健身空间。

健身的数字化、智能化、专业化、娱乐化实践，让乐刻运动有了更多拥趸。“互联网+体育”是全民健身、体育经济、体育消费发展的新趋势，这也可能成为推进全民健身、促进体育消费十分重要的力量。

思考与练习

1.如何把较为枯燥的体育人文知识趣味化？

2.请学生搜寻网络上的体育人文相关的趣味或创新故事？

3.请学生参考实践教学案例，尝试设计一场体育人文相关的知识竞赛。

参考文献

[1]郭曼.高校体育专业理论课教学中存在的突出矛盾及解决途径研究——以《体育概论》为例[J].魅力中国，2014(12)：228.

[2]赵金岭，康辉斌，张淑香.论案例研究在体育理论课程教学中的运用——以体育经济学教学为例[J].中国校外教育：下旬，2014(6)：148-149.

[3]肖林鹏.对应用型本科院校社会体育专业创新创业教育的若干思考[J].大庆师范学院学报，2015(3)：149-155.

第六章 运动人体科学知识创新型教学

创新是一个民族进步的灵魂，是一个国家兴旺发达的不竭动力。如果不能创新，不去创新，一个民族就难以发展起来，难以屹立于世界民族之林。而提高全民族的创新能力，就要培养每个人的创新能力。我们虽然不能让每一个人各方面都能创新，但我们可以通过教育发展每个人的个性特长，从而发挥其创造才能，体育教育亦如此。体育教育是学校教育中十分重要的一个方面，它具有鲜明的独特性。体育活动大部分是在实践中进行的，它为学生提供充分的观察、思维、操作、实践的表现机会。创新型体育教育对受教育者的创新精神和创新能力的培养，对于受教育者奠定终身学习，生存和发展的身体基础，具有不可替代的作用。

随着近年来科技进步，"以人为本""全面康复""全民健康"等理念的推广，伤病患者重返运动、重返社会，提高生活与生命质量的要求越来越高——无论是积极应对人口老龄化、备受瞩目的健康产业，还是国家正在深入推行的"全民健身计划"战略，运动人体科学越来越受到重视。而关于运动人体科学相关专业的学生难以进入医疗体系等问题，也一度引起热议[1]。

运动人体科学是研究体育运动与人的机体的相互关系及其规律的学科群，包括运动解剖学、运动生理学、运动生物力学、运动生物化学、运动康复及运动医学等学科。运动人体科学主要研究体育运动与人的机体相互关系及其规律，从生物学的角度分析人体与运动的关系，也是一门研究关于养生与运动关系的学科[2]。运动人体科学下设运动生物力学、运动生理学、运动训练与营养、体质与健康、运动损伤与康复、运动解剖学、运动与适应、人体机能评定、体育保健学、运动生物化学、高原训练的医务监督、运动医学等研究方向[3]。

运动人体科学知识的教学与创新重点关注：

(1)掌握生物科学、临床医学和体育学的基本理论、基本知识。

(2)掌握运动员身体机能诊断与评价、运动损伤与康复的分析方法。

(3)具有从事运动人体科学教学、研究和实验操作的基本能力。

(4)熟悉党和国家有关体育事业、科学研究、社会发展的方针、政策和法规。

(5)了解本专业及相关学科的发展动态和理论前沿。

(6)掌握文献检索、资料查询的基本方法，具有一定的科学研究和实际工作能力。

第一节　运动人体科学理论教学

一、运动伤害防护与急救

预防医学和康复医学的蓬勃发展以及医疗知识的普及，促进了大众健康观念的转变。现代医学希望在伤病出现前就采取手段，减少伤病出现的概率，如果不可避免地发生了伤病，则应尽早治疗、积极康复。《运动伤害防护与急救》一书较为全面地介绍了运动损伤预防、评估、急救和治疗的一般性方法，对全民健身、竞技体育和体育产业的发展起到了重要的保障作用。《运动伤害防护与急救》为普通高等学校社会体育指导与管理专业系列教材之一，亦适用于从事运动防护工作的专业人员、教练员、运动员和体育爱好者。

运动伤害防护与急救的创新型教学，可以通过结合中国传统医学，运用运动解剖学、运动生理学、运动生物力学、运动伤害防护与急救等多学科的理论，进行专业运动员运动康复、大众健身人群伤害防护与处理的对比教学，引导学生思考不同人群运动伤害的预防与处理，在激活思维、拓展能力的过程中体验思考、合作、创新、实践的感受，从而有效地提高学习效率[4]。

运动伤害防护与急救创新型教学案例如下。

运动伤害防护与急救创新教学案例

——《运动伤害防护与急救》，“运动损伤的康复知识与技术”章节

（杨忠伟、李豪杰主编，高等教育出版社，2015年版）

(一)指导思想

以“创新创业”为宗旨，重视学生的主体地位，激发学生的学习兴趣，促进自主创新学习；关注差异，面向全体，增加理论结合实践的创新学习。

(二)教学目标

使学生了解运动损伤康复的概念、研究任务、发展、现状及展望；了解运动损伤的康复知识技能的实际应用，逐渐理论结合实践地进行实际运动损伤康复的演练；培养学生利用伤害防护与康复知识，主动创新分析不同运动专项的损伤康复的能力和发散思维、开拓进取的素质。

(三)专业创新创业教育

请学生网络上收集运动伤害防护与急救相关的科技前沿或创新创业短视频(3～5分钟)或特别优秀的长视频，班级学生评分以作为过程性考核的加分标准。

(四)教学内容

教学重点在运动损伤康复中需注意的问题，针对不同运动损伤的康复要点和具体运动损伤后的康复手段与措施。

(五)设计思路

运动不可避免地会有损伤，希望通过对常见运动项目中身体不同部位损伤后

康复的分析、处理和前沿科技的介绍，让学生体会理论参与实践创新的乐趣，体验体育理论与体育运动创造融合的感受，从而更好地实现教学目标。

(六)案例准备铺垫阶段

通过PPT介绍运动容易产生的损伤和适用于运动康复的损伤，了解中医康复的一般处理方法和运动康复的不同，通过理论让学生了解运动康复的特点和理论基础。

(七)兴趣激发阶段

征集著名运动员受伤的案例，让学生介绍案例，讲出他们受伤的原因和特征，个案的康复处理，再逐渐扩展到不同项目不同损伤康复的处理。

(八)案例

1.揭秘游泳冠军的肩袖损伤康复治疗之路

2012年全国游泳冠军赛50米、100米蝶泳和4×100米自由泳接力三冠王，并在2012年第30届伦敦奥运会上获得100米蝶泳亚军，运动成绩达到世界先进水平的陆滢在奥运会比赛结束后，不慎滑倒用手撑地致肩关节拉伤，在随后的训练中经常出现右肩关节疼痛和无法发力，致使训练无法正常进行。

(1)临床诊断和检查。

外观：无明显肿胀、肌肉萎缩和畸形。压痛：肩峰下、冈上窝、肱骨大结节、肱骨小结节、喙突、肩胛骨内上角等部位均有明显压痛。活动：肩关节被动活动无明显受限，但在前屈、外展、内旋、外旋各向活动终末端均有疼痛。疼痛弧试验阳性。肌力：Jobe试验阳性，落臂征阴性，外旋抗阻试验阳性，Lift off试验阳性。其他：肩峰下撞击试验阳性。

(2)康复治疗及预防。

根据陆滢的实际病情，考虑其为肩部单一的超负荷超强度训练加上一次训练事故滑倒导致肩袖撕裂，经与教练组协商后决定，早期适当减少训练运动量和强度，采取超声波加推拿手法治疗、康复训练、日常训练防护3步个体化综合性的康复治疗及预防方案，待其病情稳定后再边继续进行综合的康复治疗边逐渐恢复训练强度和运动量。

(3)超声波加推拿治疗(超声波治疗15分钟，手法治疗30分钟，每天一次，治疗后同时配合局部热敷，并注意保暖)。

①超声波采取连续波强刺激——重点治疗冈上窝冈上肌全程，冈上肌、冈下肌和小圆肌共同附着点肱骨大结节，肱二头肌长头腱短头腱及其附着点盂上结节和喙突等部位，同时对肩胛提肌、斜方肌、菱形肌、大圆肌、三角肌等容易在肩袖肌损伤时因代偿而出现劳损的肌肉走行部位或肌腱附着点施以超声波治疗。

②推拿采取按揉弹拨手法——首先用滚法放松肩关节、上背部等部位；然后用拇指指腹在冈上肌、冈下肌、肩胛下肌、小圆肌等肩袖肌及肩胛提肌、斜方肌、菱形肌、大圆肌、三角肌等肌腹及肌腱起止点进行按揉，以酸胀感为度；紧接着用拇指指端在肩袖诸肌肌腱及肌腱附着点进行弹拨，以酸麻胀感为度，在运用弹拨手法时，手法刺激要逐渐加力，不宜突施暴力，以免加重损伤，这是所有治疗的核心；最后配以冬青膏擦法，双掌夹揉肩关节、抖上肢结束手法操作。

③康复训练——康复训练遵循动作精细、小负荷、多次重复的原则，在强化肩袖肌群的基础上，保持肩胛骨的稳定性并增加肩关节活动的灵活性。前期在肩关节平面以下进行无痛范围的肩关节被动活动训练和主动助力训练，同时进行不同角度肩周肌力等长收缩训练，以增强肩袖肌群力量为主。后期在继续增强肌群力量的基础上进行肩周肌闭链练习、手抗阻肩胛骨运动、姿势训练，以增加肩胛骨的稳定性。同时在训练前后进行被动的拉伸或本体感觉神经肌肉促进法(proprioceptive neuromuscular facilitation,PNF)练习，以加强肩关节的灵活性。康复训练每日 2～3 组，每组练习 20～30 次。

④肩袖肌群力量训练——第 1～2 周进行肩关节肌群抗阻等长收缩训练，可利用墙壁或自身躯干依次进行肩关节肌群的前屈、后伸、外展、内收、外旋、内旋等各个方向的等长收缩训练。第 3 周开始利用弹力带进行肩关节周围肌群各个方向的小负荷抗阻力训练，并通过增加关节活动幅度及负重来增加训练的难度。

⑤肩胛骨稳定性训练——第 7 周开始利用瑞士球这一不稳定的支撑体通过闭链训练模式进行肩关节周围肌群的平衡功能、肌力协调性和本体感觉训练。第7～8 周可在墙壁上进行训练，第 9 周开始在地面上进行训练。

⑥肩关节灵活性训练——采取被动的拉伸或本体感觉神经肌肉促进法(PNF)进行肩关节的灵活性训练

⑦日常训练防护——叮嘱其平时注意肩部保暖，多进行肩关节柔韧性和灵活性练习，加强肩部肌力训练，全面发展身体素质。训练前的热身活动要充分，只有在肩关节得到了充分的活动后才下水，训练后的肌肉放松要到位，训练结束后及时有效地对肩关节各个方向进行全面的拉伸，在泳池边或其他地方避免因突然滑倒以手撑地再次损伤肩关节。

在病情反复时，建议教练员适当调整训练的内容和强度，如减少蝶泳的划水练习，改长距离练习为短距离练习，以避免局部运动负荷过大，造成肩关节周围肌群的再损伤。

配合教练员进行身体其他部位的专项力量训练及技术训练，在陆上训练中，注意尽量避免患侧肩关节的开链运动，减少发生肩关节脱位和肌肉拉伤的可能。在肩关节损伤病情反复但又必须要进行大强度的陆上训练或技术训练时，使用内效肌贴对肩关节周围肌群进行保护。

总结：肩关节是一种特殊的球窝关节，关节窝较浅，关节头比较大，关节进行活动时，周围的韧带对其限制作用较小，关节处于比较松弛的状态，主要通过紧贴肩关节的冈上肌、冈下肌、肩胛下肌、小圆肌、肱二头肌长头等肌肉和肌腱控制其活动的稳定性，因此肩关节在运动机能方面表现为良好的活动度和较差的稳定性。

由于游泳运动员在运动时需进行肩部旋转和肩部大幅度的重复运动，极易发生肩关节周围肌群的运动性损伤，因此肩关节损伤是游泳运动训练过程中最常见的运动损伤之一，也是困扰许多游泳运动员、教练员、队医的难题。刘明辉等调查发现我国高水平游泳运动员肩关节损伤发病率高达 47.14%，其中 61%为肩袖损。仅 2009 年第 13 届世界游泳锦标赛期间，游泳运动员肩关节损伤发生率就高达 14.6%。

实践证明这套康复治疗方案对于减轻其肩关节疼痛、消除其肩关节不稳定因素，从而促进其肩关节损伤的恢复，预防伤病的复发发挥了关键作用。超声波理疗能够改善局部血液循环，促进炎症渗出的吸收，具有镇痛作用。肩周肌群的推拿治疗，推拿能促进损伤骨骼肌肌卫星细胞增殖、促进肌纤维再生、降低炎症因子基因表达水平，在肩关节被动运动下推拿，还能松解肩周肌群因损伤炎症反应而发生的粘连，因此具有疏通经络、行气活血、滑利关节的作用。

2.大众健身人群的运动康复

(1)分组讨论阶段——学员分小组，在教师引导下，针对专业运动员和大众健身人群的不同运动康复，围绕本案例中获得的启发和借鉴进行研讨和交流，然后各小组汇报研讨成果，最后教师结合学生研讨成果进行点评、总结。

(2)延伸思考阶段——观看视频《健康之路——上下班巧运动，康复工作损伤》，了解运动康复在日常生活中的实践应用。

(3)创新培养阶段——通过大学生创新创业训练项目的课题或互联网＋比赛，激励学生在课后实践中思考创新“运动康复指导大众健身损伤后的恢复”，积极在大学生创业实践中实现理论、创新、实践、应用的融合。

(4)创新创业案例——“守护者”运动伤害防护与急救团队。

“守护者”运动伤害防护与急救团队，针对学校业余体育锻炼、大学生体育竞赛、社区大众健身等人群，采用科学手段进行运动损伤的预防和急救处理。

“守护者”运动伤害防护与急救团队主要采用各种运动损伤预防和紧急处理手段，结合中国传统医学，运用运动解剖学、运动生理学、运动生物力学、运动伤害防护与急救等多学科的理论、实践、治疗和运动手段，科学专业地防治运动中出现的各种状况，提供客户对保持运动能力、改善运动功能、治疗运动损伤、促进疲劳恢复等各种需求的专业服务。创新点在于线上线下结合：固定的公众号定期宣传运动损伤防护和急救处理知识，线上线下宣传，对学校和社区进行工作实施，提高学生和社区居民对运动损伤急救处理认识和操作具有重要意义。

二、运动生物力学

运动生物力学(sports biomechanics 或 biomechanics in sports)应用力学原理和方法研究生物体的外在机械运动的生物力学分支。狭义的运动生物力学研究体育运动中人体的运动规律。按照力学观点，人体或一般生物体的运动是神经系统、肌肉系统和骨骼系统协同工作的结果。神经系统控制肌肉系统，产生对骨骼系统的作用力以完成各种机械动作。运动生物力学的任务是研究人体或一般生物体，在外界力和内部受控的肌力作用下的机械运动规律，它不讨论神经、肌肉和骨骼系统的内部机制，后者属于神经生理学、软组织力学和骨力学的研究范畴(生物固体力学)。在运动生物力学中，神经系统的控制和反馈的过程，以简明的控制规律代替肌肉活动，简化为受控的力矩发生器，作为研究对象的人体模型可忽略肌肉变形对质量分布的影响，简化为由多个刚性环节组成的多刚体系统。相邻环节之间，以关节相连接，在受控的肌力作用下，产生围绕关节的相对转动，并影响系统的整体运动。

在理论实践应用中，运动生物力学主要用于确定各专项体育运动的技术原理，作为运动员的技术诊断和改进训练方法的理论依据。此外，运动生物力学可以辅助运动创伤的防治，运动和康复器械的改进，同时还为运动员选材提供了依据。

运动生物力学的创新型教学，可以通过视频、图片、实际人体动作示范等方式，让学生针对理论案例进行“六顶思考帽”的思考讨论，在每一次会议、每一次讨论、每一份报告、每一个决策中探索新意和生命力，在激活思维、拓展能力的过程中体验思考、合作、创新、实践的感受，从而有效地提高学习效率。

运动生物力学创新型教学案例如下。

运动生物力学创新教学案例

——《运动生物力学》，“骨、关节、肌肉的生物力学”章节

（赵焕彬、李建设主编，高等教育出版社，2008 年版）

（一）指导思想

以“创新创业”为宗旨，重视学生的主体地位，激发学生的学习兴趣，促进自主创新学习；关注差异，面向全体，增加理论结合实践的创新学习。

（二）教学目标

使学生了解人体骨骼、软骨、关节、韧带和肌腱的生物力学特性及其在运动中的表现；骨骼肌的生物力学基础及其在体育运动实践中的应用；运动器系整体活动的生物力学特征与规律；培养学生利用运动生物力学知识，主动创新分析和发散思维、开拓进取的素质。

（三）专业创新创业教育

请学生于网络上收集运动生物力学相关的创新创业案例，以 1～2 页 PPT 形式呈现，班级学生评分以作为过程性考核的加分标准。

（四）教学内容

（1）生物运动链的动力学。

（2）生物运动链的运动能力。

（3）生物运动链中肌群的工作。

（五）设计思路

运动中的身体是一个整体，而如何让身体在运动中充分发挥整体性能和局部效果，需要深入了解运动链，通过实践案例的介绍和亲身体会，让学生感受到理论参与实践创新的乐趣，体验体育理论与体育运动创造融合的创新理念，从而更好地实现教学目标。

（六）案例准备铺垫阶段

通过 PPT、图片等介绍骨、关节、肌肉等运动器官构成的运动链，通过理论让学生了解运动器官运动中生物力学效应的理论基础。

（七）兴趣激发阶段

通过图片、视频、学生实际示范的模拟观察，比较投掷标枪、体操跳跃运动、大众健身引体向上动作等不同运动中骨骼、关节、肌肉的运动链的异同。

(八)分组讨论阶段

学员分小组,在教师引导下,以“六顶思考帽”的角度(下表和下图)围绕从比较观察中获得的启发和借鉴进行研讨和交流,然后各小组汇报研讨成果,最后教师结合学生研讨成果进行点评、总结。

六顶思考帽分析表

白色思考帽	白色是中立而客观的。戴上白色思考帽,人们思考的是关注客观的事实和数据
绿色思考帽	绿色代表茵茵芳草,象征勃勃生机。绿色思考帽寓意创造力和想象力,它具有创造性思考、头脑风暴、求异思维等功能
黄色思考帽	黄色代表价值与肯定。戴上黄色思考帽,人们从正面考虑问题,表达乐观的、满怀希望的、建设性的观点
黑色思考帽	黑色是从事物的缺点、隐患看待问题。戴上黑色思考帽,人们可以运用否定、怀疑、质疑的看法,合乎逻辑地进行批判,尽情发表负面的意见,找出逻辑上的错误
红色思考帽	红色是情感的色彩。戴上红色思考帽,人们可以表现自己的情绪,人们还可以表达直觉、感受、预感等方面的看法
蓝色思考帽	蓝色思考帽负责控制和调节思维过程。它负责控制各种思考帽的使用顺序,规划和管理整个思考过程,并负责做出结论

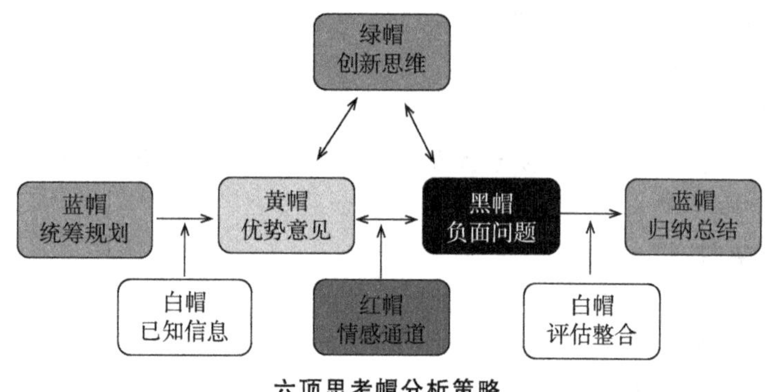

六顶思考帽分析策略

(九)延伸思考阶段

观看视频《科学看武术》,认识体育运动和运动器官生物力学的实际联系和实践应用。

(十)创新培养阶段

通过大学生创新创业训练项目的课题或互联网+比赛,激励学生在课后实践中思考创新“运用运动生物力学指导大众健身人群的科学运动”,积极在大学生创业实践中实现理论、创新、实践、应用的融合。

(十一)创新创业案例

应用运动生物力学测评技术的鞋类新产品研发

几乎所有运动都离不开脚,而包裹足部的脚也跟运动息息相关。为了保护运动中的足部，提升运动效率，需要对运动鞋进行针对性设计。运动鞋的技术进步和结构优化离不开生物力学研究，必须遵循人体运动的生物力学原理。

运动鞋的核心技术主要体现在鞋底科技上。早期的生物力学研究多集中在足的形态和结构、运动学和动力学的测量和分析上；现在，由于高技术和新式材料的出现和应用，该项研究的进展主要依靠生物力学测量与分析技术的进步。

"足—地""足—鞋""鞋—地"的接触界面间相互作用的生物力学问题，是运动鞋制造商关注的重点。众多学者研究了不同类型的运动鞋对跑和跳的影响，得知鞋底的软、硬度，不同的结构设计会导致不同的地面反作用力，并产生不同的运动学参数。

地面条件不同，足与地之间形成的运动界面不同。在复合式地板（硬质）和EVA泡发地板（软质）上运动，其足底压力和分布特征具有显著性差异。运动材料过软或过硬，都可能造成运动性足伤害，并影响运动表现；在不同地面条件下（地毯、草地、混凝土界面）行走时，足底压力特征显著不同；足底各部位的压力相对平均，可有效降低足运动伤害；在室内田径场进行实验发现，调节场地的硬度可以降低足部承受的压力，减少足部损伤。

柔性缓冲系统可延长足底撞击力的作用时间以减少力值，并增大足底受力面积减少压强；通过测量各种运动鞋跑步时的足底压力分布，普遍认为运动鞋的鞋底材料和结构是引起足伤痛的主要原因；骨压裂、筋膜炎、脚跟疼痛、跖骨疼痛等都源于足底各部位的压力过载。一般的足伤痛治疗方法通常使用缓冲垫，通过矫正的方式重新分布足底压力或改变鞋的结构。

从鞋子结构上来说，不同的运动鞋可通过鞋的中底材料及鞋底结构进行力量吸收与释放，以缓冲足底所受撞击力，达到预防、降低足部疼痛和足受伤；鞋内垫的硬度变化会改变力对足部骨结构的作用，并可能导致骨疲劳性损伤，柔软内垫会减小韧带牵引张力，而内垫坚硬则反之。

三、运动创伤学

运动创伤学是运动医学的重要组成部分，它的主要任务是防治运动损伤、研究损伤的发生规律、机制、防治措施、治疗效果以及康复和伤后训练安排等。

运动创伤学亦称"运动损伤学"，能够为改进运动条件、改进教学训练方法、提高运动成绩和健康水平提供科学依据。学校体育教学和运动训练中应当重视运动损伤的预防工作，掌握其发生规律，并采取有效安全措施，以最大限度地避免损伤的发生，保证体育运动参加者的身体健康，提高教学和训练的效果。

运动创伤学的创新型教学，可以采用案例讨论教学法，征集在场学生受伤的案例，让受伤学生现身说法，讲出他们受伤的原因、感受和特征，个案的处理，再逐渐扩展到不同项目不同损伤的处理和预防，最后通过视频学习总结重难点。通过学习过程考查学生的主动性、合作能力以及创新能力，培养学生利用运动创伤学知识，主动创新分析不同运动创伤的治疗和预防的能力和发散思维、开拓进取的素质。

运动创伤学创新型教学案例如下。

运动创伤学创新教学案例

——《运动创伤学》,“运动创伤的治疗与预防”章节

(王予彬等主编,人民军医出版社,2011 年版)

(一)指导思想

以“创新创业”为宗旨,重视学生的主体地位,激发学生的学习兴趣,促进自主创新学习;关注差异,面向全体,增加理论结合实践的创新学习。

(二)教学目标

使学生了解运动创伤的治疗原则,掌握治疗的适应证,熟悉现场急救的知识并能熟练运用;熟练掌握各种治疗技术与方法并能合理应用;培养学生利用运动创伤学知识,主动创新分析不同运动创伤的治疗和预防的能力和发散思维、开拓进取的素质。

(三)专业课程创新创业教育

请学生于网络上收集运动创伤学相关的创新创业案例,以 1～2 页 PPT 形式呈现,班级学生评分以作为过程性考核的加分标准。

(四)教学内容

运动创伤的常用治疗方法和预防—学生运动中受伤情况—个案分析—针对不同种类运动结合运动创伤学理论进行适当分析—不同运动创伤的不同治疗和预防。

(五)设计思路

运动不可避免地会有损伤,希望通过对常见运动项目中创伤的分析、处理和预防的介绍,让学生体会理论参与实践创新的乐趣,体验体育理论与体育运动创造融合的感受,从而更好地实现教学目标。

(六)案例叙述

(1)案例准备铺垫阶段——通过 PPT 介绍运动创伤的一般处理方法和预防原则,通过理论让学生了解运动创伤处理和预防的理论基础。

(2)兴趣激发阶段——征集学生受伤的案例,让受伤学生现身说法,讲出他们受伤的原因、感受和特征,个案的处理,再逐渐扩展到不同项目不同损伤的处理和预防。

(3)分组讨论阶段——学员分小组,在教师引导下,以“六顶思考帽”的角度围绕从本案例中获得的启发和借鉴进行研讨和交流,然后各小组汇报研讨成果,最后教师结合学生研讨成果进行点评、总结。

(4)延伸思考阶段——观看视频《膝关节的自我检测》,认识体育运动和运动创伤的实际联系和实践应用。

(5)创新培养阶段——通过大学生创新创业训练项目的课题或互联网+比赛,激励学生在课后实践中思考创新“运用运动创伤学指导大众健身的损伤预防和处理”,积极在大学生创业实践中实现理论、创新、实践、应用的融合。

(七)创新创业案例

3D 打印:Exovite

公司介绍:3D 打印公司 Exovite 的创始人兼 CEO 胡安·蒙松(Juan Monzon Fabregat)是西班牙人。Exovite 项目,是利用 3D 石膏打印的新技术提升体育医疗的水平。

产品介绍:Exovite 的 3D 石膏打印技术,最大的特点就是“快”。整个过程只需要 30 秒。此外,他们并不满足于打印石膏这一环节上的速度,还通过石膏的特殊设计缩短疗程,同时还能通过蓝牙系统将病患处的愈合和肌肉增长情况通报给关联的 APP,对整个治疗过程进行监控。

四、运动生理学

运动生理学是体育科学基础学科之一,是人体生理学的一个分支。人体生理学是研究人体机能活动规律的科学;运动生理学是研究人体在体育活动和运动训练影响下结构和机能的变化,研究人体在运动过程中机能变化的规律,以及形成和发展运动技能的生理学规律,探讨人体运动能力发展和完善的生理学机理,论证并确立各种科学的训练制度和训练方法。

运动生理学以正常人体为研究对象,研究人体对运动的反应和适应。它的任务是:在正确认识人体机能活动基本规律的基础上,进一步探讨体育运动对人体机能发展变化的影响;阐明体育教学和运动训练过程的生理学原理;掌握不同年龄、性别,不同运动项目和不同训练水平运动员的生理特点,从而能科学地组织体育教学,指导体育锻炼和运动训练,更好地为体育实践服务。

运动生理学的研究方法,主要是通过实验,在人工创造的条件下,使一定的生理现象按所要求的时间和空间正常出现,借以观察和分析机能活动变化的过程及其因果关系。现代科学技术的发展,促使实验手段有了很大的改进,肌肉活检、电镜观察、微电极生理、超微分析等技术已把运动生理学的研究带进以分子为基础的微观世界。另外,多种生理现象又可通过换能、遥测、多导记录,在不影响人体运动状态的条件下获得实验数据,利用电脑记忆、系统处理、综合分析,使动态的和整体水平的研究也达到了新的高度。同时,动物实验也是运动生理学实验中不可缺少的方法。

人体的机能和形态是密切联系的,因此学习运动生理学不但要从人体生理学入手,还需要掌握人体解剖学、生物化学、运动力学、运动医学等基本知识,只有和这些相关学科相互配合,进行综合、系统研究,才能达到更好的研究效果。

随着体育学科的发展,越来越凸显体育教学科目综合化,培养任何体育专业人才都不能只依靠单一的体育类学科,而必须依靠多门类学科的综合教育。如此众多繁杂的理论知识,掌握起来非常困难,而利用思维导图构建理论知识就显得思路更加清晰。以运动生理学中运动的构成为例,运用思维导图构建知识框架,教师可以在上课的时候使用幻灯片展示思维导图,学生可以用思维导图记笔记,相对文字笔记,这样可使繁杂的理论知识视觉化、轮廓化、清晰化,掌握起来更容易,复习的时候更是一目了然。

运动生理学的创新型教学,可以采用案例教学结合现场动作体验,征集不同体育专项学生的专项动作案例，让学生现身说法、现场示范，其余同学现场结合理论进行分析讨论，最后通过思维导图总结重难点。通过学习过程更清晰地认知运动生理学原理在运动人体中的实际应用，让学生体会理论参与实践创新的乐趣，体验体育理论与动作技术创造融合的感受，从而更好地实现教学目标。

运动生理学创新型教学案例如下。

运动生理学创新教学案例

——《运动生理学》，"肌肉的活动"章节

（王步标、华明主编，高等教育出版社，2011年版）

（一）指导思想

以"创新创业"为宗旨，重视学生的主体地位，激发学生的学习兴趣，促进自主创新学习；关注差异，面向全体，促使每一个学生获得属于自己的收获。

（二）教学目标

掌握运动中人体肌肉的生理特性，引起兴奋的刺激条件，神经—肌肉接点的兴奋传递，骨骼肌收缩的滑行学说，骨骼肌收缩的能量供应，了解骨骼肌收缩的形式，肌纤维类型与运动能力的关系；培养学生利用运动生理学知识，主动创新分析运动训练肌肉活动的能力和发散思维、开拓进取的素质。

（三）专业创新创业教育——课程创新创业思考

请学生于网络上收集运动生理学相关的创新创业案例，以1～2页PPT形式呈现，班级学生评分以作为过程性考核的加分标准。

（四）教学内容

肌肉活动—运动中肌肉的生理特征—蹲踞式起跑中使用的运动生理学原理—针对不同种类运动结合运动生理学理论进行适当分析

（五）设计思路

肌肉作为人体的运动器官，它的生理学原理对于运动人体的研究十分重要，希望通过对常见运动项目中部分肌肉活动的分析，让学生体会理论参与实践创新的乐趣，体验体育理论与动作技术创造融合的感受，从而更好地实现教学目标。

（六）案例叙述

(1)准备铺垫阶段——通过PPT介绍肌肉活动的基本生理学概念，通过理论让学生了解运动中肌肉活动的生理学基础。

(2)兴趣激发阶段——通过案例教学对如何"蹲踞式起跑"进行技术动作的理论讲解，进而以图片、视频形式介绍起跑动作技术的演变过程。

案例如下：

上蹲踞式起跑课，李老师首先讲了短跑比赛的起跑要求。当李老师讲到"短跑比赛必须采用蹲踞式起跑"时，学生甲问道："老师为什么蹲着起跑啊？难道站着不比蹲着起动作快吗？"李老师对学生甲提出问题进行了解释，然后李老师继续讲解蹲踞式起跑的动作要领并做示范。分组练习时，当李老师发出"各就位"口令后，学生甲做出预备的姿势。

参考答案：①从蹲踞式起跑的反应速度来说，运动生理学告诉我们，人体反应的性质有3种，即主动反应、被动反应和应激反应。在蹲踞式起跑中，运动员的反应主要是主动反应和被动反应。主动反应能使感觉神经高度兴奋，有效加快其神经的传导速度；被动反应则是在接受刺激后，感觉神经才开始兴奋。因而在起跑的教学与训练中，首先得要求运动员注意力高度集中在动作技术本身的主动反应上，其次是把注意力放在"捕捉"发令枪声音上的被动反应。这是因为注意力集中在动作上比集中在信号上的反应通度要快10%以上。原因是注意力的指向性和肌内紧张度有关。注意力集中在动作上，完成该动作有关的肌群紧张度会升高，从而会加快动作的完成。②从蹲踞式起跑的动作原理来分析蹲踞式起跑技术作为田径短跑项目中的一个专门技术，它必须符合最大限度地体现人体打破静止，实现零加速的最大值，减少能量损失等基本条件；在动作形式上应符合人体运动的基本规律和肌肉在特定姿态下的收缩特征。③运动员若采用蹲踞式起跑时，整个身体重心将下移且前移，当发令枪响运动员起跑的瞬间（此时运动员两手与地已经分离），运动员就不会受到摩擦力和支持力的顺时针合力矩的影响，且摩擦力与支持力的合力与地面的夹角减小，运动员重新获得的水平分力增大，使运动员获得起跑的加速度很大，从而使运动员在短时间内获得很大的起跑速度。

(3)延伸思考阶段——用肌肉活动的生理学理论，对跳高技术动作的变化进行阐述说明，尝试用理论支撑背越式跳高的优越性。

(4)创新培养阶段——通过大学生创新创业训练项目的课题或互联网＋比赛，激励学生在课后实践中思考创新"运用生理学指导大众健身的户外拓展训练"，积极在大学生创业实践中实现理论、创新、实践、应用的融合。

(七)创新创业案例

Athos健身监测

公司介绍：Athos成立于2013年，它拥有一套完整的健身监测系统：健身服加APP。其健身服运用了肌电图（electromyography，EMG）技术，能够读出肌肉运动时的电活动，过去EMG数据只有专业机构和职业运动员才有机会看到。同时，该系统可以有效纠正不规范的训练动作，提高运动训练的质量。

五、运动解剖学

运动解剖学是人体解剖学的一个分支，它是在人体解剖学基础上研究体育运动对人体形态结构和生长发育的影响，探索人体机械运动规律及其与体育运动技术关系的一门学科。运动解剖学隶属运动人体科学类中一门重要的基础课程、先导课，也是体育教育专业的一门必修课。

运动解剖学是运动形态学的一个组成部分，是在正常人体解剖学基础上研究体育运动对人体形态结构产生的影响及其规律的一门新兴学科。它重点研究运动器官以及与之密切相关的心血管系统、神经系统等。其具体研究课题有关节运动幅度与肌肉发力的关系、机械力对骨组织的影响、运动训练时肌肉内血管形态的变化、运动对肌纤维形态结构的影响、运动终极形态的变化以及旋转运动和直线加速运动对平衡器官的影响等。

体育运动和健身锻炼对人体器官、组织、细胞形态结构影响的基础或/和应用研究主要集中在对骨、关节、骨骼肌、心脏、血管、肝脏、肾脏、肺、大脑、脊髓和内分泌及感觉器官等的形态学基础研究上，近年来有趋向于超微结构研究水平发展的趋势。

运动与骨和软骨形态学及其计量学研究主要集中在运动对骨和软骨影响的微细结构的观察上。应用组织、细胞的形态计量学理论和方法对运动引起的骨和软骨形态结构的变化进行定量研究，近年来有趋向于骨和软骨超微结构的形态计量学和生化标志物及基因表达等研究水平发展的趋势。

运动与关节和骨骼肌形态结构、功能、创伤和修复的形态学基础和应用研究主要集中在骨骼肌的纤维类型、关节和骨骼肌神经支配、疲劳、创伤与修复的基础研究上；关节肌工作与发力特征上，尤其是六大关节与脊柱肌群工作的力学特征及不同项目运动员力量训练的应用研究，近年来有趋向于基础研究和应用研究两极水平发展的趋势。

运动与心血管重塑的生物学研究主要集中在运动心脏肥大的生物学机制、运动性心脏与病理性心脏的区别上，近年来有趋向于运动心脏的心肌间质成分变化机制、心脏内分泌调节机制、运动与血管重塑的调节、心肌和平滑肌活细胞代谢特征以及心肌和平滑肌细胞基因表达等研究水平发展的趋势。

运动与内脏器官形态结构与功能的基础研究主要集中在运动与肝脏、胰脏、肺、肾、睾丸形态结构和功能的研究上，近年来有趋向于内脏器官分子研究水平以及向胃、肠形态结构与功能及消化道菌落种群研究的发展趋势。

运动与神经系统各器官形态结构与功能的基础研究主要集中在运动与大脑皮质、海马、小脑皮质、脊髓灰质神经元微细结构与疲劳和学习记忆的影响上，近年来有趋向于超微结构以及分子和基因表达研究水平发展的趋势。

儿童青少年运动员的形态选材与优秀运动员的身体形态特征的研究主要集中在人体的身高、体重，机体各环节围度、长度与比例，骨龄、皮纹以及其遗传特征与不同项目运动员体型特征和选材指标研究上，近年来有趋向于优秀运动员“基因解剖学”及 DNb 多态研究水平发展的趋势。

人体结构机械运动规律的研究主要集中在运动器官的机械运动规律，心脏、血管的弹性结构、力学特征，体位变化与内脏器官状态、胃肠蠕动和血流动力学特征等方面的研究上，近年来有趋向于机械信号与细胞及分子变化机制研究水平发展的趋势。

运动伤病的形态学基础研究主要集中在骨折愈合、膝关节半月板的形态结构、关节软骨和韧节的修补与置换、末端病的形态结构变化、椎间盘的结构与运动损伤的关系等的研究上，近年来有趋向于干细胞移植与基因导入治愈运动性伤病基础研究水平发展的趋势。

运动健身增强机体器官功能和对疾病器官形态与功能逆转的基础研究主要集中在人体重要器官如运动与骨的生长发育和骨折愈合，运动与关节的灵活性、稳定性，运动与骨骼肌的伸展性、弹性以及发展力量和柔韧性的手段与方法，运动与心血管疾病、糖尿病、肥胖症、骨质疏松症逆转的基础研究上，近年来有趋向于胃、肝、肾、肺等器官功能增强和疾病逆转的基础研究并向基因水平发展的趋势。

运动与细胞凋亡研究主要集中在运动与骨、软骨、骨骼肌、心肌、脑、肾、肝等组织的细胞凋亡形态特征、氧化应激的研究上，近年来有趋向于凋亡的细胞信号转导途经、基因调控以及疾病、凋亡与运动逆转等水平发展的趋势。

运动解剖学的创新型教学，可以采用案例教学结合现场人体模型学习，在学习某个身体动作解剖学分析的时候，先在人体模型上观察其肌肉、关节、骨骼的运动情况，再在自己或同学身上触摸体会，现场理论结合实践进行分析讨论，最后通过编口诀、列图表或思维导图等方式总结重难点。通过学习过程帮助学生更清晰地认知运动解剖学原理在运动人体中的实际应用，"知其然而知所以然"，让学生体会理论参与实践创新的乐趣，体会体育理论与动作技术创造融合的感受，从而更好地实现教学目标。

运动解剖学创新型教学案例如下。

运动解剖学创新教学案例

——《运动解剖学》，"运动系统：上肢的结构与运动"章节

（李世昌主编，高等教育出版社，2015 年版）

（一）指导思想

以"大众创新、万众创业"为宗旨，重视学生的主体地位，激发学生的学习兴趣，促进自主创新学习；关注差异，面向全体，促使每一个学生获得属于自己的收获。

（二）教学目标

了解人体上肢的基本结构和运动中上肢活动情况，理解体育运动对人体形态结构和生长发育的影响，探索人体机械运动规律及其与体育运动技术；培养学生利用运动解剖学知识，主动创新设计合理训练方式的能力和发散思维、开拓进取的素质。

（三）专业创新创业教育

请学生于网络上收集运动解剖相关的创新创业案例，以 1～2 页 PPT 形式呈现，或者相关的科技前沿和创新创业短视频（3～5 分钟）以及特别优秀的长视频，边播放边介绍，最后班级学生评分以作为过程性考核的加分标准。

（四）教学内容

"上肢的结构与运动"—上肢的运动与健身—引体向上—区分不同握法做引体向上的优缺点—针对健身人群不同肌肉锻炼目的设计训练方案。

（五）设计思路

上肢作为人体运动精细动作的主要控制枢纽，在运动中有着举足轻重的地位，通过简单流行的引体向上锻炼方法，让学生通过理论联系实际，积极参与创新，体验体育理论与创造融合的乐趣，从而实现教学目标。

（六）案例叙述

（1）上肢结构介绍——通过图片和解剖模型，指导学生了解上肢基本构造。

（2）上肢运动提问——为什么做单杠引体向上时，反握比正握省力？运动解剖理论知识解答：第一，反握的前臂处于正常位屈臂，正握是前臂处于旋内位屈臂，即反握时前臂的尺骨和桡骨处于平行位置；正握时前臂的桡和尺骨处于交叉的位置。这样，在正握杠做引体向上时，前臂屈腕、屈指的肌群以及屈肘的肱二头肌等就处

于一种扭转开始姿势，以致它们在收缩发力时，有一部分力要花费在使前臂恢复正常姿势的趋势上，所以后者感到吃力。第二，反握时肘窝对着身体，正握时肘窝转向内侧，做引体向上时，反握不会把身体向后推开；而正握由于腕关节和肘关节的位置关系，要把身体向后推开，使重力臂加大，因而加大了重力矩，使练习者要花费较大力气。第三，正握时，由于上臂要经过外展后伸，胸大肌和背阔肌就要克服躯干的重力矩使上臂内收，增加了负担量；而反握时，由于上臂不经过外展位直接后伸，这样胸大肌和背阔肌的负担量就少一些，所以正握做引体向上比反握感到吃力。综上所述，正握引体向上要比反握引体向上难，主要因为使用不同的肌肉以及更大的运动行程。

(3)上肢运动案例——理论讲解不同握法引体向上对不同肌肉的刺激，以图片、视频形式加深学生印象，并布置课堂作业引导学生思考总结正握、反握引体向上的优缺点，并进行课外实践加深学习印象。

(七)创新创业方案

通过俱乐部教学或日常训练指导，激励学生在课后作业中思考创新“依据运动解剖学原理针对不同健身人群不同肌肉锻炼目的，设计专业训练方案”，进而积极在校外健身场所实习实践中实现理论、创新、实践、应用的融合。

六、体育保健学

体育保健学是研究体质与健康教育及体育运动中的保健规律和措施的一门应用科学，是运动医学的一个分支。其主要内容包括体育卫生、保健按摩、体育疗法、体育伤病的预防和处理。在古代已有把医疗手段应用于体育运动的记载。体育保健学成为一门比较完整的、有理论基础的学科，是从20世纪30年代才开始的。我国的体育保健事业是在50年代发展起来的。

体育保健学是研究体质与健康以及人体在体育运动过程中保健规律与措施的一门新兴的综合性的应用科学。它是在体育运动与医疗保健相结合的过程中，逐渐发展起来的一门边缘交叉学科。它涵盖了运动解剖学、运动生理学、运动生物化学等运动人体科学的基础理论知识，又涉及了预防医学、临床医学、康复医学等医学理论知识和技能。体育保健学的主要任务是运用相关的运动人体科学的基础理论及相关临床医学的基本知识和技能，研究体育运动参加者的身体发育、健康状况和运动机能水平，为科学合理地安排体育教学、运动训练与竞赛提供科学依据，并给予医务监督和保健指导；研究影响体育运动参加者身心健康的各种外界环境因素并制定相应的体育卫生措施；研究常见运动性伤病的发生、发展规律及其防治措施；研究伤病后的体育康复手段及方法，促进体育运动参加者的身心健康和运动能力的提高。

体育保健学的创新型教学，可以采用“模拟体育保健方案设计”的案例教学，首先通过图片和分析表格，引导学生直观了解不同人群的体育保健实际，然后学生分小组，在教师引导下，通过“三三两两讨论法”进行“不同人群的体育保健需求和注意事项”的研讨和交流，最后通过思维导图总结重难点。通过学习过程更清晰地认知体育保健学理论在大众健身中的实际应用，激励学生在课后作业中思考创新“针对不同人群不同保健需要而设计因人而异的运动处方或实施计划”，进而积极在校外社区等场所实习实践中实现理论、创新、实践、应用的融合。

体育保健学创新型教学案例如下。

体育保健学创新教学案例

——《体育保健学》，“不同人群的体育保健”章节

（姚鸿恩主编，高等教育出版社，2006 年版）

（一）指导思想

以“大众创新、万众创业”为宗旨，重视学生的主体地位，激发学生的学习兴趣，促进自主创新学习；关注差异，面向全体，尽量让每一个学生获得属于自己的理论认知和应用创意。

（二）教学目标

了解儿童少年、女子、老年人的身心生长、发育、成熟和衰老变化规律，掌握儿童少年、女子、老年人的一般与特殊的体育保健要求；培养学生利用体育保健学知识，主动创新设计合理训练方式的能力和发散思维、开拓进取的素质。

（三）专业创新创业教育

请学生于网络上收集体育保健学相关的创新创业案例，以 1～2 页 PPT 形式呈现，或者相关的科技前沿和创新创业短视频（3～5 分钟）以及特别优秀的长视频，边播放边介绍，最后班级学生评分以作为过程性考核的加分标准。

（四）教学内容

不同人群的身体情况—不同人群的体育保健需求—分组讨论—区分不同人群实际体育保健中的注意事项—针对不同人群不同保健需要而设计运动处方或实施计划。

（五）设计思路

不同人群的体育保健对于“全民健身计划纲要”的实施以及我国体育保健康复事业的发展，都有着举足轻重的地位，通过分组讨论及总结演示，让学生通过理论联系实际，积极参与创新，体验体育理论与创造融合的乐趣，从而更好地实现教学目标。

（六）案例叙述

(1)不同人群体育保健的基础介绍——通过图片和分析表格（下图），指导学生直观了解不同人群的实际状况。

(2)分组讨论——学生分小组，在教师引导下，从“三三两两讨论法”（此法可归纳为每两人或 3 人自由成组，在 3 分钟中限时内，就讨论的主题，互相交流意见及分享。3 分钟后，再回到团体中进行汇报）的角度从主题介绍中获得的启发和借鉴，进行“不同人群的体育保健需求和注意事项”的研讨和交流。

(3)分组汇报——各小组汇报研讨成果。

(4)自由发言——围绕研讨成果，学生发表补充意见。

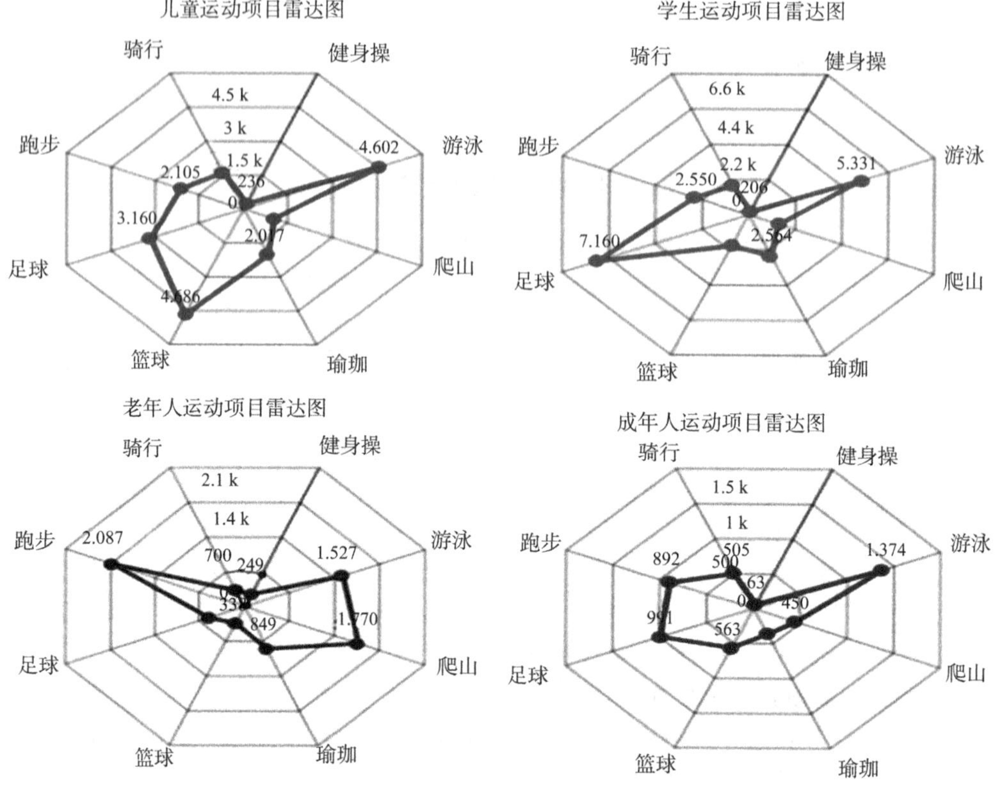

运动项目分析情况

(5)教师点评——教师结合学生研讨成果，围绕“不同人群的体育保健需求和注意事项”进行点评、总结。

(6)创新创业思考——通过俱乐部教学或日常训练指导，激励学生在课后作业中思考创新“针对不同人群不同保健需要而设计因人而异的运动处方或实施计划”，进而积极在校外社区等场所实习实践中实现理论、创新、实践、应用的融合。

(七)创新创业案例

养老防护健康数据平台(下图)

在“互联网＋”新业态发展的核心商业模式和大健康时代的不断发展下，结合已有的技术水平(心率带)和当今市场，打造一个预防、守护、分析、健康的HTH(heart to heart)平台。这个心率传感器能够通过连接专用的APP实时显示心率数值、心电图波形等，反映出使用者的健康状况。平台希望解决医院不能实时获取患者状况的问题，并通过HTH平台的数据可更加科学、准确地为病患对症下药。

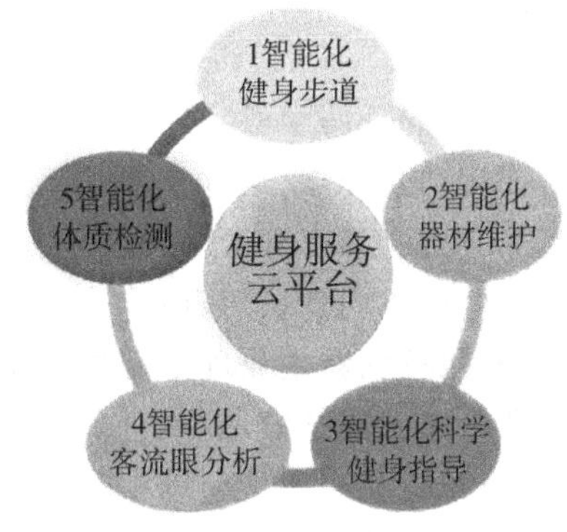

健身服务云平台

第二节　运动人体科学知识实践教学案例

一、运动生物化学

运动生物化学(sport biochemistry)是生物化学的分支,体育科学学科之一,也是体育科学中应用基础性的学科,是应用物理学、化学和生物学的方法,从分子水平研究人体运动时机体的化学组成、化学变化、能量转变和运动能力的发展与变化,并应用这些规律为运动实践服务的一门科学。

研究范围:不同组织的器官(心脏、肝脏、肾脏等),不同年龄、不同性别的人在运动时,都有不同的生物化学特点。运动时体内复杂的化学变化过程的调节以及运动应激与体内适应过程等,都是运动生物化学的研究范围。

发展趋势:

(1)利用基因探针进行运动员的科学选材。

(2)用基因工程的方法防止运动性疲劳和加快恢复的过程。

(3)利用基因诊断技术对运动员进行身体机能的评定。

(4)转基因技术在运动营养研究中的应用。

运动能改善机体的化学组成,如可增加糖原、蛋白质数量,减少体脂等,这既是增强体质的物质基础,又是提高运动能力的因素。体内某些化学成分的增加,是遵循超量恢复的规律进行的,即在运动时被消耗或减少的物质在运动后休息期一个阶段可以恢复至比原来的水平高。认识超量恢复规律,有助于合理安排运动量,科学地补充营养,评定身体机能状态,防止过度疲劳等。

运动能使肌肉物质代谢、能量转换等产生适应性变化。短时间强度大的激烈运动(如短跑、举重等),能使肌肉中的蛋白质、磷酸肌酸增多,无氧代谢酶活性提高,无氧代谢供能过程改善,对乳酸调节能力加强。长时间激烈运动(如长跑、越野跑),能使肌肉糖原数量增加,有氧代谢酶活性和脂肪代谢能力提高,有氧代谢供能过程改善。骨骼肌纤维的组成和代谢机能,同运动能力有关。不同项目、不同强度、不同训练方法和不同时间的运动,能以不同的比例发展机体有氧或无氧代谢能力，提高不同能源物质的贮量。因此，运动生物化学是科学训练的基础。

运动生物化学是运动人体科学中的一门学科，是直接为运动实践服务的专业基础课，它与运动人体科学中的其他学科，如运动营养学、运动生理学、运动医学、运动生物力学、运动心理学、运动解剖学等，既有知识的衔接，又有着密切的联系。

运动生物化学的创新型教学，可以体现在认知、体验、学习、实践、考核等方面，通过案例教学、网络课程教学等新形式，更好地将创新创业理论与教学相结合。

(1)认知。在运动生物化学理论知识教学中，以课件、视频展示的形式融入创新创业的理念，体现教学内容在体育授课、健身指导和比赛训练中的重要引导意义。例如，在“糖代谢与运动”的理论知识讲解中，推荐实际运动中补糖的最佳时间和类型，介绍自行制作简易运动饮料的方法，从而指导学生开展发散创新思考，更好地针对不同种类运动制作不同类型的运动饮料。

(2)体验。通过运动生物化学专业实验、观摩体育教学教师授课示范、实际健身场馆指导等，引导学生深刻认识如何把课程知识应用于生活实践，了解实际应用中需要哪些专业理论。例如，通过“运动性疲劳”的实验体会身体在疲劳状态下的生物化学改变于身体器官上的感觉，指导学生开展发散创新创业思维，针对不同强度的运动设计符合不同需要人群的运动后放松方式，进而引导学生在“互联网＋”大学生创新创业大赛中设计一种结合健身、保健、营养的一条龙服务 APP。

(3)学习。即学生通过运动生物化学课堂和课外教学掌握专业知识。例如，通过学习“儿童少年体育锻炼的生化特点与评定”，指导学生更科学地在对青少年儿童的体育教育或培训中体现专业素养，进而引导学生在大学创业园实践中进行青少年儿童假期技能培训的创业。

(4)实践。组建体育理论相关协会和网络平台，让学生在校园内开展实践活动，包括健身知识的传播、校园健身指导、健身营养指导、申报大创项目、参加相关比赛等。例如，通过学习“提高运动能力方法的生化分析”，引导学生根据不同健身人群的需要设计运动处方，指导运动与训练，进而融合健身俱乐部的实习实践。

(5)考核。课程的具体考核也可以体现创新创业教育的理念，可把平时与创新创业相关的作业作为考核的一部分，在考试中设计一些既可以体现专业知识，又需要创新创业思维的题目。例如，通过“脂代谢与运动”的学习，在课后复习题或期中、期末试卷中，要求学生列举具体措施，以之指导现代肥胖大学生健康减重。

运动生物化学创新型教学案例如下。

运动生物化学创新教学案例

——《运动营养学》，“糖代谢与运动”章节

(张蕴琨主编，高等教育出版社，2010 年版)

(一)指导思想

以“创新创业”为宗旨，重视学生的主体地位，激发学生的学习兴趣，促进自主

创新学习；关注差异，面向全体，促使每一个学生获得属于自己的收获。

(二)教学目标

掌握运动中人体的生物化学代谢基本情况，了解运动饮料的基本成分和营养搭配；培养学生利用运动生物化学知识，主动创新搭配自制运动饮料的能力和发散思维、开拓进取的素质。

(三)专业创新创业教育

请学生于网络上收集运动生物化学“糖代谢与运动”相关的创新创业案例，以1～2页PPT形式呈现，或者相关的科技前沿和创新创业短视频（3～5分钟）以及特别优秀的长视频，边播放边介绍，最后班级学生评分以作为过程性考核的加分标准。

(四)教学内容

“糖代谢与运动”—运动中补糖—自制简易运动饮料—针对不同种类运动制作不同类型的运动饮料。

(五)设计思路

糖类作为人体主要的能源物质，在运动中有着举足轻重的地位，通过当今流行运动饮料的介绍和自制运动饮料的建议，让学生在自我的理论实践参与和创新中，体验体育理论与创造融合的乐趣，从而实现教学目标。

(六)案例叙述

(1)课前插曲——准备一瓶运动饮料，摆在教室中显眼位置，作为教师休息润口，同时吸引学生目光。

(2)准备铺垫阶段——通过PPT介绍糖的概念、人体内糖的存在形式与储量、糖代谢不同化学途径与ATP合成的关系、糖代谢及其产物对人体运动能力的影响，通过理论让学生了解糖酵解、糖的有氧氧化的基本代谢过程及其在运动中的意义。

(3)兴趣激发阶段——通过对如何“运动中补糖”的理论讲解，进而以图片、视频形式介绍实际市场销售的运动饮料含糖情况。

(4)应用拓展阶段——引导学生根据运动营养补充的需要，分组讨论，设计采用常见的水、盐、葡萄糖、果汁等食品，合理搭配自制运动饮料。

(5)创新培养阶段——通过大学生创新创业训练项目的课题或互联网+比赛，激励学生在课后作业中思考创新“针对不同人群或不同运动项目的运动饮料推广或运动营养补充方案”，积极在大学生创业实践中实现理论、创新、实践、应用的融合。

(6)创新创业创意的实践——12种运动饮料大测评：最能提神、补充能量的是？

根据网络搜集的运动饮料相关资料进行实践教学模拟演练。

实践教学演练流程设计表

课程名称：常见运动饮料的区分与选择

学习目标：1.学会区分一般饮料与运动饮料

2.学会根据运动选择合适的运动饮料

3.学会选择并制作运动饮料

	时间	教学者活动	学员活动	教材设备
导言 Bridge-in	5 min	展示图片，吸引学生兴趣，引入教学	看图说话	多媒体图片
学习目标 Objectives	2 min	展示 PPT，直述教学目标	了解学习目标	多媒体 PPT
前测 Pre-assessment	5 min	实物展示问题，让学生选择	小组讨论，选择	运动饮料
参与式学习 1 Participatory Learning	35 min	根据 PPT 和实物，展示不同运动饮料的特点	看、尝饮料，注意要点，记忆关键词	文字图片，运动饮料实物
参与式学习 2 Participatory Learning	40 min	根据 PPT 和实物，学会选择并制作简单的运动饮料	注意要点，记忆关键词	PPT，运动饮料调配实物
后测 Post-assessment	5 min	让学生根据实际运动情况选择合适的运动饮料	明确运动饮料的适用情况	实物
摘要/总结 Summary	3 min	文字结合案例总结重点	讨论，复述	PPT

特殊教学设备需求：常见运动饮料实物和调配运动饮料的葡萄糖、盐、水等。

教学环境布置：分组。

二、运动技能学习与控制

运动技能学习与控制课程全面展示了当今运动学习与控制领域的研究内容和发展概况，把理论科学性和实践操作性近乎完美地结合起来，对运动学习和运动控制的概念以及应用原则进行了深刻的论述。该课程不但为优秀运动员提供服务与指导，还为一般体育锻炼者和运动障碍的患者伤病提供恢复治疗，是运动技能学习领域一把极好的入门钥匙。该课程可以适应运动训练的各种需求，对错误动作的纠正和运动技能的形成规律与运动技能的掌握具有指导作用。

动作学习与控制是专门研究人类动作行为神经控制与学习内在机制的一门学科，是体育学科中真正的母学科，被美国、加拿大等国家列为体育专业本科生和研究生的必修课程。该学科应用领域广泛涉及康复、竞技体育训练、体育教学、航空航天、军事等。在国内，北京体育大学是在 2003 年开设该门课程的。随着这门课程影响力的逐渐提高，开设“动作学习与控制”这门课程的学校逐渐增多。同时，教育部已将“动作学习与控制”列入体育专业必修课程。

运动技能学习与控制的创新型教学，可以采用“教学比赛”的组织方式，通过对之前学习内容的复习实践，加深已学的知识记忆，通过分组讨论、回答问题和实践示范，逐渐把动作技能学习与控制的知识真正应用到教学训练、运动康复等实际中。通过学习比赛，可以激励学生积极参与课堂中的教学实践和考核，尽量让每一个学生获得属于自己的理论认知和应用创意。

运动技能学习与控制创新型教学案例如下。

运动技能学习与控制创新教学案例

——教学实践与考核

(《运动技能学习与控制》,王树明主编,高等教育出版社,2018年版)

(一)指导思想

以“大众创新、万众创业”为宗旨,重视学生的主体地位,激发学生的学习兴趣,促进自主创新学习;关注差异,面向全体,尽量让每一个学生获得属于自己的理论认知和应用创意。

(二)教学目标

通过本章的学习实践,加深运动技能学的知识记忆,通过分组讨论、回答问题和实践示范,逐渐把动作技能学习与控制的知识真正应用到教学训练等实际中,同时进行半开卷考试准备。

(三)教学内容

各位同学按照座位,分为3组,分组进行回答问题、纠错“找茬”、动作演示、实际演练的实践学习比赛,根据比赛结果适当在过程考核中加分奖励。

(四)设计思路

通过教材半期内容的课堂实践考核,让学生通过理论联系实际,在竞赛和学习的融合组织下,更好地实现教学目标。

(五)实践问题举例

(1)你知道为什么 Microsoft Windows 的选单列放置在视窗上,而 Apple Mac OS X 的选单列(下图)放在萤幕的最上方吗?

你知道为什么 Mozilla Firefox 浏览器左上角的「回到上一页」和「到下一页」两个按钮的大小不一样吗?

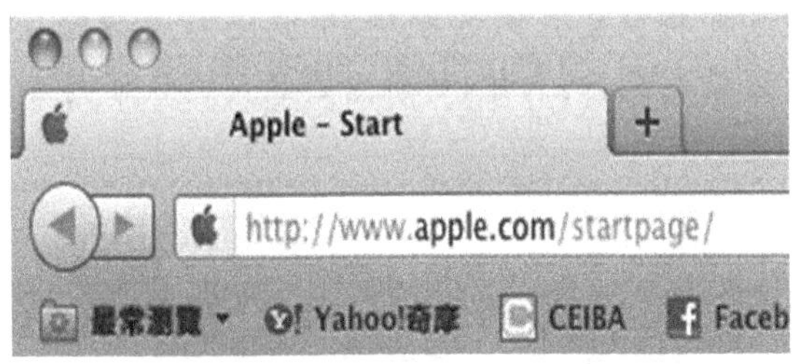

浏览器页面

你知道为什么足球运动员为了更好地练习罚球技术,通常会把球门缩小进行练习?

解答:菲兹定律是人机交互领域一个非常重要的法则。其基本观点是,当一个人用鼠标来移动鼠标指针时,屏幕上的目标其某些特征会使得点击变得轻松或困难,目标离得越远,到达就越费劲;目标越小,就越难点中。

菲兹定律同样应用于人类动作技能的精细操作中,在运动技能学习与控制中称为动作速率与准确性权衡。例如，足球运动员罚球时对准3种不同大小的目标，最大目标相对容易最快速度地罚进球，最小目标则速度最慢。

(2)正确地搬重物(保护腰椎)姿势？请一位同学实践演示，一位同学说明解释(下图)。

搬起重物正确姿势

(六)教师点评

教师结合学生分组竞赛情况，围绕“实践考核”进行点评、总结。

(七)思考总结

请根据实践教学的总结和演示，评价思考本次课程重点内容，并牢记考试要点，准备好一张A4纸张大小的要点记录，在下次课的期中考试中，只能看自己总结的要点作为考试参考，进行创新型“半开卷”考试！

(八)创新创业案例

运动实验室视频

有一种技术因岁月而蔚为传奇，因好莱坞而声名大噪，那就是宛若超人的武术、快如闪电的拳法、让人动弹不得的神经击，甚至还有传说中的“死拳”。而传说是否真有其事？我们即将探索武术的原理，用先进科技破除人们对武术的迷思。我们将测试史上最复杂的武器：人体，科学则是我们的铁面判官。请观看——运动实验室(下图)！

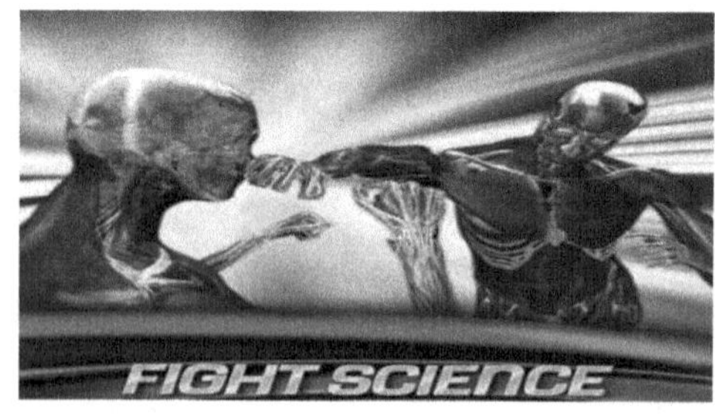

运动实验室

(九)创新创业实践

根据网络搜集的运动技能学相关资料进行实践教学模拟演练。迷你教学演练案例见下表。

迷你教学演练流程设计表

课程名称：日常生活瘦身妙招

学习目标：学会做——日常生活中随时随地可用的瘦身小妙招

	时 间	教学者活动	学员活动	教材设备
导言 Bridge-in	30 s	展示图片，吸引学生兴趣，引入教学	看图说话	多媒体图片
学习目标 Objectives	30 s	展示 PPT，直述教学目标	了解学习目标	多媒体 PPT
前测 Pre-assessment	60 s	让学生思考讨论，根据自身实际回答	小组讨论，选择	PPT
参与式学习 Participatory Learning	6 min	教师演示，学生示范，师生互动完善动作	看，模仿，学着做	文字图片，运动实际
后测 Post-assessment	90 s	让学生总结归纳要点	明确瘦身妙招的注意事项	PPT
摘要/总结 Summary	30 s	文字结合图片总结重点	观看记忆	PPT

三、运动营养学

运动营养学是研究运动员的营养需要，利用营养因素来提高运动能力，促进体力恢复和预防疾病的一门科学。运动营养学是营养学的一个分支，是营养学在体育实践中的应用，因而也有人将运动营养学视为应用营养学或特殊营养学。

营养是指人体从外部环境摄取、消化、吸收与利用食物和养料的综合过程。运动营养学研究运动员在不同训练和比赛情况下的营养需要、营养因素与机体功能、运动能力、体力适应以及防治运动性疾病的关系，从而提高运动能力。运动营养学是运动医学的重要组成部分之一，它与运动生物化学、运动生理学、运动训练学、运动生物力学、运动员选材学、病理学、临床医学、营养与食品卫生学、食品化学、中医养生学、烹饪学等有着密不可分的联系。

合理营养有助于提高运动能力和促进运动后机体的恢复，合理营养支持运动训练，是运动员保持良好健康和运动能力的物质基础，对运动员的机能状态、体力适应、运动后机体的恢复和伤病防治均有良好的效果。合理营养为运动员提供适宜的能量；合理营养有助于剧烈运动后机体的恢复；合理营养可延缓运动性疲劳的发生或减轻其程度；合理营养有利于解决运动训练中的一些特殊医学问题（不同体育项目、不同环境、不同年龄期的特殊医学要求）；合理的营养可保障肌纤维中能源物质（糖原）的水平稳定，减少运动性创伤的发生率。

运动营养学家陈吉棣教授认为运动营养学是研究运动员在不同的训练或比赛情况下的营养需要、营养因素和机体机能，运动能力、体力适应和恢复以及与运动性疾病防治关系的科学。它是研究内容十分广泛的一门学科，其研究目的是为运动员适应运动强度供给能量提供理论依据，为运动员延迟疲劳和加快恢复，提高训练效果和竞技水平提供合理膳食结构计划。营养是恢复的最有效手段之一，合理的营养可以显著提高运动员的机能状况。相反，营养不合理，将会导致机体生理功能紊乱，运动能力下降，甚至产生疾病和创伤。

二十多年来，我国竞技水平迅速提高，在世界各大赛中取得优异成绩，运动营养知识和方法手段的运用与指导起到了不可替代的作用。随着社会的进步和体育事业的蓬勃发展，运动营养学将会为指导社会文明、促进人民健康、提高国民素质做出更大的贡献。

运动营养学的创新型教学，可以采用操作性问题讨论与实践法，根据教师设定的目标组织4组学生，给予不同的食物原材料、食品成品、营养品、中草药等，分别从不同健身目的人群的实际需要出发，对运动前、中、后膳食营养的实施进行多角度的讨论，最终设计一份为期一周的饮食安排。通过学习过程考查学生的主动性、合作能力以及创新能力，引导学生进行运动营养方面的创新创业。

运动营养学创新型教学案例如下。

运动营养学创新教学案例

——《运动营养学》，"健身人群的膳食营养"章节

（张钧、张蕴琨主编，高等教育出版社，2010年版）

（一）指导思想

以"创新创业"为宗旨，重视学生的主体地位，激发学生的学习兴趣，促进自主创新学习；关注差异，面向全体，增加理论结合实践的创新学习。

（二）教学目标

了解常见健身人群的膳食营养方法，掌握不同健身人群的一般与特殊的营养要求；培养学生利用运动营养学知识，主动创新分析不同运动人群营养需求的能力和发散思维、开拓进取的素质。

（三）专业创新创业教育

请学生于网络上收集运动营养学相关的科技前沿或创新创业短视频（3～5分钟）或特别优秀的长视频，班级学生评分以作为过程性考核的加分标准。

（四）教学内容

（1）增强肌力健身人群的膳食营养。

（2）减少脂肪健身人群的膳食营养。

（3）增加体重健身人群的膳食营养。

（4）亚健康健身人群的膳食营养。

（五）设计思路

健身人群尤其需要合理的膳食营养，希望通过对几种常见健身人群营养需求的分析，日常饮食的设计，让学生体会理论参与实践创新的乐趣，体验体育理论与运动实践中实际需求的融合，从而更好地实现教学目标。

（六）案例叙述

（1）课前插曲——准备几份常见的快餐实物或详细食物分类的图片，摆在教室中显眼位置，作为教师辅助教具，同时吸引学生目光。

(2)准备铺垫阶段——通过PPT介绍常见健身人群的糖类、脂类、蛋白质等饮食需求,详细介绍4类健身人群的特殊饮食需求,首先通过理论让学生了解健身人群的膳食营养的理论基础。

(3)兴趣激发阶段——征集学生健身饮食的一般情况,结合日常饮食的实物或图片,先进行个例分析,再逐渐扩展到不同健身人群不同膳食实际的讨论。

(4)分组讨论阶段——在教师引导下,在组长组织下,采用操作性问题讨论法(操作性问题,就是给考生一些材料、工具或者道具,让他们利用所给的这些材料,设计出一个或一些由教师指定的目标计划来,这个过程主要是考查考生的主动性、合作能力以及在一项实际操作任务中所充当的角色),组织4组学员,给予不同的食物原材料、食品成品、营养品、中草药等,分别从增强肌力、减少脂肪、增加体重、亚健康4种不同健身人群,对膳食营养的实施进行多角度的讨论。围绕从本案例中获得的启发和借鉴进行研讨和交流,然后各小组汇报研讨成果,最后教师结合学生研讨成果进行点评、总结。

(5)延伸思考阶段——观看视频《巧吃健康餐,保健很容易》,认识运动保健中最新的营养需求和实际膳食补充案例。

(6)创新培养阶段——通过大学生创新创业训练项目的课题或互联网+比赛,激励学生在课后实践中思考创新"针对不同人群的餐饮设计",积极在大学生创业实践中实现理论、创新、实践、应用的融合。

(七)创新创业案例

减肥餐厅创业计划

本项目计划组建一家有限责任公司,名称为"享瘦餐饮有限责任公司",主要从事素食保健餐饮的经营。本公司将素餐养生原理与现代化餐饮管理有机结合,向城市居民提供有特色的素食食品,致力于关注健康,引领消费者养成健康素食的良好习惯。

公司客户对象为5类人群:第一类爱美女性,包括部分老师和女学生。满足女性爱美的需求,素食中含大量的维生素E,能够使女性皮肤更加娇嫩,起到极佳的美容效果,同时使身材更加苗条。第二类有饮食忌讳的人,因民族习惯、宗教习惯、保健需要等因素,一些人不吃荤腥,他们希望吃素也能吃出些"花样"。第三类老年人,即周边的老年人或者退休的职工以及老师们。因为担心大鱼大肉中的脂肪和胆固醇会诱发心脑血管疾病的中老年人肥胖者是素食的忠实拥护者,素食也是他们理想的荤食替代品。第四类中青年人,他们中的部分可能厌倦了平时就餐地的喧闹与拥挤,厌倦了餐桌上日益增多的鱼肉海味,希望从素食中寻觅一缕清香,一份恬静。第五类为宗教信仰人群。其中第一类人群是我们的主要客户。

店面装潢:因为素食以健康环保为主题,我们将店面装潢以绿色白色为主,配以棕色,使得顾客有放松、舒适、新颖之感。餐饮服务:打破常规盲目点菜,餐厅推出季节性菜谱,在不同季节采用不同菜式。此外,餐厅推行点餐咨询,由专业素食师和营养咨询师根据顾客目前身体状况与工作环境进行推荐式点餐,让用餐更专业、更营养、更科学。VIP服务:建立VIP档案库,为顾客提供长时间的饮食建议和瘦身策划。

创新创业思考——你联想到什么？可否在你的学校食堂设立瘦身饮食窗口？

四、体育康复学

体育康复学是体育科学的学科之一，是一门将康复医学运用于体育的学科。研究对象主要是需实施康复和保健性体育的老弱病残者。研究内容为与康复有关的体育教育和运动训练的手段、措施、效果、组织、方法、指导、监督等一系列问题。因而和运动解剖学、运动生理学、运动生物力学、运动保健学等体育学基础理论学科紧密联系，以指导体育运动与实践。康复医学是20世纪中期出现的一个新的概念，它是一门以消除和减轻人的功能障碍，弥补和重建人的功能缺失，设法改善和提高人的各方面功能的医学学科，也就是功能障碍的预防、诊断、评估、治疗、训练和处理的医学学科。体育疗法是现代康复医学的重要内容和手段。

体育康复学是研究如何将体育的方法与手段运用到各种疾病和损伤的康复治疗中的一门综合性应用学科。它是在医疗保健与体育运动相结合的过程中发展起来的一门新兴综合性交叉学科。体育康复是现代康复医学的重要内容和手段。通过本课程的学习，让学生了解体育康复的基本理论知识，掌握体育康复的评价方法，重点掌握体育康复基本治疗方法，熟悉各种疾病的体育康复方法。

体育康复学的创新型教学，可以采用分组竞赛的方式，加强学生的团队意识，增进学生之间的感情，同时提高课堂实践教学的有效性，从而达到最佳的学习效果。通过学习过程考查学生的主动性、合作能力以及创新能力，引导学生进行体育康复方面的创新创业。

体育康复学创新型教学案例如下。

体育康复学创新教学案例

——中期教学实践总结与考核

（《体育康复学》，荣湘江、姚鸿恩主编，人民体育出版社，2008年版）

（一）指导思想

以“大众创新、万众创业”为宗旨，重视学生的主体地位，激发学生的学习兴趣，促进自主创新学习；关注差异，面向全体，尽量让每一个学生获得属于自己的理论认知和应用创意。

（二）教学目标

通过本章的学习实践，加深体育康复学的知识记忆，通过分组讨论、回答问题和实践示范，逐渐把动作技能学习与控制的知识真正应用到教学训练等实际中，同时进行半开卷考试准备。

（三）教学内容

各位同学按照座位，分为3组，分组进行回答问题、纠错“找茬”、动作演示、实际演练的实践学习比赛，根据比赛结果适当在过程考核中加分奖励。

（四）设计思路

通过教材半期内容的课堂实践考核，让学生通过理论联系实际，在竞赛和学习的融合组织下,更好地实现教学目标。

(五)实践问题举例

(1)请实践示范运动损伤的紧急处理,一人操作,一人说明,一人当受伤者(参考下图)。

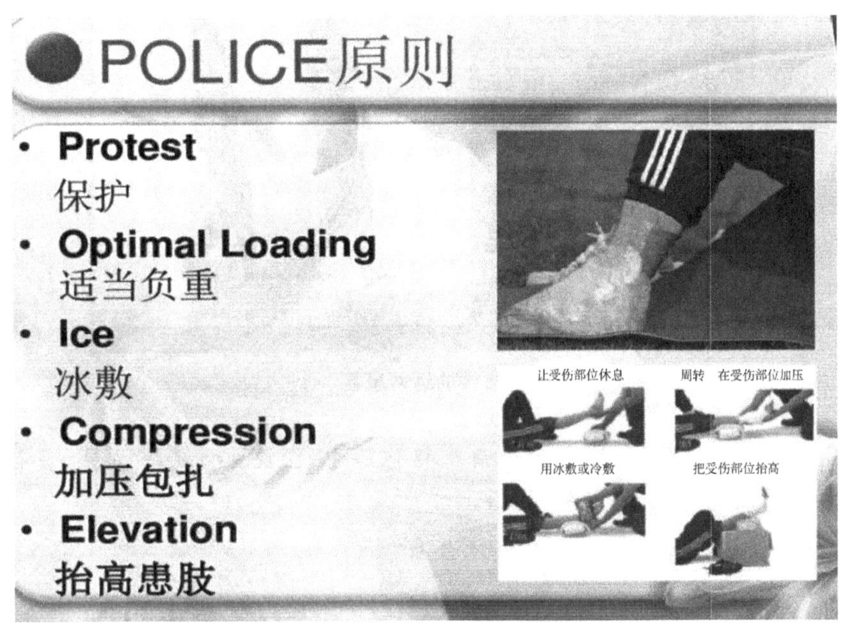

急性损伤处理原则

(2)列表比较分析说明 RICE、PRICE、POLICE 这 3 种损伤应急处理方法的异同(下表)。

Protect(保护),Rest(休息),Ice(冰敷),Compression(加压包扎),Elevation(抬高患处),Optimal Loading(适当负重)。

不同损伤处理分析表

损伤应急处理	适用人群	特　点	优　点	缺　点
RICE				
PRICE				
POLICE				

(3)请示范运动康复腰椎问题的实践方法,一位同学实践演示,一位同学说明解释(参考下图)。

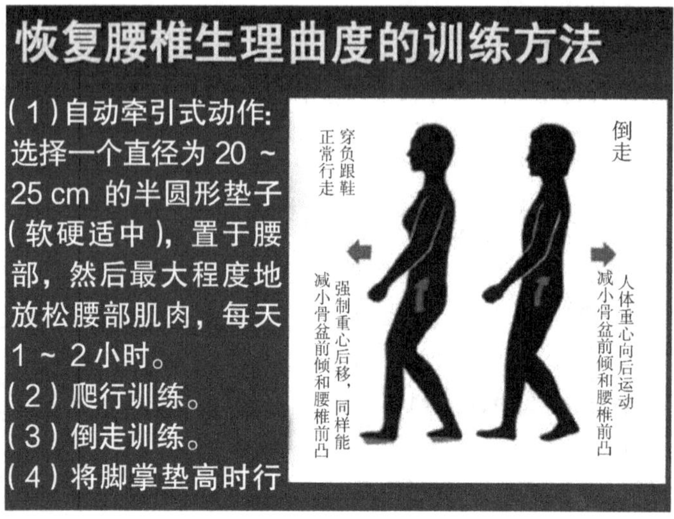

腰椎的运动康复

(4)结合实际，举例说明，讨论肩部损伤的中、西医方式康复方法，设计一套30天的运动康复计划工(参考下图)。

Monthly workout plan:
A 15-minute morning routine

Week 1	Week 2	Week 3	Week 4	Week 5
1 HIIT	8 Strength	15 HIIT	22 15 minutes cardio of choice	29 Rest
2 Strength	9 15 minutes cardio of choice	16 Strength	23 Strength	30 Strength
3 Rest	10 Rest	17 HIIT	24 HIIT	
4 Strength	11 Strength	18 Rest	25 Strength	
5 HIIT	12 HIIT	19 Strength	26 Rest	
6 Rest	13 15 minutes cardio of choice	20 HIIT	27 Strength	
7 HIIT	14 Rest	21 Rest	28 HIIT	

运动计划

(六)教师点评

教师结合学生分组竞赛情况，围绕“实践考核”进行点评、总结。

(七)思考总结

请根据实践教学的总结和演示，评价思考本次课程重点内容，并牢记考试要点，准备好一张A4纸张大小的要点记录，在下次课的期中考试中，只能看自己总结的要点作为考试参考，进行创新型“半开卷”考试！

(八)创新创业案例

我是大医生健康视频：

世界卫生组织曾指出，走路步行是世界上最好的运动。因为人类进化了300万年，从猿到人，整个人的身体结构可以说是从爬行到行走的进化结果。在自然界里，人是唯一以两腿走路的动物，现代人的解剖和生理结构最适合步行，走路是人类最自然的运动。

走路的细节与寿命相关，如有些人并不适合快走锻炼，比如有明显下肢关节疾病，大病初愈者或者存在脑血管疾病的人……请观看——我是大医生，长寿步 vs. 减寿步！

思考与练习

1.运动人体科学知识的常见生活应用，在疫情中或疫情常态下的创新。

2.请学生搜寻网络上的运动人体科学相关的创新短视频。

3.请学生参考实践教学案例，尝试设计一场运动人体科学相关的实践技术竞赛活动。

参考文献

[1]刘金海，朱佳琪.运动人体科学课程中融入创新创业教育的探索[J].当代体育科技，2016(33)：17-18.

[2]韦军，卢锦珍.体育院校运动人体科学专业课程改革的思考[J].今日南国，2010(151)：51-52.

[3]黄山，赵先卿，章笑来.普通高校体育系运动人体科学的教学改革及其对高素质专业人才培养的研究[J].淮北煤炭师范学院学报：自然科学版，2004(1)：91-94.

[4]罗琳.浅议高校体育教育专业选修课程教育改革以——运动损伤与防治课程为例[J].学校体育学，2013(3)：83-85.

第七章　体育教育创新型实验教学

第一节　实验教学创新

高等教育的根本任务是培养人才，全面提高高等教育质量的核心是大力提升人才培养水平。实验是高等学校教育过程与教学活动中的重要组成部分，是培养与提高学生专业知识、专业能力、专业素养与创新素质的重要途径。创新是人类进步与发展的灵魂，创新型实验与研究是培养学生观察、发现与验证科学事实，培养学生进行自主学习、研究性学习与科研兴趣，提高动手能力及介入实践，提升社会责任感的重要途径[1]。

运动人体科学实验的主要任务是揭示运动过程中人体形态结构、生理功能和能量代谢变化规律及其适应机制，传授体育保健康复的相关技能，探讨运动中各种生理现象及生理变化不同水平的机制，掌握与运动相关的若干生理指标的测定方法，培养学生的动手操作能力，提高学生发现问题、分析问题、解决问题的能力，评定和监控运动人体的机能[2]。其主要包含以下几个模块：

体质健康模块——采用科学的测试技术与先进仪器，精确测量身体脂肪、肌肉及水分含量。通过扫描的方式，对受检查者骨矿物含量进行测定，提供有价值的可比性数据，对判断和研究骨骼生理、病理和人的衰老程度，以及诊断全身各种疾病对骨代谢的影响均有很重要的作用，并结合我国已有的选材理论经验针对受试者建立的全面形态机能指标体系和优秀运动员形态模式进行系列研究。

心肺机能模块——通过监测心脏、血压、血管、肺功能和能量代谢情况，对机体从事体力活动的器官进行静态和动态的测试，确定受试者的运动能力，为制订运动训练计划或运动处方中的强度、频度等提供依据，为运动员选材、人体机能评定、运动能力评估等方向科学研究提供帮助。

心理测试模块——体育锻炼对心理健康的促进作用明显，要建立一个心理测试平台，以受试者的健康成长和发展为着眼点，探索出有效的通过运动进行心理健康教育措施、心理干预策略及相应技术。

科学训练模块——监测各种运动生理参数获取各项运动素质指标，作为评定全身运动能力的关键指标。动态记录和发送生理、生物力学数据的传感器，可以快速监测被试各项生理指标，为研究提供精确的监测数据。

创新型实验与研究的特点[3]：

(1)兴趣驱动，主动参与。

心理学专家认为,“兴趣是一切心理活动积极化的基础”。因此,参与计划项目研究的大学生应该对科学研究或创造发明具有浓厚兴趣,在兴趣驱动下,主动参与,在导师指导下完成实验过程。

(2)自主选题,自主设计,自主实施。

在实验项目选题、设计与实施过程中,参与计划的学生应该团结协作、克服困难、敢于挑战,自主选定研究选题(具体方向),自主进行项目的部分设计,自主实施与管理实验项目,自主完成实验研究任务。

(3)重视过程,重视能力培养与综合素质的全面提高。

重视项目研究人才的训练与培养过程,是大学生创新性实验区别于其他科研项目的显著特点。即注重创新性实验项目的实施过程,强调项目实施过程中学生在创新思维和创新实践方面的能力训练与培养,人文综合素质的提高,实现提升人才培养水平的目标。

(4)探索和创新。

“探索和创新”是科学研究的最基本特征。大学生创新性实验的“探索和创新”可体现在选题、研究内容与研究对象的选择、研究方法与途径的设计等方面。简言之,你想做的是前人还未做过的;或者别人有过研究,但你能比别人做得更好的,即创新。

(5)实验结合思维导图。

通过实验创新,结合思维导图设计(图 7.1),更好地记忆实验步骤,同时发挥创新创业能力设计部分创新型实验方案。

创新型实验可以与网络慕课结合,开展线上线下结合的实验教学。课前通过网络慕课的相关实验视频线上学习理论部分和实验技术预习模仿,课中通过线下实验技术实践的现场演练强化动手操作能力,课后通过线上沟通交流完成后续作业和创新思考反馈。通过线上实验慕课、虚拟实验室教学,有机融合线下的分组实验、综合实验,更好地在疫情阶段、学生校外实践阶段或院校搭建完善虚拟实验平台等环境下开展更合理的实验教学[4]。

第二节　创新实验教学案例

实验案例 1　运动处方的创新型实验

(《运动处方》,杨静宜、徐峻华主编,高等教育出版社,2008 年版)

(一)实验目的

掌握一般运动处方制定的原则、原理、程序及方法;熟悉运动处方的内容,积极在创新实践中模拟应用,努力在创业实践中实际应用。

(二)实验要求

(1)熟悉运动处方的内容,主要包括四大要素、常用格式、注意事项等。

(2)要求学生在教师的协助下独立为一定的实验对象制定出一套完整的有氧健身或减肥运动处方。

(3)能在制定有氧健身或减肥运动处方的基础上对其进行恰当的修改调整,使运动处方适合同一健身(减肥)者不同健身(减肥)阶段或不同人群。

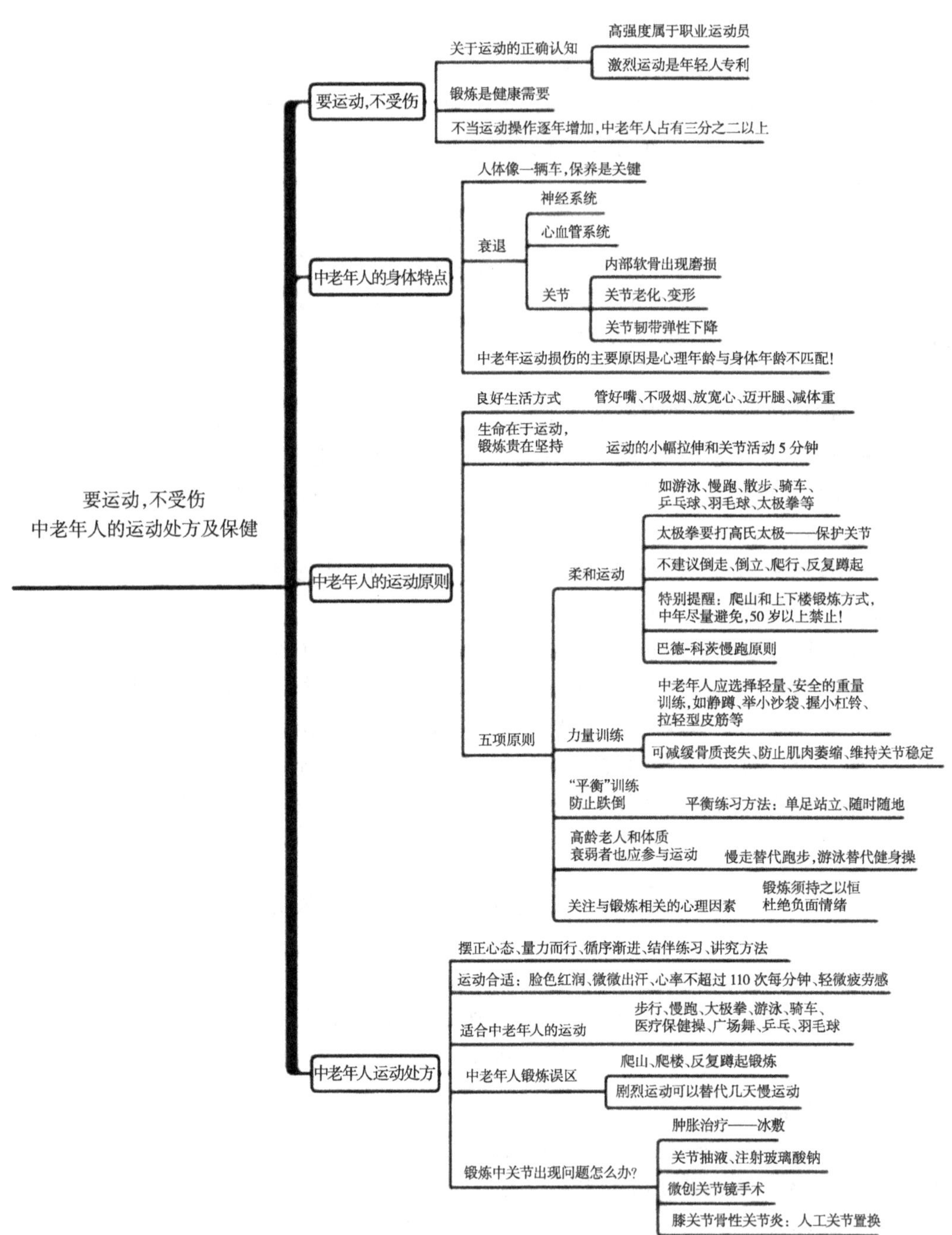

图 7.1　运动处方思维导图

(4)思考讨论并在大学生创新创业训练项目或互联网＋比赛中模拟实践，在大学生创业孵化园或兼职健身私教训练指导中实际应用。

(三)实验对象

各阶段学生或大众健身群体。

(四)实验器材

心电图机、心率遥测仪、RPE表、电动跑台、功率自行车、运动心肺功能测试系统、身高体重计算、秒表等。

(五)参考方案

(1)运动处方参考格式(下表)。

运动处方设计表

姓名：	性别：	年龄：	健康状况：
运动目的：			
运动项目及运动时间：			
运动强度：			
锻炼次数及每次持续时间：			
注意事项：			
准备活动项目：			
整理活动项目：			

(2)实验时，5～8位参与者分为一组共同进行。每次实验最好有多种不同类型(如不同年龄、性别等)的实验对象，从而通过实验了解不同情况下制定运动处方的差异，体现运动处方的个性化和差异性。

(3)运动处方的制定可参考程序：

①通过面对面交流或者手机数据资料收集，对实验对象进行一般调查(询问家族史、既往史、目前健康状况，测量身高、体重等)。

②对实验对象进行基础的身体检查(形态、机能、心理)，进一步明确健康状况。

③进行体能测试(台阶试验，12 min跑等)，了解实验对象目前的有氧工作能力水平。

④全面分析实验对象的具体情况，找出亟待解决的主要问题，确定目标。

⑤参考网络案例，结合实验对象兴趣爱好，根据主要目标制定具体的运动处方。制定处方的关键在于确定运动强度，常用的方法有按照靶心率或最大摄氧量储备百分比来确定运动强度，也可将其量化为游速或跑速。

⑥按运动处方活动一段时间后，根据实验对象的生理反应对运动处方进行微调，然后继续实施。

⑦实施运动处方一段时间后，再次进行体能测试(最好和实施前选用相同疗法，以便进行比较)，最终根据结果评价运动处方的效果，重新修订调整运动处方的内容，向实验对象推荐较完整的运动处方。

(六)要点与创新点

(1)制定运动处方需考虑年龄、性别、体能、健康状况的差异。

(2)在运动处方制定和实施过程中,首先需要有一个观察期,然后根据观察结果对运动处方进行修改和调整,运动处方实施过程中也需要根据参加者的反应进行调整。

(3)运动强度的确定是制定运动处方的难点,务必真正掌握每种方法的原理运用,实验中应注意根据实验对象采用合适的方法。

(4)通过体育科研实验,逐渐培养学生体育方向创新设计和应用能力,善于利用"互联网+"的独特优势,将体育方向创新创业能力往实践转化。

(七)创新创业实践

参考案例——创新型健身房与传统健身房不同,引入互联网概念,用户只需要通过一个二维码,便可以轻松进入健身模式,不但免去了传统健身房核验身份信息的流程,顾客还可直接在手机上获取专业的运动处方和视频指导。互联网+健身还融入了当下年轻人最追捧的社交理念,不只是健身的场所,还是一个可以放松心情、提高生活品质的地方。

将跑步机与健康、健身等传统服务业、工业全面融合,提出了"FITFILA 物联网私教智能健身"理念。FITFILA 物联网私教以物联网的创新 2.0 概念为基础,以用户体验为核心,以社会实践为舞台的创新形态,真正将移动互联、创新的运动理念与传统行业结合起来,也为互联网+健身行业全面发展信息经济做好开局。

对用户而言,从此告别简单乏味的人机对抗,而会拥有专属健康秘书,拥有与自身完全对应的专属运动处方,获得及时的健身提醒,任何健身健康问题都可进行手机客户端在线咨询,真正实现物联网与健身结合的智能化。

实验案例 2　探究法创新实验

——训练效果的运动生理学评价

(《运动生理学》,王步标、华明主编,高等教育出版社,2011 年版)

(一)实验分析

运动员与普通人相比,在完成定量运动负荷和最大运动负荷时机能水平的变化不同。运动训练导致人体各器官系统机能水平的改变已不容置疑,科学正确的运动将有助于身体机能水平的改善和提高,而盲目的运动可能对身体产生有害影响。对运动效果进行科学客观地测定与评价,并针对其机能状态提出切实可行的运动处方,无论是对竞技运动训练还是健身保健运动都有十分重要的生理学意义。

(二)教学方法

实验探究法,设计如下线索:创设情景→提出问题→设计实验方案→动手实验→解决问题。

(三)实验目的

学会运用生理学指标与方法对训练效果进行评定。

(四)实验要求

运动训练对机体各器官系统的结构和功能都将产生显著的影响,从而形成运动员独特的身体形态与功能特征,通过测定安静状态、运动状态以及运动后恢复期的生理指标,可对运动员的训练效果做出客观的评价,并为运动训练的科学化提供参考依据。通过本实验,学生能了解和掌握评定训练效果的生理学指标与方法，并能针对不同个体或群体以及不同专项运动员设计受试者训练水平或训练效果的适宜方法和手段。

思考讨论并在大学生创新创业训练项目或互联网＋比赛中模拟实践，在大学生创业孵化园或兼职健身私教指导中实际应用。

(五)实验对象

体育专业学生或运动员。

(六)实验器材

功率自行车、跑台、台阶(男 30 厘米、女 25 厘米)、心率遥测仪、心电图机、骨密度仪、握力计、背力计、心肺功能测试系统等。

(七)教学环节

1.创设情景——导入

游泳是体能主导类耐力性项群的代表性项目，选择罗雪娟雅典奥运会 100 米蛙泳比赛这一成功案例，发挥案例教学的特长，培养学生透过现象看本质，完成“实践案例—理论升华—指导实践”的闭环思维训练过程。

2.提出问题—设计实验方案—解决问题

(1)实验探究 1：

除了比赛成绩，如何在平时评价训练效果？——以功率自行车定量负荷运动试验为例对运动员训练效果进行评定。

(2)方法步骤：

①选择有训练者和无训练者各 10 名，分为两组。

②受试者进入实验室后静坐 5 分钟，测定安静时心率。

③令受试者在功率自行车上进行中等负荷 5 分钟蹬踏自行车运动，并测定受试者运动过程中每分钟的心率、肺通气量、耗氧量等相关指标。

④运动结束后测定受试者恢复期(3～5 分钟)每分钟的心率、肺通气量、摄氧量等相关指标。

(3)评定：有训练者或训练水平较高者在相对安静状态下和定量负荷工作时各项测试指标均显示出明显的机能节省化现象，并且运动后各项指标恢复至相对安静水平的时间较短，恢复较快。

小组发言，汇报实验现象及结论。

3.创设情景—过渡导入

如果没有功率自行车，怎么办？

4.提出问题—设计实验方案—解决问题

(1)创新探究：没有功率自行车，应该如何测定训练效果？让学生自行分组讨论选择，然后分工开展实验探究，并最终确定正确的测试方法。

方案一：肌肉力量。

方案二：复杂反应时。

方案三：台阶实验。

(2)汇报交流并记录各小组选择的实验方案，探讨不同实验方案测定训练效果的优缺点。

5.作业

能在制定功率自行车测试训练效果的基础上对其进行恰当的修改调整,使测试方法适合不同训练者不同训练阶段的需求;思考讨论并在大学生创新创业训练项目或互联网+比赛中模拟实践,在大学生创业孵化园或兼职健身私教指导中实际应用。

(八)教学反思

本课运用游泳案例引发兴趣,以游泳名将训练效果评定要求来设计问题情境,让学生主动参与实验探究,同时引出评定训练效果常用的指标与方法:①安静状态下训练效果的生理学评定;②定量负荷状态下训练效果的生理学评定;③最大负荷状态下训练效果的生理学评定。通过体育科研实验,逐渐培养学生体育方向创新设计和应用能力,善于利用互联网的独特优势,将体育方向创新创业能力往实践转化。

(九)创新创业案例

2006 年世界杯德国 vs. 阿根廷的点球大战,莱曼手中的小纸条让人们第一次认识到数据分析的神奇之处。在那之后,数据服务逐渐渗透到各项赛事当中,即便是有百年历史的传统赛事——温网、环法也全面拥抱大数据,提升赛事服务水平,相继斩获世界体育科技大奖(Sports Technology Awards,STA)。2014 年德国队勇夺世界杯桂冠,其背后离不开大量高新科技的运用。32 支世界杯参赛队伍中,只有德国队运用 SAP 公司开发的"竞赛分析"大数据应用技术,进行个别球员和球队整体表现及战略评估分析,同时可以掌握敌情的数据。这类高科技技术的应用对球队的帮助功不可没。未来,更多的体育项目都将穿上高科技的外衣,更多样化的科技产品或技术与体育产业无缝对接。

未来,体育产业就是人类移动生活中的"大数据"+"云端"+"互联网"+"扩充实境AR"+"虚拟实境 VR"+"人工智能"之整合运用,现代科技成果和信息技术向体育服务领域的转移与应用,将加快推进体育产业在内容、形式、方式、手段等方面的创新。

Kinduct 球员管理系统为国家美式橄榄球联盟(National Football League,NFL)及全国大学体育协会(National Collegiate Athletic Association,NCAA)球队提供多维度运动表现及健康数据分析服务。无论是跑动距离、加速度,还是血压、心率、脑电波,各种维度的数据采集早已不是难事。2018 年,大数据依旧将在体育中扮演重要角色,不过重心将转向数据的筛选、整合及深度加工,并最终形成可辅助决策的有效信息。就在今年 5 月,Zebra 与软件提供商 Kinduct 达成合作,将其收集到的数据整合至 Kinduct 球员管理系统,向 NFL 及 NCAA 球队提供多维度的运动表现及健康数据分析,为教练组备战、训练效果评价、预防伤病、提升球员运动表现提供辅助。

实验案例 3　探究法创新实验

——运动生物化学的综合指标应用

(《运动营养学》,张蕴琨主编,高等教育出版社,2010 年版)

(一)实验分析

运动生物化学是体育自然科学中的一门实践性很强的学科,在竞技体育中,它是科学训练的重要理论和方法;在体育锻炼和康复医学中,它是合理掌握锻炼方法和安排运动处方的重要理论依据。通过多项运动生物化学指标的综合测试,可以对运动效果进行更加科学客观的评价,无论是对竞技运动训练还是健身保健运动都有十分重要的生物化学意义。

(二)教学方法

实验探究法,设计如下线索:创设情景→提出问题→设计实验方案→动手实验→解决问题。

(三)实验目的

(1)能够综合应用所学的运动生物化学实验知识和技能,去解决生活中的实际问题。

(2)初步了解科研实验的基本要求和程序,提高学生分析问题、解决问题的能力,提高学生创新的能力。

(四)实验要求

运动训练对机体各器官系统的结构和功能都将产生显著的影响,通过测定安静状态、运动状态以及运动后恢复期的多项生物化学指标,可以对体育锻炼和运动训练做出客观的评价。希望通过本实验,学生能综合运用生化指标,并能针对不同目的设计适宜的测试方法。

思考讨论并在大学生创新创业训练项目或互联网＋比赛中模拟实践,在大学生创业孵化园或兼职健身私教指导中实际应用。

(五)实验对象

体育专业学生或运动员。

(六)实验器材

运动生物化学常用血液、尿液检测仪器(可根据具体实验设计选择)。

(七)教学环节

1.创设情景——导入

刘翔作为中国田径史上里程碑式的人物,在2008年北京奥运会的退赛以及2012年伦敦奥运会因倒在赛道上而再一次发生的退赛事件,承载了所有中国人的关注。本案例试图采用叙事为研究方法,通过对造成刘翔两次重要的退赛事件的伤病是什么、怎么产生的、如何科学监控和预防等与运动损伤和科学训练监控相关内容的案例叙述,希望发挥案例教学的特长,培养学生透过现象看本质,完成“实践案例—理论升华—指导实践”的闭环思维训练过程。

2.提出问题—设计实验方案—解决问题

(1)实验探究:

运用两个或以上的生化指标,设计讨论并解决下列运动训练中的实际问题(任选一项自拟题目):

①评定健身人群或运动员的身体机能状况。

②评定运动训练的负荷强度。

③监测比赛的运动强度。

④观察大众或运动员运动后的恢复情况。

⑤评定健身人群或专业运动员的运动损伤状况。

(2)实验步骤:

①查阅文献,了解所选择的运动训练方式的功能过程及特点。

②必须选择两种或以上的生化指标,反映该种训练情况。

③实验设计必须包括运动强度、时间、密度、取样时间、采取的生化指标测试方法和结果分析。

④分组进行实验，并将整个实验内容写成小论文形式，分实验小组进行报告。

3.汇报交流

记录各小组选择的实验方案，探讨不同实验方案的优缺点，进行投票评分，总结重点和注意事项。

4.作业

能在制订实验方案的基础上对其进行恰当的修改调整，使测试方法适合不同运动者不同运动测试的需求；思考讨论并在大学生创新创业训练项目或互联网＋比赛中模拟实践，在大学生创业孵化园、社区健康服务或兼职健身私教指导中实际应用。

（八）教学反思

本课利用现实案例和实验理论，进行理论结合实践的创新思考，希望通过体育科研实验，逐渐培养学生体育方向创新设计和应用能力，善于利用互联网的独特优势，将体育方向创新创业能力往实践转化。

建议在进行综合设计性实验时选择 6～10 人一组，分组人数过多，则会出现“大锅饭”现象；分组人数太少，实验对象如果选择本组成员自身的话，人数会不够。同时，运动生物化学指标应用相关实验研究需要有运动方案设计及实施，在具体运动实施过程中，教师应该给予适当指导。

（九）创新创业案例

运动智能服装 BodyPlus：

与往年不同，今年 IWF 的主题是“科技创新”，一些创新型健身设备和技术，以及潮流课程纷纷亮相上海。其中，一款能采集表面肌电信号（surface electromyography，sEMG），监测肌肉刺激情况并能在手机端自动生成运动分析报告的运动智能服装 BodyPlus 引起了众多专业人士的关注。

据了解，本次展会是 BodyPlus 产品的首度公开亮相。该产品作为一站式个人运动健康管理平台，包含智能服装、核心设备、移动端 APP 和云端共 4 个部分，可用于户外运动、健身房力量训练、体能训练、专项体育运动等场景，通过制订计划、监测效果、总结统计、评估分析的系统化方法，实现“评估—计划—监测—总结”的闭环，从而帮助人们达到更好的健康锻炼效果。

展会上，一些健身爱好者、专业运动员、专业健身教练和医疗康复专家纷纷对该产品表现出浓厚的兴趣。“BodyPlus 智能服装采用国家专利柔性传感器技术，通过内置在服装内的传感器，对运动中的心率、呼吸以及身体主要表面肌群进行实时监测。仅需一个设备就对大部分运动进行一体化管理。用户可以使用我们的 APP，根据想要的锻炼效果和自身情况制订最适合自己的健身计划。通过训练视频采集和回放，观察自己的训练动作并不断完善。同时，BodyPlus 强大的数据分析功能对每个用户的训练进行总结分析，并针对心肺功能和肌肉刺激情况生成一份独一无二的分析报告，把训练效果更直观、更生动地呈现给客户。”现场工作人员介绍道。

除此以外，该产品还有教练版 APP，学员可以直接在手机上约课，教练也可以根据云端里储存的数据指导学员锻炼。现场负责人谈道：“BodyPlus 的梦想是帮助每一个人科学地理解他们的身体，提高人们日常锻炼的效率，让人们保持积极的生活方式，避免受伤。”

实验案例4　体育保健学创新实验

——不同健身人群有氧运动能力综合分析

(《体育保健学》，姚鸿恩主编，高等教育出版社，2006年版)

(一)实验目的

体育保健学中与人体有氧运动能力相关的评价指标有最大摄氧量、台阶指数、心功能指数、脉搏、血压、血红蛋白、体重、体成分、有氧功率等，这些指标受年龄、性别、遗传、运动、工种等因素的影响。本实验拟通过选取若干相关的评价指标对不同人群有氧运动能力进行测定，比较不同人群有氧运动能力的差异，同时学习和掌握实验研究的科学方法。

(二)实验要求

(1)根据实验目的，选择研究对象。

(2)根据实验条件，选择有氧运动能力的敏感指标进行测试。

(3)设计表格，准确记录原始数据。

(4)严格按照所选指标的测试方法进行试验和测试。

(5)待全部测试完成后，按实验设计要求进行数据的统计学处理，进行结果分析。

(6)完成试验报告或者试验论文。

(7)思考讨论并在大学生创新创业训练项目或互联网＋比赛中模拟实践，在大学生创业孵化园或兼职健身私教指导中实际应用。

(三)实验对象

大众人群或大、中、小学学生。

(四)实验器材

体重计、身高计、心肺功能测试系统、台阶、血压计、听诊器、遥测心率仪、血红蛋白计、体成分分析仪、测功计等。

(五)参考方案

大学或高中男生和女生有氧运动能力的比较研究(实验设计方案)：

(1)实验目的：比较男、女生之间有氧工作能力的差异。

(2)实验原理：通过测试受试者身高、体重、最大摄氧量、心功能指数、血红蛋白含量等指标来评价男、女生之间有氧运动能力的差异。

(3)实验对象：随机抽取某年级学生10名男生和10名女生。

(4)实验器材和药品：皮尺、体重计、台阶、秒表、节拍器、血红蛋白计、采血针、蒸馏水、95％乙醇、乙醚、75％乙醇、棉球、血红蛋白稀释液等。

(5)实验步骤：

①身高、体重、最大摄氧量(台阶测试法或心肺机能测试系统测试)、血红蛋白含量等指标测定(详细测试方法严格按照相应的测试仪器要求进行测试)。

②心功能指数(按照瑞典心功能指数测试方案进行)。

③在提前做好的表格上记录实验数据。

④利用 Excel 软件进行统计学计算，处理实验结果。

⑤分析实验结果，撰写实验报告或实验论文。

(六)要点与难点

(1)与有氧运动能力有关的指标要综合考虑。

(2)指标测试操作过程要严格，动作要规范。

(3)学会综合分析实验数据，找出一般性规律。

(七)应用与评价

应用于不同人群有氧运动能力的比较。测试时可根据不同的测试目的，考虑包括时间、费用、受试者个人的需求、条件、设备情况、健身指导的需求、测试群体，以及对测试数据的准确性等方面的要求，选择相应的测试方案。

(八)作业

试对比分析大众健身群体与学生群体间有关运动能力测试的不同方案，并评价其测试的预期效果。

(九)创新创业案例

健康数据平台 Kinduct

公司简介：Kinduct Technologies 是一家体育健康数据分析公司，成立于 2010 年，总部位于加拿大新斯科舍省。公司创始人 Dr. Travis McDonough 搭建了 Kinduct 的信息处理平台，并通过加拿大军方、个人健身联盟、医疗机构、职业俱乐部等渠道收集了大量基础数据。

项目介绍：公司业务主要分为 4 个部分——运动表现管理系统、健康服务系统、医疗问诊系统和健身服务系统。

思考——针对不同大众健身人群，如何合理利用健康数据平台？

实验案例 5　运动解剖学创新实验

——人体动作分析的综合实验

(《运动生理学》，王步标、华明主编，高等教育出版社，2011 年版)

(一)实验目的

(1)运用所学习的运动解剖学知识与体育实践相结合，对体育动作进行解剖学分析，深入理解和分析人体各关节和肌肉在各项活动中的相互作用关系。

(2)为指导体育运动项目的教学与训练、设计提高运动员体能的力量与柔韧性练习手段、预防运动损伤提供形态学依据。

(3)思考讨论并在大学生创新创业训练项目或互联网＋比赛中模拟实践，在大学生创业孵化园或兼职健身私教指导中实际应用。

(二)实验原理

体育项目繁多，动作复杂多样，可借助相应的条件，对常见的较为简单的运动动作进行练习和解剖学分析，如俯卧撑、仰卧起坐等。通过常见运动动作的解剖学分析，使学生亲身体会到完成该动作所需要的关节做什么运动，由哪些肌肉完成，肌肉的工作性质和固定条件是什么等;分析运动动作的发展变化,判断动作技术的质量水平与练习效果。

(三)实验器材

哑铃、单杠、肋木等。

(四)实验步骤

动力性动作分析:直腿仰卧起坐。

(1)动作要领描述:该动作要求双手交叉于胸前或置于头后,躯干前屈向下肢靠拢,两腿伸直,随后躯干后伸还原至起始位。

(2)划分动作阶段:仰卧起坐动作可大致分为坐起和还原两个阶段。

(3)制表分析(下表)。

直腿仰卧起坐动作坐起阶段躯干肌的动作分析

环　节	关　节	运　动	环节与外力矩关系	原动肌	工作条件	工作性质
脊柱	腰骶关节	屈	相反,$M_{肌}>M_{外}$	腹直肌、腹外斜肌和腹内斜肌、胸锁乳突肌等	下固定	克制工作
骨盆	髋关节	前倾	相反,$M_{肌}>M_{外}$	髂腰肌、股直肌、缝匠肌和耻骨肌等	远固定	克制工作

(4)动作综合评价:

仰卧起坐是发展腹肌力量的最常用的锻炼方法。

(五)实验作业

通过动作练习,完成动作分析的表格填写。

(六)创新创业思考训练

静力性动作分析:马步。

(1)动作要点描述:马步是武术中依靠下肢肌肉力量维持平衡的基本动作。

(2)动作分析制表:实践后完成。

两腿平行开立(与肩同宽),脚尖正对前方,屈膝半蹲,膝部不超过脚尖的前方,大腿在髋关节处接近水平位,全脚着地,身体重心垂线落在两脚支撑面内。两手握拳于腰间,两眼平视前方,挺胸塌腰。

体验:马步时,肘关节、肩关节、肩带做什么运动,是由哪些肌肉收缩完成的,并指出肌肉的收缩形式;维持马步姿势和保持脊柱伸位的肌肉有哪些,它们完成什么工作。

思考:练习马步的意义。

实验报告应包括:

(1)实验题目、组员姓名、班级、指导教师姓名。

(2)综述(实验原理和研究进展)。

(3)实验器材与方法。

(4)实验结果。

(5)结果分析。

(6)问题与讨论。

思考:观看视频并创新思考功夫体能训练的运动解剖学原理——《成龙,光影世界中的功夫传奇》。

实验案例6 运动创伤学创新实验

——急救止血实验

（《运动创伤学》，王予彬主编，人民军医出版社，2011年版）

<table>
<tr><td>课程名称</td><td>运动创伤学</td><td>课程类型</td><td>专业选修课</td></tr>
<tr><td>授课内容</td><td>运动创伤急救止血方法</td><td>教学仪器设备</td><td>运动创伤仪器、止血设备</td></tr>
<tr><td>使用教材</td><td>《运动创伤学》，王予彬主编，人民军医出版社，最新版本</td><td>时间/课次</td><td>14</td></tr>
<tr><td>教学目的任务</td><td colspan="3">了解运动创伤学急救止血的基本内容，掌握实验的技能操作要求；
思考讨论并在大学生创新创业训练项目或互联网＋比赛中模拟实践，在大学生创业孵化园或兼职健身私教指导中实际应用</td></tr>
<tr><td>重难点</td><td colspan="3">运动创伤急救止血的基本步骤和实践操作</td></tr>
</table>

<table>
<tr><td></td><td>主要教学内容</td><td>教学方法与手段</td><td>时间分配</td></tr>
<tr><td>教学过程</td><td>第一部分：新课导入
通过点名，提出问题，导入本节内容。
第二部分：新授课内容
1.急救止血基础知识的回顾
导言：在日常生活中，你经历过或看到过流血事件吗？你是怎样处理的？
引导学生：学生说出他们所经历过或看到的流血事件，并说出他们当时的处理方法。
引导学生讨论科学的止血方法。
(1)毛细血管出血：(学生汇报)
(2)动脉血管出血：(学生汇报)
教师引导学生讨论：在我们身体的表面哪些部位能摸到动脉的搏动？
学生可能提出的问题：什么是近心端？
什么是止血带止血法？
教师提出的问题：什么是指压止血法？
(3)静脉血管出血：(学生汇报)
教师小结：无论是动脉出血还是静脉出血，经过止血处理后，都要尽快地送往医院进行治疗。
止血后就要进行包扎。包扎伤口是各种外伤中最常用、最重要、最基本的急救技术之一。包扎得法有压迫止血、保护伤口、防止感染、固定骨折、减少疼痛等效果。

2.实验材料的准备和实验步骤的演示
演示环行包扎法。继续学习其他几种基本的包扎方法。这些包扎方法都是在环行包扎法的基础上演变而来的。请大家仔细观看，观看后我们要进行现场包扎练习。同时根据不同部位和损伤情况学生互相指压法止血，动手操作，教师指导。</td><td>⟹提问法

教师讲授辅以提问法</td><td>5′

20′</td></tr>
</table>

续表

	主要教学内容	教学方法与手段	时间分配
教学过程	分组实践——针对不同运动创伤 第一组:利用环行包扎法对手腕部进行包扎。 第二组:利用8字形包扎法对上臂肘部进行包扎。 第三组:利用反响螺旋包扎法对小腿部进行包扎。 第四组:利用层叠螺旋包扎法对前臂进行包扎。 大家要边操作边思考:包扎时应注意哪些问题? 教师引导学生讨论:在包扎过程中,我们应该注意哪些问题? 主要注意事项有: 包扎整齐,松紧适度。过紧会引起疼痛和肿胀,过松会脱落;用力均匀,固定牢固;用别针、胶布固定,打结时要避开伤口;动作要轻巧、迅速;注意缠绕方向,躯干由下向上缠绕,肢体由远心端到近心端。 3.总结并思考 在紧急情况下,我们手上没有消毒药、无菌纱布和绷带怎么办? 用比较干净的衣服、包布白布等快速止血与包扎,用碘酒、酒精消毒伤口的周围。用生理盐水将伤口中的污物洗干净,再用经过高压灭菌的纱布包扎就更理想了。 另外,生活中还有一些习俗,如香灰止血,不但脏还容易感染,没有科学根据。之所以摸了香灰以后不见血在流,因为香灰很干,流出来的血都被它吸走了。因此,我们要给学生正确的理论方向	教师讲授辅以提问法	60′ 5′
作　业	急救止血在实践中的具体应用步骤		
参阅文献	[1]《运动创伤学》　田佳主编　北京体育大学出版社　2008 [2]《康复医学》　南登昆主编　人民卫生出版社　2002 [3]《体育保健学》　姚鸿恩主编　高等教育出版社　2006		
创新创业思考	运动创伤与创新创业的实践融合—— "运动伤害防护与急救"工作团队,主要面向广大学生、群众进行运动热身和损伤防护指导,同时现场紧急救护技能知识的普及和培训,线上线下结合! 私人订制运动康复工作室主要采用各种运动损伤康复治疗手段及运动功能训练的先进技术和科学训练方法,结合中国传统医学,运用运动学、运动解剖学、运动人体力学、运动生理学、病理学等多学科的分析、诊断、治疗和运动手段,科学专业地解决运动中出现的各种损伤、职业工作过劳损伤、产妇产前产后体适能恢复、企业健康教育、办公室职业病防治等,提供客户对提高运动能力、改善运动功能、治疗运动损伤和促进疲劳恢复的各种需求服务		
课后延伸实践作业	进行运动损伤应急处理方法的迷你教学演练实践,示例如下		

下表为迷你教学演练流程设计表。

迷你教学演练流程设计表

课程名称：运动损伤的应急处理方法

学习目标：学会说出急性运动损伤的正确应急处理方法步骤

学会做出科学合理的急性运动损伤的应急处理

	时 间	教学者活动	学员活动	教材设备
导言 Bridge-in	60 s	展示图片，吸引学生兴趣，引入教学	看图说话	多媒体图片
学习目标 Objectives	30 s	展示 PPT，直述教学目标	了解学习目标	多媒体 PPT
前测 Pre-assessment	60 s	图片展示问题，让学生选择	讨论，选择	多媒体
参与式学习 Participatory Learning	5 min	根据实际案例，展示应急处理的重点方法步骤	记忆关键词，模仿动作，注意要点	图片，示范工具
后测 Post-assessment	90 s	让学生选择正误处理方法	明确 急性损伤的处理误区	多媒体 PPT
摘要/总结 Summary	60 s	图片总结重点	讨论，复述	案例图片

思考与练习

1.体育专业实验的注意事项。

2.请学生思考体育专业实验在大学生创新创业项目或毕业论文中的应用。

3.请学生参考实验教学案例，尝试为亲朋好友设计一个与身体健康相关的测试。

参考文献

[1]周鸿雁，郭玉凤，刘霞.运动人体科学实验室开放共享与创新人才的培养[J].中国现代教育装备，2010(23)：4-6.

[2]王宏坤，董晓琪，魏亚茹，等.运动人体科学专业硕士生创新能力培养的综合实验教学体系构建研究[J].哈尔滨体育学院学报，2015(3)：74-78.

[3]姜涛，黄海，高新友，等.运动人体科学实验教学改革与思考[J].西安体育学院学报，2008(2)：116-119.

[4]李香华.运动人体科学开放式实验研究[J].云梦学刊，2006(5)：121-122.

第八章　运动技术创新型实践教学

第一节　运动技术教学创新

创新是一个民族进步的灵魂，是一个国家兴旺发达的不竭动力。体育教育是学校教育中十分重要的一个方面，它具有鲜明的独特性，且体育活动大部分是在实践中进行的，它为学生提供充分的观察、思维、操作、实践的表现机会。创新型体育教育对受教育者的创新精神和创新能力的培养，对于受教育者奠定终身学习，生存和发展的身体基础，具有不可替代的作用[1]。

一、传统体育教学存在的主要问题

首先，体育教学在教学目标上未能体现“多功能”的特点，即片面强调促进学生身体和技能的发展，而对培养学生体育意识、能力和习惯，培养竞争意识和创新意识，并使学生获得心理和情感上的满足认识不足；其次，不能正确处理竞技运动与体育教材的关系，把竞技运动等同于体育教材，从而使教材内容不能满足学生身心发展的需要，不能有效地发展学生的身体素质，不利于弘扬体育文化，激发学生竞争意识、创新意识；再次，教学方法呆板僵化，在课堂中采用刻板的“填鸭式”教学，忽略了学生的主观能动性，体育课成了变相的强迫锻炼课，学生缺乏参与的积极性；最后，培养目标以动作技能的掌握为主，忽视对学生能力的培养，长期以来，我们对体育的理解仅仅限于知识的传授和积累，以掌握知识、动作技能的数量多少作为评价的标准，评价学生能力时，混淆一般能力和创新能力两个不同的概念。

二、创新教育呼唤创新型的体育老师

创造没有固定的模式，生活中无时无地不充满着创造的机会。陶行知先生曾说过：“处处是创造之地，时时是创造之时，人人是创造之人。”所以，能不能把握创造的机会，关键是有没有创新精神和创新意识、创新能力，创新教育呼唤创新型体育教师。但很多体育教师往往缺乏创新素质，对学生的创造潜能有着不正确的认识，意识不到创造潜能在学生中普遍存在；在体育课程内容上缺乏足够的理论和方法，在自己的工作上求稳从众，缺乏创造性。因此，教师应自觉地提高自身的创新素质。

（一）创新型体育教师在观念上要不断更新

要坚持把学生的发展放在首位，树立“以人为本”的教育教学观念，要充分尊重学生的主体性特征，让他们的创造思维得到自由发展；要敢于用质疑的目光与发展的思路对待课程体

系，对教学内容应进行深层次、多维度的研究并着力思考，可根据培养学生创新能力的要求，对教学内容做必要的增减，不要迷恋于课程体系及其权威。

（二）创新型体育教师要具有较强的创新能力

体育学科牵涉内容和技能很广泛，教师应具有较强的解决实际问题的能力；具有一定的科研能力，善于在教学中渗透自己的“科研”思维过程，向学生披露自己具有创造性的思考过程；还应具有一定的课堂调控能力，能够在教学中适时地调控课堂，使教学活动充满生命的活力。

（三）创新型体育教师应具有深厚的知识技能功底

体育学科的特殊性决定了体育教师必须具有深湛的知识与技能。一方面，体育教师对体育的学科知识和各种体育技能要有全面且专业的认识，另一方面，体育教师还应具备教育学、心理学、管理学、营养学、医学等方面的知识，这是创新型体育教师形成创新教育的必备条件。而在现实体育教育中，往往很多教师只是体育知识丰富，而缺乏上述知识，因而不能根据学生的年龄特征、心理特征、身体素质、理解能力等为学生提供相应的教育和帮助。

三、建立良好的创新型师生关系

在师生交流中，教师应从传统教学的传道、授业，即信息直接提供者的位置上退下来，教师和学生主体均应能充分自由地展现自己的丰富性，以各自的知识经验、情感、个性投入教育活动中，相互影响、相互交融、相互促进。教师不再是至高的权威，而是以自己的学识、能力、人格魅力等去感染学生，建立起自己的崇高威信，以自己创新的行为、思想效果去影响学生，与学生建立民主、平等、普遍交往的创新型师生关系。

（一）建立民主平等的师生关系，培养创新能力

活跃、和谐、民主、平等、欢快的课堂气氛是学生的潜能、创造性、积极健康的人生态度等生长发展的“空气”、“阳光”与“水”。一般来说，教师总是爱学生的，只是表达方式不一样，很多教师的爱不溢于言表，是以“严”表现的，传统的“师尊生从”的师生关系抑制了学生的创新潜能。打破传统的教学理念，营造民主、平等的课堂氛围，教师以微笑的面容，亲切的言语，饱满激情去感化每一位学生，亲近学生，消除学生的惧怕心理，才能产生“亲其师，信其道”的效应。“发挥创造力的条件是民主”，只有在民主、愉悦的课堂氛围下，学生才会情绪高涨，对课堂教学参与的积极性才会高。营造民主宽松的氛围，就要建立健康、平等、民主的师生关系。教师要尊重学生，要鼓励学生大胆发表自己的见解，要以认真的态度倾听学生的意见。精心保护学生的自尊心、自信心，消除学生的畏惧心理，这是建立和谐宽松课堂教学氛围的前提条件。

（二）强化学生的主体地位，培养创新能力

我们都知道，教与学最终是看学生是否学好。怎样才能让学生学好？是主动学好，还是被动学好？这应该是一个教学观念问题。传统的体育教学，它以教师的“教”为主，而忽视学生的“学”。在这种灌输式的教学过程中，学生处于被动适应教师教学，接受现成的体育知识的地位，毫无主观能动性可言，根本没有发挥、创造的余地。而现代体育教学，它是以学生为主体，体育教师的任务只是根据学生、教学内容与实际情况，为学生创造一个合理的学习环境，让学生在这个民主的学习环境中自主地学习。体育教师的作用只是去调动学生的积极性与主动性，挖掘学生的学习潜力，让学生通过自己的主动探索，去获得知识、发展能力。所

以体育教师要树立正确的体育教学观，让学生成为学习的主体，把学生培养成有创新能力的新型人才。

四、改进教学方法，培养创新能力

美国心理学家科勒涅克认为：创新思维就是指发明和发现一种方式，用以处理某种事物或表达某种事物的思维过程。创新能力的核心是创新思维，创新思维是一切创新的源泉。创新思维主要是发散思维和收敛思维新颖、灵活的有机结合。在体育教学中，根据思维的特点，改进教学方法，实施多种方案[2]。

（一）把握课堂设疑，培养创新能力

营造善于思考的良好学习风气，对于培养学生的创新能力有着十分重要的意义。中学生在十五六岁这个时期，往往在生理、心理上逐渐向成人靠近，同时拥有强烈的好奇心、敏感的自尊心、薄弱的自控力和善变的可塑性。正因如此，我们应该准确把握课堂设疑，课堂设疑是师生信息双向交流的过程，恰当地提问可激发学生兴趣，启发学生思维，提高教学效率。例如，在短跑项目的教学中，教师先提出："同学们，你们认为短跑采用哪种起跑姿势才能跑得最快？为什么？"学生通过练习、讨论，得出答案。教师深入一步发问："决定跑速快慢的因素是什么呢？"学生再分组练习、对抗、比赛后，经过讨论得出结论。教师又最后提出："两个人的起跑速度和途中跑速度都一样，怎样才能超越对方呢？"教师通过引导，学生很快想到冲刺技术。每次课都提出问题或设疑，为学生以后的自主探索打下良好的基础。如在改进和提高学生投篮技术和命中率的教学时，首先提出："利用学过的知识、技术，你采用哪些方法？"接着学生会从自己记忆的宝库中努力演绎出多种方法，即：原地双手胸前投篮，原地单手肩上投篮，跳起单手肩上投篮，行进间篮下单手、高手投篮等方式。这时要及时对学生进行收敛思维的训练，即指导学生对每种动作方法进行比较，从中体验、探索一种最佳的方法，不断培养学生全方位考虑问题的能力，使之在问题中创新。

（二）利用小组合作教学，培养创新能力

小组合作教学就是把班级内的学生，根据身体素质、体育能力、运动水平等情况，恰当分组，以小组为单位来完成教学活动和实现教学目标。小组合作教学，优化了教学信息的传递渠道，同时教师根据小组的反馈信息，随时加以调控。通过小组活动，创设竞争情景，促进创新思维的发展。中学生的非智力因素发展处于半成熟半幼稚的状态过程，这个阶段的学生具有近景性、直接性的学习动机，具有好胜心，喜欢竞争的性格特点。利用这些特点，在小组合作教学中抓住时机，创设出一定的竞争情景，这样，课堂上看到的是学生争先恐后地学练情景，体会师生间心领神会的微笑和民主和谐的气氛，学生思维交流，碰撞出创新的火花，充分调动学生思维的积极性，从而促进创新能力的培养。

（三）利用教学迁移，培养创新能力

创新从学生的纵向活动情况来看，是一种前赴后继的过程，当前的创新源于从前的创新，同时当前的创新也进一步激发以后的创新。在体育教学中所授的新旧体育知识、技术和技能之间，既有其内在的联系，又有其本质的区别，运动技能的学习和掌握可以通过教学迁移来实现。所谓迁移，是指已经获得的知识、技能，甚至方法和态度对学习新知识、新技能的影响。体育技术、技能之间的内在联系是实现运动技能迁移的必要条件。迁移是已掌握的规律和技能在新情况下类似或概括的心理过程。学生在运动技能的迁移过程中必须依据已

有的知识、经验,对新旧技能的不同目的、要求、条件和练习方式、方法加以辨别和对比,找出新旧运动技能的同中之异,通过认知活动解决准确的心理定向,加速运动技能的掌握。通过运动技能的迁移,学生的分析、综合、比较、分类、抽象、概括和具体化等智力技能都得到了训练,思维的独立性和批判性、广阔性和深刻性、敏捷性和灵活性以及逻辑性、创造性等思维品质得到了培养。

教学中为了锻炼同学们的自我组织潜力、自我管理潜力,为了有目的、有组织、有计划地教学,满足所有同学的兴趣和需要,有时可以把教学资料科学地、严谨地设计成多种运动处方让同学们选取自己所喜欢的运动处方,然后根据选取状况自由结合成小组,每个小组选出一位小组长,小组长带领同学们完成教学资料。

教学和训练方法对运动技能的形成和发展起着举足轻重的作用,在教学和训练中要注意如下问题:

(1)要充分发挥和利用视觉与本体感觉之间的相互作用,强化正确动作,消除错误动作,典型的像对着镜子做自由操和健美操等。

(2)要充分发挥和利用听觉与本体感觉之间的相互作用,建立正确的动作频率和节奏感。背景音乐常用于艺术体操、健美操、自由体操、花样滑冰等,在场地练习长跑时能否尝试移植过来,不仅可以建立正确的频率与节奏感,也可减少枯燥感。

(3)只有充分发挥和利用位置觉与肌肉本体感觉之间的相互作用,建立三维空间翻腾、旋转感知和精确分化能力,才能完成体操、跳水等复杂空中动作。降低练习高度或用保护带反复练习等可加速掌握动作。

(4)充分利用人的联想机能,想练结合。在练习或比赛后回想动作完成的质量;在比赛之前要集中精力和想象力,思考比赛中可能遇到的情况、应付的方法、一些动作要领等。

(5)教学中要注意循序渐进,由易到难,注意加强帮助和保护,充分利用和发挥第二信号系统的作用。

体育教学中可以采用情趣激励法、直观示范法、模拟体验教学法、思维训练法、交流与讨论教学法、设问教学法等,但是,体育课堂中不论采取什么样的创新性教法,都不能偏离为实现体育课程价值而服务的目标,都应该以增进身体健康为第一目的,提高心理健康水平,增进社会适应能力,获得体育与健康知识和技能[3]。

体育运动技术多样化,培养体育教育专业学生一专多能是我们学校体育的目标,而运动技术除了勤加练习,更要巧练。从理论到实践,我们可以利用思维导图,将动作技术视图化,比如动作的难点要点,通过思维的改变或强化而提高学习动作技术的效率。特别是一些技巧性动作,如体操里的空翻转体、武术里的旋风脚等,这些高难度动作,只有当运动员脑海中有足够清晰的动作路线,才能准确无误地完成动作。最终将动作技术以思维导图的形式构建出来,通过视觉效应,加深对动作的感官印象,从而达到动作高质量化的良好教学效果[4]。

体育教学中还可以融入思政教育。“课程思政”理念在高校体育教学中的融合与渗透,实际上就是将思想政治教育融合于高校体育教学之中,渗透在高校体育教学的各个环节和整个过程,在让学生身体得到锻炼、运动技能得到提升的同时,思想也在不知不觉、潜移默化中受到了影响和教育[5]。例如,在排球课上诠释“女排精神”;在定向越野课上普及国防教育知识等;在欣赏反败为胜的竞技体育录像时,可侧重解读永不放弃的精神;在组织体能训练时,可侧重解读吃苦耐劳、坚忍不拔的精神;在组织团队比赛时,可侧重解读团结协作、遵守规则的精神等[6]。这样借助实践带给学生的深刻体会，往往能够在不知不觉中实现教育目标，取得理想的教育成效。

第二节　运动技术创新教学案例

大学公共体育的创新型教学，可以采用体育游戏、体育竞赛的教学组织形式，培养团队合作精神，增加体育教学趣味，真正做到寓教于乐，让学生在玩中爱上体育，了解体育；也可以采用情景式教学结合体育游戏的教学组织形式，培养学生团结、协作、积极进取和拼搏精神。例如，公共体育教师可以组织学生分组进行花样跳绳接力比赛等，并在比赛后思考讨论，鼓励创设新颖花样跳绳方法，最终通过趣味学习过程促进学生上下肢肌肉、关节、韧带和内脏等身体机能的发展，同时培养学生在创新型体育练习中养成积极思考、勇于创新、主动参与的运动习惯。例如，教师以“愉快教学法、成功教学法”作为指导思想，设计“奥运会”“世锦赛”“NBA 表演赛”等篮球运动情景，融合篮球理论和技术，在教学中充分体现出启迪心智、发展思维、强身健体、体验成功的创新体育教学观念。

一、跳　绳

大学公共体育“跳绳”的创新型教学案例如下。

大学体育创新实践教学案例(跳绳)

(《大学体育教程》，姜丽等主编，高等教育出版社，2010 年版)

(一)设计思路

课程以“健康第一”“大众创新、万众创业”为指导思想，结合院校特色，本着“以教师为主导、以学生为主体、以创新为主题”，依据大学生的心理和生理特点，结合授课计划，积极创设情境，通过教师的启发、引导，让每位学生以饱满的热情投入创新实践中，培养学生在创新型技术练习中养成积极思考、勇于创新、主动参与的习惯，增强团体合作意识和创新创业素质。

(二)教学设计方案

(1)指导思想：以培养学生的创新意识和探究实践能力为核心，通过跳绳进行各种创新活动，了解相关理论在实践中的应用，培养学生参与竞争意识与创新能力。

(2)教材分析：跳绳是各阶段学生较为喜欢的一种体育活动，由于设备简单、种类较多、容易开展，是大学体育教材中较好的内容。通过跳绳活动能够促进学生上下肢肌肉、关节、韧带和内脏等身体机能的发展，对于发展肌肉力量、灵敏性、协调性等具有良好效果。

(3)分析学生：大学生身心基本发育完成，正处于生活学习和社会交往逐渐融合的阶段,适合通过团体协作的运动来更好地发展创新创业能力。

(三)教学目标

(1)运动参与目标:使学生积极参加到学习中,并大胆向同学展示自己的动作;相信我能行,告别我不行。

(2)运动技能目标:使学生体验花样跳绳练习的方法,并了解花样跳绳的特点、对身体的作用以及注意事项。

(3)身体健康目标:通过花样跳绳发展学生的身体素质,增强体能。

(4)心理健康目标:在学习中充分展现自我,增强自信心和意志品质,得到成功的喜悦。

(5)创新创业目标:树立良好的团结协作精神,积极进取,勇于创新。

(四)组织教学法

(1)遵循学生的认知、情感、意志和生理机能变化等规律,激发学生兴趣,主动参与。

(2)集中示范和分组练习相结合的组织形式,让学生了解—模仿—练习—创新。

(3)采取情景教学法、启发诱导法等方法,鼓励学生进行自主学练,创设有利于学生主动发展、积极探索的氛围,达成培养实践能力和创新意识的目标。

(五)教学内容

为了更好地完成教学目标,根据教育改革和创新课堂要求,可以将音乐作为背景运用到体育课堂活动中。

(1)激发兴趣阶段:在“猜一猜,跳绳可以怎么玩”游戏中,点燃学生的上课欲望,然后在教师的带领下一起完成热身操,充分热身,为上课做好生理和心理准备。

(2)学习体验阶段:由于跳绳的种类和方法很多,为了使教学更切合实际,先通过顺口溜或重点词句来归纳总结跳绳动作的要点,理论讲解技术动作;再通过教师的示范和师生的配合练习,直观展示技术动作的重点;最后根据跳绳活动情况和学生掌握跳绳动作的实际水平安排课时,按照单人—双人—多人—集体等练习花样跳绳的各种方法,使学生们的练习由简单逐步到复杂,适应不同水平学生的实际,并不断激发学生学习的兴趣,让学生向新的目标挑战。

(3)知识延伸阶段:分组进行学生花样跳绳接力比赛,在比赛中提高学生的兴趣和练习水平,并在比赛后思考讨论,鼓励创设新颖花样跳绳方法,作为课后作业。

(4)舒展身心阶段:学生在教师的带领下进行放松调整,激励学生思考创新跳绳在中小学教学中的创新使用和在体育培训创业实践中的作用。

(六)延伸活动

通过花样跳绳的练习实践或指导训练,在校运会开幕式上进行表演实践,或在校外的少儿体育培训中创新教学,或创新制作教材、发明相关运动器械。

(七)创新创业案例

1.跳房子跳出“花样经”——体育老师“头脑风暴”创新教材、器械获专利

“跳房子”又叫“跳格子”,是充满趣味性的游戏,也是不少人的童年回忆。然而,随着电子产品的冲击,这项游戏却离孩子们越来越远。日前,嘉定二中郑双全、

张啸和德富路小学徐艳贤3位体育教师创新发明的新型体育游戏器械——"一种健身格子",获得了国家知识产权局颁发的实用新型专利证书,使这项游戏焕发了新的生命力。

"一种健身格子"源于游戏"跳房子"。徐老师正在策划一堂主题为"欢乐蹦蹦跳"的公开课,想以传统游戏"跳房子"为上课内容。但是,如何将传统的"跳房子"跳出新花样、跳出趣味性来,让徐艳贤十分头疼。郑双全、张啸和徐艳贤都是区教育局设立的"康茹萍体育工作室"的骨干体育教师,3人经常在一起探讨教学问题,他们对公开课的教学方式、内容、任务等都进行了一次"头脑风暴"。

"要不从教材上下手,来个创新发明。'跳房子'通常都是地上画好格子、标好数字,一旦画好,场地不能换,形状也很难再改。"郑双全表示,既然要从游戏器械上动脑筋,就要改变"跳房子"的场地固定和不可变形两个弊端。"可以让'房子活起来'。"3人同时想到,只要做几个可组合、变化的四边形器材,就能让跳房子的图案变换成不同的形状。3人又画草图,又跑建材市场,郑双全还挖出了家里的老古董——一台脚踩缝纫机,在踩断多根缝纫针、剪坏好几块雨披后,终于成功发明出了一款名为"一种健身格子"的体育游戏器械。

"一种健身格子"为50厘米×50厘米的正方形器材,分别有一个格、两个格和3个格,其制作材料是日常生活中常见的雨披布和亚克力塑料板。每个器材4边都有魔术贴,可以相互粘连组合成不同形状。此外,由于器材的角没有固定,还可以折叠,收纳起来十分方便。课堂上,师生只需根据实际需要,经过简单拼接器材就可使用,使"跳房子"这项传统游戏走出了场地和形状限制,变得更加有趣。此外,其使用范围也不仅限于游戏。郑双全介绍,"一种健身格子"可以替代"绳梯"使用,十字象限跳、跨步跳、快速小跳等步法训练均可在它上面实现。和传统一长条的"绳梯"相比,它在学生体育训练中的实用性和使用性更强,几组学生可同时进行,变换多样的造型为训练增加了一定的难度,有助于达到更好的步法训练效果。

2.中小学多元化创新体育——创意拓展体育工作室

通过成立创意拓展体育工作室,补充学校与家庭教育的不足,带领孩子与家长发现教室以外的世界,通过定制好玩、新奇而又有教育意义的活动(如集体花样跳绳、户外拓展游戏等),帮助青少儿更好地发展身体、智慧、技能、社交、能力、责任感和价值观。

创新点:打破常规体育课以体能达标为目的,开展一系列趣味运动课程项目,提高中小学生对体育课的兴趣以产生新的认识。通过一节课的时间支点,撑起孩子们一个更美好的明天。

竞争力:国家大力推广体育产业,从国务院的相关文件到《关于加快发展健身休闲产业的指导意见》,都是大力推崇休闲体育产业的发展,体育创新创业项目内容完全适合于现在的国家政策,将更有机会立足于市场。

二、足　球

大学公共体育"足球"的创新型教学案例如下。

大学体育创新实践教学案例(足球)

(《大学体育教程》,姜丽等主编,高等教育出版社,2010年版)

(一)背景分析

让每个学生逐步熟悉足球,通过运动感知→足球初体验→颠运球→传接球→绕杆射门→拓展游戏的教学流程设计,在加入一些背景音乐的情境下,让学生在"学中玩,玩中学"的学习意境中感受到足球运动的魅力,在"教与玩"的教学形式中初步掌握"足球的基本技术",同时在激活思维、拓展能力过程中体验合作、创新、成功时的心情,从而有效地提高学生主动参与学习的兴趣。

(二)教学目标

学习内容:游戏——战胜自然灾害,运送救灾物资。

(1)学生能在轻松愉悦的课堂气氛中体验和学习足球的一些基本动作。

(2)学生能应用所学的知识进行创新活动。

(三)教学流程

1.调动情绪,激发兴趣

(1)课堂常规,明确学习内容和要求。

(2)球操(6节×8拍)动作活泼,富有韵味,达到热身、渲染课堂气氛的目的。

2.运动感知

(1)足球初体验:能在音乐的烘托下,有效调动情绪,用腿脚等部位(除手以外)接触足球,感知足球。

(2)颠运球:能在上一学习环节的基础上,运用腿脚颠球,进一步熟悉球性;能用脚(内、外侧运球)基本控制球的移动路线。

(3)传接球:能用脚背内侧足弓部位传地滚球;能用脚背内侧做引球缓冲的停球动作,基本能把球控制在离身体一定范围之内。

3.组合练习

(1)运球攻防练习:通过对抗练习,进一步激发学生的学习兴趣和提高学生的控运球能力。

(2)绕杆射门:4个小组,学生按顺序逐一面对标志杆1、2、3进行绕杆射门练习。身体重心略低,能用脚(内、外侧运球)的"推搓蹭"基本控制球的移动路线,不触及标志杆;把握节奏和力度,顺利过杆;能用脚背内侧足弓部位将球踢进球门。

4.拓展游戏——战胜自然灾害,运送救灾物资

(1)后方运粮食:4个小组,学生按顺序逐一抱住粮食(足球代替),面对标志杆1、2、3与起点进行快速折返跑。

(2)前方送粮食:4个小组,学生按顺序逐一抱住粮食(足球代替),面对标志杆1、2、3进行快速的绕杆(以示躲过余震所引发的"飞石")和钻过栏架(以示震区地势的险要),最终克服艰难险阻,将救灾粮食(足球代替)及时安全运到灾区第一线。

5.评价与放松

(1)放松:听音乐,师生共同整理放松。

(2)小结：师生共同讲评。

(四)教学特色

这节课教案编写的主要特点是紧紧围绕学习目标，利用各种教学方法和手段创设情景，用音乐贯穿全课，让学生在玩中学、学中乐、乐中思、思中创，即玩中有所得，从而充分感受到自主与合作的乐趣。遵循学生课堂上的心理活动发展过程，进行师生的双边活动，教师主要起到适时的诱导和点拨；在技能的学习时，不再是以单纯的教师讲解示范、学生分组练习的老方法，而是以学生为主题，让学生通过自己的视觉感受，经过思维在大脑中形成表象，然后让学生自己亲身体验，创新学习。

(五)教学反思

本课的教学重点是学习足球的“控、运、传”3 种基本技术，能粗略掌握动作要领，形成一定的动作技术技能。课堂上要给学生一定的时间、空间，让学生自我感知，自主掌握一定的足球动作技术。希望通过教师的指导示范以及学生对比演练、多媒体等辅教手段，使每个学生都能比较快地学会动作，对足球都有所感知，并能应用所学的动作技术进行一定的实战演练活动和创造出一些新颖而实用的控球技术。因此，教师在教学设计上，应该充分发挥学生的主体作用，注重培养学生的自主锻炼和创新意识。

(六)教学延伸

根据国家青少年足球进校园的政策，进行创新创业思考和分析。

(七)创新创业案例

下图所示为一足球创新创业案例。

约球：同质化略严重的服务种类

约球

典型公司：乐奇足球

行业概览：
目前体育创业的又一大方向，涉及运动种类主要为足球，其次是骑行、高尔夫、羽毛球、网球等。目前尚无成长及成熟期投资和公司。

用户需求：
基本辅助：约人、约比赛、约场地。
比赛辅助：发起活动、赛事管理、比分计算、业余球队社团管理等。
衍生服务：训练、场地、教练……

目前问题及趋势：
技术门槛及商业模式门槛都较低。
约球的频次在体育活动中相对较低，平台量难以突破。
约球本质上是个社会服务，当球友相互熟悉之后，有一定的可能跳过此类APP，直接约球、约场馆。
创业公司开始尝试做训练和赛事/活动管理服务。

成立时间：2014年
乐奇足球是一家致力于为用户解决订场难、约球友难问题的创业公司，并致力于打造运动消费的互联网服务商，旨在为足球爱好者提供一个真实有趣的活动平台。

融资过程：
2014.9 A轮　1000万人民币　投资方未透露
2013.8 天使轮　150万人民币　国富源投资

业务发展：
目前主要仍以场馆预订、赛事发布、约人约球等服务为主，未来或将逐步扩展到培训、康复的环节，做足球产业的综合生态服务商。

根据市场消息，2015年3月份开始全国扩张的乐奇足球已经覆盖了24个城市，签约场地近900家，拥有30万用户。

足球创新创业案例

三、耐久跑

大学公共体育“耐久跑”的创新型教学案例如下。

大学体育创新实践教学案例(田径——耐久跑)

(《大学体育教程》,姜丽等主编,高等教育出版社,2010年版)

(一)教材分析

为了提高学生对长跑运动能够培养顽强拼搏精神和战胜困难、战胜自我勇气的认识,使学生逐渐意识到无论是学习中还是生活中常常都会遇到困难与障碍,都需要勇敢地去战胜克服。

通过创设不同情境,增加学生对耐久跑学习的兴趣,使学生在情境中既学会耐久跑,又培养坚强的意志品质。采用游戏的方式放松并配以音乐,使放松效果更加有效。队列与准备活动、游戏相结合,运用快乐体育活动的形式,集娱乐与健康于一体,使学生在快乐体育中愉悦身心,调节紧张学习情绪,提高身心健康水平。

(二)教学目标

1.水平目标

通过体育活动树立自尊和自信,了解自尊和自信的作用,认识体育活动对自尊自信的影响。

2.教学目标

(1)认知目标:理解心肺功能(耐力素质)与健康的关系,明确弯道跑的技术要求。

(2)技能目标:掌握正确的耐久跑技术,学会弯道跑时着地、摆臂、身体内倾等动作。

(3)情感目标:表现出顽强的意志品质,乐于助人,为集体争光。

3.重难点

(1)掌握弯道跑时的摆臂与身体的内倾。

(2)弯道跑时身体倾斜要适宜,并能保持身体的平衡。

(三)教学流程

活动一:激发兴趣部分:激发学生运动兴趣,提出课的要求。

要求:准备充分,保持体力,有信心完成任务。弯道跑注意观察示范和自身体会。

游戏热身部分:进行队列练习,自由结伴自喊自做队列动作。

游戏:教师语言描述自然景观,学生设想动作,教师放大自然音乐,设定郊游的情境让学生慢跑柏油路、过小河、搭肩过草地、畅游湖泊、曲折慢跑等。

活动二:

耐久跑A:教师设定长征路上红军故事情境,暗示学生节省体力完成任务。由学生自由选择路径,采用中速慢跑或跑走交替的不同跑法,让不同层次的学生既得到意志品质磨炼又不超量。教师要求学生在做动作时身体重心要高,步幅适宜,摆臂动作正确,动作轻松。

耐久跑B:让时让距耐久跑。

合理布置场地起跑点,根据学生的身体素质进行分组,男同学站在不同距离的起跑点,女同学比男同学的跑步时间更长,让不同跑步水平的学生都有较大的激情参与到跑步比赛中,在跑步中既能学会跑步的基本技巧,又能有在比赛中更好地达到目标、收获成功的喜悦。

在做完此项练习后，教师要求学生讨论让时让距耐久跑与一般耐久跑的不同。教师在学生讨论后做归纳总结并进行示范，小组进行体验性练习，主要体会动作要领。要求：明白道理，跑姿正确，游戏时严守规则，注意安全。

活动三：放松游戏“多人追逐赛”。

学生3～5人互相牵手作为伙伴，同步绕圈行进，要求分成4组进行比赛，游戏时配合默契，节奏同步。

（四）教学反思

本课培养学生坚持的意志品质，从创设具有一定挑战性的困难情境开始，鼓励学生敢于面对困难，使每一位学生在正确分析自己的实际情况、设置学习目标的基础上，克服一个又一个困难，从而使学生随着耐力水平的提高，不断实现自我超越，以增强自己的意志品质。

（五）教学延伸：体育与仿生学

同斑马、狮子比赛长跑：乌干达的长跑健将布阿为了提高成绩，平时锻炼和斑马赛跑。埃塞俄比亚的马拉松选手比塞拉锻炼和狮子赛跑，结果比狮子跑得快。现代运动仿生学家用高速拍摄骏马奔驰，然后放映慢镜头，观察研究骏马奔跑的动作，发现骏马跑得快的奥秘在后腿蹲蹬有力。因此，现代短跑运动员为了提高一时难以突破的世界纪录，训练蹲蹬式起跑，使脚掌趴地，然后奋力蹬跃，这样就冲得远，跑得快。

（六）创新体育教育案例

学生每年除了寒暑假，还有双休日等假期，如果不充分利用这些假期，就不利于学生体育的发展。对于学生来说，校外参加体育活动恰恰是一个培养他们运动兴趣、提高运动水平、增强体质的主战场，也是他们践行终身体育理念的开端。某教师就敏锐观察到了这一点，他尝试着将每个班的学生加入微信群，并要求学生每天使用手机计步器APP或智能手表，将每天走路的步数进行统计，软件会对群里所有参与的人进行排名，并推送到朋友圈。同时教师还组织大家在群里分享假期参加体育锻炼活动的经历和心得，还有学生利用一些健康管理类的手机软件来管理自己的暑期生活，并晒出自己参加锻炼的活动照片。为了增加学生锻炼的兴趣，教师还邀请其他学科的任课教师一起参与锻炼的队伍中，这极大调动了学生学习的兴趣，学生乐此不疲。

学生对学习内容的选择非常多，网络上关于运动与健康类的软件五花八门，学生可以根据自己的兴趣自主选择。以记步软件为例，笔者查询到的就有几十种。还有的软件功能更加强大，可以将使用者的身高、体重、饮食等内容都进行综合分析，进而管理学生的健康。这些软件的下载和使用，不仅使学生的信息技术应用能力得到了提升，也使他们对体育与健康的内容有了更加深入全面的了解。

四、立定跳远

大学公共体育“立定跳远”的创新型教学案例如下。

大学体育创新实践教学案例(立定跳远)

(《大学体育教程》,姜丽等主编,高等教育出版社,2010年版)

(一)指导思想

根据大学公共体育课程标准,突出"健康第一"的指导思想,以学生的主动为目标,让学生主动参与,使每个学生在认识上、情感上和运动参与中积极发展,在教学中应用多种教学方法,启示学生自创、自学、自练、合作练习,发展学生的学习能力,造就合作意识和社会适应能力,形成积极自主的学习与生活态度。

(二)学情分析

学生整体身体素质状况一般、协调性较差。因此,在教学时,要设计新颖、有趣的练习方式和手段,调动他们学习的积极性,如通过游戏或竞赛的方式,诱导学生进入角色,激发练习兴趣。另外,在教学中要关注学生个体差异,尊重学生的主体地位。

(三)教学目标

(1)认知目标:90%以上的学生明确本课目标,了解本课练习内容,了解提高立定跳远技术的概念。

(2)技能目标:70%~80%的学生掌握立定跳远的动作技巧,以及掌握提高立定跳远成绩的训练方法。

(3)情感目标:敢于创想和表现,培养自信,具有克服困难的勇气,愉快地参加各项体育活动,学会与他人合作的良好社会适应能力。

(四)教学流程

(1)重点:蹬、摆协调用力配合。

(2)难点:收腹举腿前伸,落地协调配合。

思维导图理论学习(下图)—动作技术模仿练习—动作技能分组比赛。

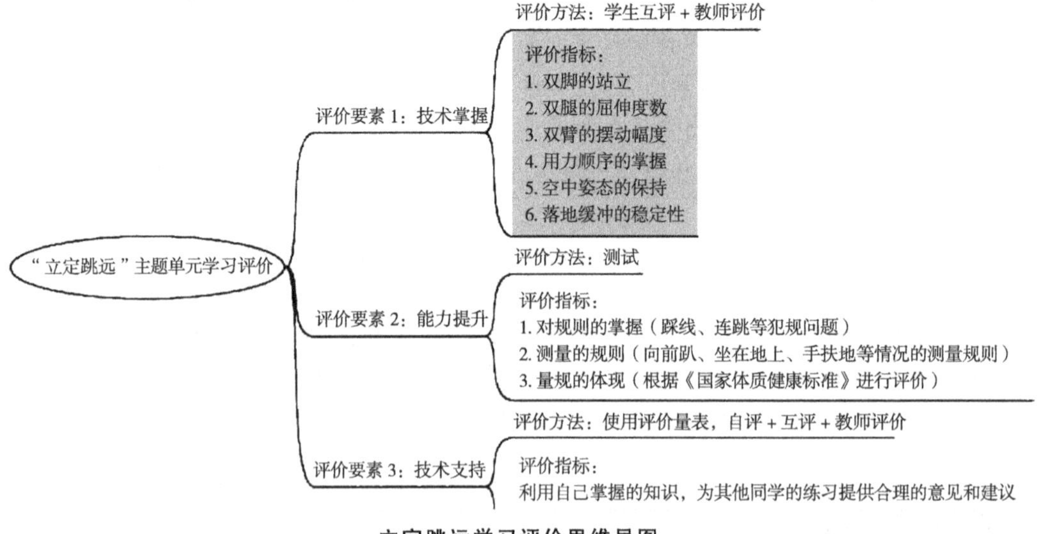

立定跳远学习评价思维导图

(五)创新案例

向跳蚤学跳高

我国运动员朱建华创造世界跳高纪录 2.38 米，但是跳蚤的跳高本领更令人惊叹。有人做过一个有趣的实验，把跳蚤放进瓶中，用有气孔的盖子将瓶子盖上，然后晃瓶，使跳蚤跳跃。跳蚤每小时可跳 600 次，而且可以连续不断地跳跃三天三夜，跳跃的高度为其身长的 500 倍。朱建华跳高的高度却不到身长的 1.5 倍。运动仿生学家对跳蚤大感兴趣，正在研究。据说奥妙在跳蚤的腿肌上有一种特别得生物细胞，其变形和弹力特别好，而且在腿肌的温度升高时更好。英国科学家希勒拉发现青蛙的跳高本领也和腿肌温度有关，只要将其腿肌温度提高 1 ℃，腿肌收缩速度便提高一成左右，而弹跳能力也随之明显提高。所以当今运动仿生学家便想方设法提高跳高运动员起跳时的腿肌的温度。

五、篮　球

大学公共体育"篮球"的创新型教学案例如下。

大学体育创新实践教学案例(篮球)

(《大学体育教程》，姜丽等主编，高等教育出版社，2010 年版)

下图是篮球创新教学案例思维导图。

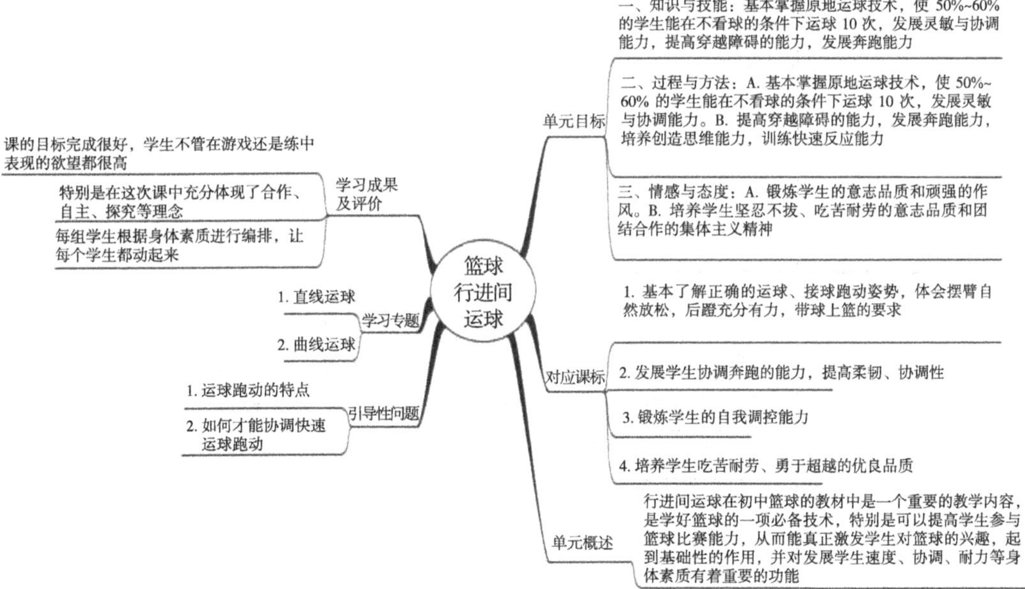

篮球创新教学案例思维导图

(一)教材分析

篮球是学生喜爱的运动项目，它具有良好的综合健身作用，能够培养学生团结、协作、积极进取和拼搏精神。本课将利用篮球和呼啦圈在篮球场地中进行接力跑，进一步增加接力跑的知识性和趣味性。

(二)教学目标

(1)认知目标：了解本课的练习方法，明确篮球原地运球、直线运球的技术原理及作用，能正确区分原地运球和直线运球的不同之处。认识篮球运动的目的是全面发展身体素质、增进健康。

(2)技能目标：通过本课学习，使85%以上的学生正确掌握原地运球技术，75%以上的学生在一定速度中能正确运用直线运球技术，提高手对球的控制支配能力；发展学生的灵敏、速度素质，提高协调性及快速反应能力。

(3)情感目标：培养学生积极进取、顽强拼搏、力争胜利的竞争意识及团结协作、吃苦耐劳的优良品质，强化学生的情感，提高想象、交往能力，发展学生个性和心理素质。

(三)教学程序

在课的结构上，从“身心协同”的基础观点出发，依据学生的身心特点，采用“收心热身、愉悦心身—育心强体、强智促技—稳定情绪、恢复身心”的三段结构。

(1)在收心热身、愉悦心身阶段，用我国篮球健儿在奥运会上的优异表现引入教学主题，通过开口螺旋形跑，活跃气氛，集中学生的注意力，紧接着成闭口螺旋形跑至站位做球性练习，通过球性练习能使有关肌肉、关节、韧带得到充分的活动，而且与要学的技术动作有机结合。因学生水平各异，最后一个球性练习为自由创想展示练习，给学生自我展示的机会，从而调动学生的创造性思维和学习的主动性。

(2)在育心强体、强智促技阶段，首先，运用各种变化的原地运球练习，改进提高原地运球技术动作及控制球的能力，在运球中要求学生养成观察前方的良好习惯，重点强调正确的身体姿势和脚部动作，为主教材教学做铺垫。在学生情绪已活跃的基础上学习新教材，进入直线运球教学，用启发性的语言和直观对比，使学生能较清楚地认识到“球的反弹角度与手按拍有直接关系”等道理，并运用不同信号手段组织学生进行直线运球练习，然后安排学生进行直线运球追逐，使教学步骤由浅入深、由易到难、分层递进、对比探索、激发兴趣达到初步掌握技术动作的目标。

在接力跑游戏的安排上，设计一组以支持北京申办奥运会为主题的益智健体的接力游戏。在场地的布置上，用奥运会五环营造团结友谊、积极进取、奋发向上的氛围，运用游戏竞赛法，激发学生练习的积极性，并在每一次竞赛间隙都设计一些有关奥运会的知识的问题让负队学生回答，一方面以激发学生的爱国主义情感，另一方面给负队一次充分发挥集体的智慧获取胜利和成功的机会，在教学中充分体现出启迪心智、发展思维、强身健体、体验成功的现代体育教学观念。

(3)第三阶段，围着五环放松，后运用适合整理放松的体育小游戏，以达到稳定情绪、恢复心身的目的。最后进行小结，对本课的练习效果进行讲评，对学生的成绩给予肯定和表扬，提出今后的注意事项，从而结束本课教学。

(四)教学特色

(1)本课以“愉快教学法、成功教学法”作为指导思想，以发挥学生的认识能力为核心，以培养学生的基本活动能力为目的，充分发挥教师的主导作用，突出学生的主体地位，始终在师生的共同活动中愉快、轻松、活泼地进行教学，力求体现"大容量、高密度"的教学特色，以达到最优化的教学效果。

(2)整堂课始终在一个篮球场地中进行，布置简单清楚，器材实用，富有喻意，坚持"一场多用、一线多用、一材多用"的指导思想。

(五)教学延伸

通过针对不同技能学习程度的区别教学，在大学体育篮球基础课教学、校园篮球比赛训练指导、体育专业篮球专修课学习等不同实践中模拟练习，积极在校外的专业体育培训中进行创新教学。

(六)创新创业案例

篮球特色小镇

体育向旅游业渗入，体现在体育产业资源利用包装和销售转变成旅行的产物，可以通过体育结合科技、动漫、场馆、旅游、比赛等，打造篮球特色小镇(下图)，也可逐渐拓展到其他各类体育特色小镇。

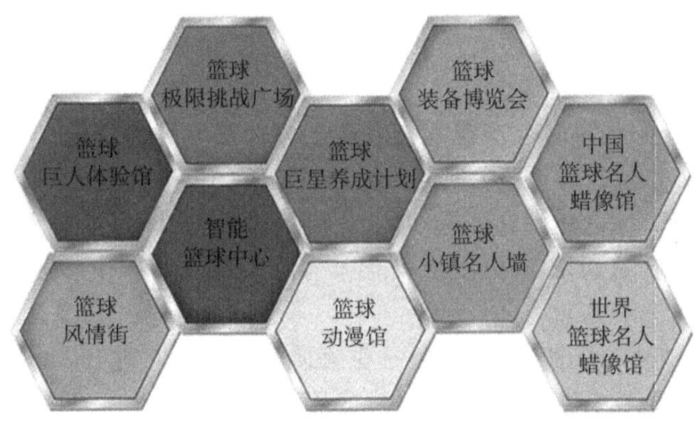

篮球小镇特色区域设计

实践教学是巩固理论知识和加深对理论认识的有效途径，是培养具有创新意识的应用型人才的重要环节；而理论联系实际，是培养学生掌握科学方法和提高动手能力的重要手段，有利于学生素养的提高和正确价值观的形成。体育专业的创新型教学，可以在动作技术学习中穿插运动技能理论学习，辅助学生深层次熟悉和掌握技术动作，再进一步思考体育用具的创新，从而在课堂教学中，不仅培养了学生的实践能力，而且还培养了学生的自学创新意识。体育专业的创新型教学，也可以采用探索式学习，理论结合实践，诱导学生的创新思维，给学生创造良好的学习氛围。例如，在田径教学中引导学生采取多样化的起跑方式，实践探索不同起跑方式的优缺点，思考蹲踞式起跑的科学支撑，让学生在享受运动的乐趣中，获得成功的喜悦心情，从而实现创新教学的新目标。

六、蹲踞式起跑

大学体育专业"田径"的创新型教学案例如下。

田径创新教学案例——蹲踞式起跑

（《田径》，李鸿江主编，高等教育出版社，2008年版）

（一）教材分析

田径是基础体育的运动项目，它具有良好的综合健身作用，能够培养学生团结、协作、积极进取和拼搏精神。本课主要内容为学习蹲踞式起跑，难点为动作口令的学习练习。

（二）教学目标

(1)认知目标：了解本课的练习方法，明确蹲踞式起跑的技术原理及作用。

(2)技能目标：通过本课学习，使85%以上的学生正确掌握技术。

(3)情感目标：培养学生创新发散思维、力争胜利的竞争意识和团结协作的优良品质，发展学生个性和心理素质。

（三）教学程序

教师讲解、示范口令（各就位—预备—跑），通过理论介绍引入新的技术动作学习。

首先让学生在练习前收看和收集一些优秀运动员的图片、技术动作和比赛实况，观看运动员们起跑的动作。然后，为了拓展学生的思维能力，让学生们在课堂上发表自己的想法，进行头脑风暴，思考不同跑步形式等，最后给学生讲述优秀运动员的动人事迹，从而在情感上激发学生学习的渴望，也让学生对自己建立起信心。

采取体育游戏的方法，通过添加一些辅助器械的练习进行，如俯卧式起跑、坐卧式起跑、背立式起跑等动作练习，这样的练习不仅提高学生的身体反应能力，同时还提高学生的学习兴趣，消除了田径运动训练的枯燥性。然后，让学生采取用后脚蹬着墙，体会脚蹬地的感觉，高抬臀部以低头可以看见身后，接着采取多种发令的方法进行起跑，包括鸣枪、击掌、鸣哨等，让学生在各种发令的情况下进行起跑，以此来提高学生的反应能力。通过一段时间的练习，学生的起跑速度有了明显的提高，通过实践从理性上认识蹲踞式起跑，真正体验了田径运动带来的乐趣。最后通过整理运动结合思考——为何蹲踞式起跑能提高速度，更好地做到理论联系实践。

（四）教学特色

1.培养了学生的问题意识

让学生带着疑问探索蹲踞式起跑，使学生学会了学习技术动作的方法，拓宽了学生学习动作的思路，为学习其他技术起到举一反三的作用，培养了学生的创新精神，在探究过程中学生的研究能力和创新能力得到逐步提高。

2.教学目标通过教学过程顺利实现

本案例的教学目标是通过蹲踞式起跑进行的一些体验，诱导学生的创新思维，给学生创造良好的学习氛围，在教学中采取多样化的起跑方式，让学生在享受运动的乐趣下，获得成功的喜悦心情，从而实现教学目标。

3.营造浓厚的民主氛围和练习气氛

在体现教师为主导、学生为主体的理念教学中融洽师生关系，教师通过示范、讲解，提高师生亲和力、信任感，为学生营造了一个平等和谐、友爱互助的人际环境。教师始终以参与者的身份进行教学，与学生共同分析解决蹲踞式起跑的方法。

(五)教学延伸

过去，短跑都采取立姿起跑。1888 年，澳大利亚短跑运动员舍里尔偶然看见，袋鼠拖着大袋子还能飞速奔跑，跳远时一步更可达 12 米，觉得十分震惊。他仔细观察，发现袋鼠跑跳前总是先屈身让腹部贴近地面，然后一蹬后腿，以子弹出膛般的速度冲射出去。舍里尔受到启发，模仿袋鼠发明了蹲式起跑。在 1896 年奥运会上，他以独创的起跑姿势创造了优异成绩。很快，蹲式起跑风靡一时，并得到不断改良，人们尝试在起跑线上蹲下处挖了一个小浅坑，一脚放进浅坑，这种方法创造了 100 米短跑不足 10 秒的记录。不久，现代助跑器便应运而生。

为何蹲式起跑能提高速度？运动员身体下弯产生了两个有利因素：一是重心降低，增加了向前的分力和冲力；二是后腿的蹬伸作用能更好地发挥，使运动员能迅速地摆脱静止状态，获得更高的起动速度，从而大大提高短跑运动成绩。

(六)创新创业案例

智能终端技术的体育课技能教学

在一节水平三前滚翻体育教学中，老师将学生分为 4 人一组，并给每个小组配备了一台平板电脑。准备活动结束后，老师组织学生观看平板电脑上的前滚翻动作视频，学生看了之后，开始模仿视频进行练习；在学生学习的过程中，老师又指导学生相互拍摄对方的动作，然后给同伴观看，对其动作进行评价；最后，老师用平板电脑将录制下来的学生前滚翻动作投射到大屏幕上，对学生动作进行讲解点评，并组织学生按照大屏幕上的动作要求提示进行统一练习。

这是一节“互联网＋”时代背景下的新技术运用到体育课堂上的尝试。随着“互联网＋”时代的到来，人们步入了一个崭新的时代，信息化技术的普及使得教育领域也发生着翻天覆地的变化。体育课堂亦如此，智能穿戴设备、智能手机、平板电脑、可移动式视频播放设备等多种功能的客户终端，为体育课堂带来了新的活力，也为提升学生体育技能学习提供了更多的便利。

智能终端技术对体育课技能学习的促进作用显而易见，利用信息技术可以激发学生学习的兴趣，帮助学生建立正确的动作技能认知，更好地进行即时反馈，课中课后都可以进行诊断课堂。新技术为我们的课堂教学带来了很多的便利，但我们应该清楚，所有新技术的运用都应该围绕体育教学展开，切不可为了追求时髦，盲目追捧新技术，导致喧宾夺主，丢失体育教学的实质。

七、投　掷

大学体育专业“投掷”的创新型教学案例如下。

体育创新技术案例(投掷)

——动作链理论结合实践技术教学

(《田径》,李鸿江主编,高等教育出版社,2008年版)

(一)教材分析

根据大学体育专业课程标准的要求,投掷活动在培养学生正确的投掷姿势,发展上肢力量以及身体的协调和灵敏素质的基础上,更注重培养学生的自我学习和训练、比赛的能力。

(二)教学目标

通过复习上步投枪,巩固提高下肢超越动作和最后用力技术;学习引枪与投掷步技术,初步掌握引枪与投掷步技术;通过教学培养学生学习标枪项目的兴趣和吃苦耐劳、不怕困难的意志品质。

(三)教学程序

教学程序见下表。

教学内容与要求	时 间	次 数	组织教法	设计意图
一、开始部分 1.整队集合,点名检查人数。 2.师生问好。 3.宣布课的内容。 4.安排见习生。 要求: 1.集合迅速,队伍整齐,报告清楚。 2.认真听讲,了解计划,明确本课任务,强调安全注意事项。 3.见习生随堂认真听讲,力所能及模仿	10′		**一、组织队形** ● ☆ ☆ ☆ ☆ ☆ ☆ ☆ ☆ ☆ ☆ ☆ ☆	严肃纪律,逐渐提升学生的运动热情
二、准备部分 (一)一般性准备活动 1.慢跑800米 2.肋木前准备活动 ①弓步压腿 ②正压腿压肩运动 ③背身压腿 ④拉跟腱 ⑤头部运动 ⑥髋关节运动 ⑦膝关节运动 ⑧手腕、踝关节运动	15′		二(一)1组织队形: 队员成两纵队,绕田径场慢跑两圈。 二(一)2组织队形: 学生分成两队分别站在肋木两侧在教师或班长的带领下进行练习。 * * * * * * * * * * * * * * * * * *	强调热身的必要性和专项热身的重点

续表

教学内容与要求	时　间	次　数	组织教法	设计意图
3.行进间准备活动 ①肩绕环　②扩胸运动 ③体转运动　④正踢腿 ⑤内外、摆腿　⑥侧向跑 ⑦高抬腿　⑧加速跑 (二)专项准备活动 小组投准练习、比赛，每队给一个纸篓，各小组自由选择距离，自行组织，依次向纸篓中投球，看谁投中的次数多，左右手都试试看(请神投手说说投准的方法)		5 次	二(一)3 组织队形： × × ×→ × × ×→ × × ×→ × × ×→ 二(二)组织： ×××××××××× ▲ ×××××××××× 组织教法： 1.教师示范，提示要领要求。 2.集体随口令练习。 △ ○○○○○○○○○ 原地插枪练习队形 组织教法： 1.教师提示技术要领。 2.练习中纠正个人不足，强化正确技术。 ↑　△ ○○○○　1组 ○○○○　2组 上步投枪练习队形	教学延伸部分—运动链理论结合实践
三、基本部分 (一)复习上步投枪技术 1.原地插枪练习 2.复习上两步投枪  (二)学习投掷步完整技术 1.学习引枪技术 (1)原地引枪练习 6～8 次。 要领：原地正对投掷方向两脚并拢站立，持枪于肩上，枪尖略低于枪尾。随着左肩转向投掷方向，持枪臂由肩上沿标枪纵轴后引伸直，枪尖于眉梢旁高于枪尾，同时左臂自然前伸抬起，两眼看前上方，身体呈扭紧状态。	55′	20 次 20 次 20 次	组织教法： 1.教师启发式回顾技术要领。 2.听口令集体持枪练习，改进个人技术动作。 3.以个别纠正错误动作为主。 ○○○○○○○○ △ 原地引枪队形 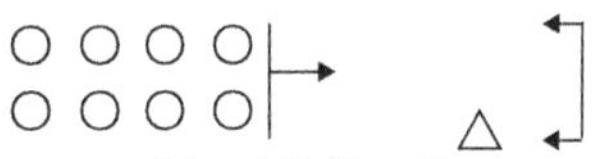 ○○○○│→ ○○○○│　△ 行进间引枪练习队形 组织教法： 1.教师示范讲解引枪技术要领。 2.原地引枪练习，体会动作过程与要领。 3.行进间反复引枪练习，强化技术动作，纠正错误动作。	

续表

教学内容与要求	时间	次数	组织教法	设计意图
(2)走步中反复引枪练习。 20米　　2次 要领：正对投掷方向，两脚左前右后持枪站立，侧身引枪同时，右腿积极前迈，身体前移，下肢后续动作同四步投枪练习的前两步。两步中完成引枪动作。 (3)慢跑中反复引枪练习。 30米　2次 要领：动作要领同上，要求在慢跑中完成两步引枪动作。 2.投掷步完整技术练习 要领：正对投掷方向持枪慢跑两步，后续进入引枪与交叉步投枪			集合小结队形注意点： 1.重点强调侧身转肩与投掷臂后引动作的协调。 2.体会手腕对标枪的控制与调节。 练习队形同交叉步投枪 组织教法： 1.教师讲解投掷步各阶段技术任务与要求。 2.分组练习，体会动作要领。 3.集体纠正主要错误动作为主。 注意点： 1.强调引枪动作的稳定协调。 2.注意引枪与交叉步，交叉步与最后用力间的结合	
四、结束部分 1.自选整理放松活动，创新创业案例介绍 2.整理场地器材 3.集合小结本次课情况 4.布置下次课任务 5.师生道别下课	10′		**四、组织队形** ○○○○○○○○○ △ 集合小结队形	创新创业案例介绍，引导学生理论结合实践，更多的发散思维，进行创新创业实践

（四）教学延伸

运动链理论结合实践技术教学——在以“学生发展为中心”的教学理念下，尝试理论教学与体育实践教学相结合，充实体育教学资源，教师可以引导学生借助网络多媒体技术，更好地了解投掷活动在体育健身方面的意义和发展情况。同时，借助运动生物力学的理论知识，更好地辅助学生熟悉和掌握投掷动作。

人体运动链它应该由3种不同有机结合连锁组成了一个完整体系的完整运动结构，包括关节链、肌肉链和神经链，为保障人体进行复杂多样和各种各样的肢体运动，以及实施自我运动、康复功能奠定了基础。投掷项目学习阶段，尤其是标枪引枪、下肢超越部分,可以通过运动链的理论学习,观看相关视频或图片,进行大脑思维模拟练习,辅助熟练和掌握技术动作。

(五)创新创业案例

高科技运动鞋

“由于在技术含量上的差距较大,较缺乏高端体育产品,研发理念落后,缺乏观念的创新和配套产品的高科技服务,在数字化平台的运用上目前仅有‘李宁十小米’等少量研发跑鞋。”高校培养人才与现实需求之间存在脱节,跨领域人才培养更是缺乏,亦未见相关课程设计与师资,与高科技公司对接体育的科技孵化平台更是缺乏。

而反观国外发达国家,运动已经是他们文化的一部分,他们的所有的商业行为都是在服务消费者,他们会从这个角度去思考怎样去满足消费者的需求,站在他们本身的一个产业趋势发展跟民众的需求去做到密切结合。而中国的产业政策是靠政府去主导推动,民众需求反而会被放在次要位置,甚至被忽略。

一个可喜的变化是,中国的体育企业也开始尝试高科技产业与体育产业之间的合作试水。安踏最近宣布与美国的高科技材料公司合作,生产防臭球鞋;特步与奇虎 360 合作开发儿童智慧鞋,具有定位追踪功能等。

八、乒乓球

大学体育专业“乒乓球”的创新型教学案例如下。

乒乓球技术课教案

(《乒乓球运动教程》,苏丕仁主编,高等教育出版社,2004 年版)

课程名称	乒乓球	课程类型	理论与实践
授课内容	基本理论、球感熟悉、基本姿势	教学仪器设备	乒乓球桌、拍、球
使用教材	苏丕仁主编,《乒乓球运动教程》,高等教育出版社	时间/课次	1
教学目的任务	1.使学生了解乒乓球运动的特点和发展,了解比赛规则,培养学生对乒乓球项目的兴趣及球感。 2.提高学生素质水平,提升学生创新创业兴趣		
重难点	重点:了解乒乓球基本知识和实际中的应用。 难点:乒乓球理论、实践与实际创新创业的结合		

续表

教学过程	主要教学内容	组织方法	教学时间
开始部分	在课程的预习准备部分，通过微信、QQ等让学生观看网络平台上的乒乓球相关短视频，同时学生在平台上与老师互动交流，吸引学生兴趣并做好一定的教学准备。 正式上课，先编排上课队形，整队集合，师生互相问好。清点人数，宣布课堂纪律和注意事项，强调终身体育的重要性(功能、作用)，进一步提倡终身体育观。 介绍乒乓球理论、实践与创新创业的可能融合和实际应用思考	△ ×××××× ××××××	5′
准备部分	慢跑：绕体育馆慢跑3圈。 徒手操： 头部运动 扩胸运动 肩绕环(直臂或曲臂) 扭腰 腹背运动 膝绕环 弓步压腿 侧压腿 手腕脚踝活动	4×8拍 △ × × × × × × × ×	10′
基本部分	**乒乓球** (一)介绍乒乓球运动概况及其运动特点 1.乒乓球运动技术水平日臻完善，但基础的技术及特点不会改变，需把握乒乓球技术的特点——快、狠、准、转、落点好，以及乒乓球技术的精髓——“加速制动还原”。 2.乒乓球的技术动作不是一朝一夕就能学成的，尤其是要掌握得很熟练，只有勤加苦练，才能做到熟能生巧；稍有荒废，技术就会下降，回到起点。 (二)球感练习 垫球：A.拍正面(达标：200个) B.球拍正反面交替垫球(达标：100个) 托球：将球平放在球拍正面，前后、左右移动，拍面上的球能控制在拍面内。 球碰墙壁练习：将乒乓球用球拍打向垂直平滑的墙面(先练习推挡)。	100～300个/次 50～150个/次 教师发出前后跑、左右横行的口令并用手指示方向，要求学生拍子粘住球不掉	35′ 35′

续表

<table>
<tr><th>教学过程</th><th>主要教学内容</th><th>组织方法</th><th>教学时间</th></tr>
<tr><td></td><td>身心激活游戏
1.自结伙伴：自选游戏，鼓励学生做有益、安全有创意的游戏(有重点地针对乒乓球技术)。如身心激活游戏——老鹰抓小鸡、贴烧饼、跳绳、捉老鼠等，学生任选游戏，自由组合。
2.球感结合绳梯练习：
单步：用于离身体较近的来球。
跨步：较远一步却能够着的球。
并步：主要用于在打相持球时的左右移动。要领：两步分解，如从左侧到右侧，左脚蹬地，中间两脚又一个交替的过程，再分开。
侧身步：用来侧身抢攻。
交叉步：补救离身体较远的球。
通过分组教学法或交换教学法，进行乒乓球步伐结合绳梯的专项体能游戏或趣味竞赛</td><td>分组游戏、竞赛
△
×　×　×　×
×　×　×　×</td><td></td></tr>
<tr><td>结束部分</td><td>放松整理运动
互相抖动手，自己抖动拍打腿部。
总结本次课课堂情况，提出表扬与要求，宣布下次课内容，解散</td><td>△
××××××
××××××</td><td>5′</td></tr>
<tr><td>小结</td><td colspan="3">本案例在进行乒乓球教学的同时，引导学生去创新玩法，在采用多样性的打法同时培养学生的兴趣，发挥学生的主体作用，转变学生的学习方法和积极性。让学生喜欢运动，融入生活中。采用创新式教学、比赛的方法和自主合作的方式，使课堂气氛活跃，学生间的交流增多，有效地激发学生参与的热情，发展学生的身体素质，培养团队协作的优良品质，为终生体育打下坚实的基础。
在教学过程中遇到一些问题，比如学生过重地注意游戏的新颖，而忽略了锻炼的目的，应该多去关注、引导学生。更应该把各种学习方法推广到其他项目的教学中去，注重学生的全面发展</td></tr>
<tr><td>复习预习</td><td colspan="3">球感练习结合体能训练</td></tr>
</table>

续表

创新案例	**乒乓球陪练机器人** 2013 年,欧姆龙推出了它的第一代 FORPHEUS,在两台摄像机的协助下,FORPHEUS 可以在 1/1000 秒内控制击球的时机与方向,通过预测乒乓球的运动轨迹,包括球速、旋转速度、旋转方向等几个数据,计算出应该让球拍以什么角度、在哪个点回击,当时就具备了与业余选手连续练球的水平。 2015 年,进化到第四代的 FORPHEUS 被吉尼斯世界纪录认证为世界首个"乒乓球教练机器人",此时的 FORPHEUS 已经可以发球和应对简单的扣球了。最新一代的 FORPHEUS 进一步优化 AI 算法和机械调试,将回球误差控制在 0.1 毫米之内,另外增设了一个追踪人类动作的摄像头,评估人类的实际运动水平。利用机器学习技术对球的轨迹进行分析,判断对手水平,调整自己水平,争取做到与对手匹配。 人类从刚刚出生,到能拿起球拍接上几个难度不高的球,至少需要 5 年时间。从无到有,同样只花了 5 年时间,FORPHEUS 已经可以成为一些业余选手的陪练甚至做他们的教练。 相比只能执行单一角度、有去无回任务的发球机,在 AI 加持下的 FORPHEUS 的进化速度让人咋舌。AlphaGo 战胜李世石时,让我们看到了人类与 AI 在自我学习和计算能力方面的差距,现今站在球台旁的 FORPHEUS 则确实在运动竞技层面给了人类极大的压力。  **乒乓球教练机器人**
	乒乓球研学活动 宗旨是丰富中小学生的暑假生活,进一步推广乒乓球运动在青少年中的影响,让更多的青少年掌握乒乓球运动,提高他们对这项运动的兴趣。同时培养体育锻炼的兴趣和习惯,提高青少年体质健康水平。启发和培养营员的独立自理能力、集体生活能力和交往能力,学会在陌生环境中与人相处,学会关爱他人,在互相信任和帮助下发展友谊,更好地融入团队,在集体生活中提高独立能力、增加自信心。 基地在大学校内,营地 24 小时安全监控系统,营员食宿全部安排在大学公寓和食堂。夏令营采取小组负责制,责任心强的辅导员老师按小组全天负责监督训练、学习、生活及各种活动,实行半军事化管理。除专业的乒乓球训练外,夏令营以营员的兴趣为前提,安排各种素质拓展、球类、游泳等方面的培训课程

思考与练习

1.如何创新强调体育运动技术实践的安全注意事项。

2.请学生积极实践并反思体育技术教学的创新应用。

3.请学生参考运动技术教学案例，尝试在假期实践中创新实习。

参考文献

[1]张朝辉.案例教学法在体育教学中的借鉴及应用研究[J].内蒙古体育科技，2007(4)：137-139.

[2]田麦久，武福全，等.运动训练科学化探索[M].北京：人民体育出版社，1988.

[3]王继健，陈华锋.依托高校体育资源开展体育学生创新创业教育的探究[J].当代体育科技，2017(8)：182-184.

[4]徐晓娟.高职院校公共体育课程微课教学的应用研究——基于“乒乓球”课程的案例分析[J].当代体育科技，2016(30)：76-77.

[5]徐娆娆.大思政视域下大学体育课程育人路径[J].沈阳建筑大学学报：社会科学版，2018(5)：536-540.

[6]常益，张姝.健体育魂：大学体育课程的思政教育转向研究[J].体育文化导刊，2018(6)：136-141.

第九章　创新创业的课外实践与社会服务

第一节　课外实践与社会服务的教学创新

随着我国经济市场包容性的不断扩大，以及国家对于人才发展培养的要求逐渐提升，我国教育体系也在不断进行着变革和创新，无论是在教育目的上还是在教育手段上都不例外。基于当前国内良好的创业环境与创业条件，年轻人自主创业发展经济受到了国家和社会各界的大力支持。而体育教育作为基础教育中重要的环节和组成部分，更是应该要及时跟上发展的潮流，推动体育创业与社会服务教育的开展与深入。

学生通过社会实践可以发现自身的问题，同时从实践过程中获得大量的有价值的知识，并把自己所学到的知识与社会实际问题进行一系列的比较、对照，逐渐把理论知识转化为认识和处理问题的能力，并在实践中拓展运用。进一步提高对大学生社会实践的认识，加强对课外社会实践的宣传，提高社会各方面对大学生课外社会实践活动重要性的认识。对学校而言，课外社会实践可以提高学校知名度，扩大社会影响力；对大学生而言，课外社会实践具有锻炼个人能力的功能；对用人单位而言，可以通过在社会实践中建立校企合作，促进产、学、研结合，为用人单位提供智力支持和人才支持。我们应把握新时期大学生社会实践的时代特征，不断拓宽实践内容的设置领域，与时俱进，重视高校与社会之间的资源优势互补，强化资源意识。在社会实践活动内容上，应往发挥科技文化智力优势、结合专业的高层次发展。对学生专业技术技能的培养力度要进一步提高。教师在教学中，通过科学的练习安排，合理的教学方法，强化动作的技术技能，使肌肉的本体感觉、动作节奏以及动作要领更加清晰，从而树立正确的概念和表象，达到巩固和提高的最佳效果，做到教学与训练的良好结合，为学生专项知识和专业技能水平能力的提高奠定基础[1]。

在大学生就业形势日益严峻的情况下，将社会实践与大学生择业、创业相结合，特别是组织高年级的学生，以社会实践为平台、为桥梁，促进用人单位与高校毕业生的联系，为学生提供实践机会，提供展示自己知识和才华的机会，也让企业能全面认识和考察毕业生，逐步拉近专业学习与社会需求的距离，给学生创造更多的就业渠道和途径，尽早地了解社会和适应社会。以社会实践为契机，加强社会实践与创新创业相结合，学生在社会实践的过程中，实现对创新和创业的认识，发挥他们的聪明才智，激发他们的创业热情和勇气，培育创新意识和拼搏的精神。

因此，创新创业教育可以结合课外实践和社会实际服务，通过积极创新并构建完成文体活动、心理咨询、演讲比赛、创新体验、创业体验等课外实践环节，进一步完善体育方向创新创业结合社会实践的课程体系。

随着高等教育的普及,社会对高校人才培养质量提出了更高的要求。习近平同志在天津与高校毕业生、失业人员座谈时提出,"情商很重要,要提高适应社会能力"。可见社会适应能力的重要性。一般而言,社会适应能力属于身心素质、团队合作精神、人际沟通能力、创新思维、创业意识等非专业能力,但从企业、行业调研中发现,这种能力的重要性甚至超越了专业能力,成为企业选人、用人的重要指标。例如,学生在未来的工作岗位,接受一项药品检验或制剂工艺改进任务时,首先要学会如何与同事交流协商;再如,毕业生面试时,很多企业会问"你在校是学生干部吗?",原因在于多数在校担任过学生干部的毕业生,从事过一些组织管理工作,具有较强的社会适应能力。课外实践环节作为本院课程体系的三大模块之一,具有将课内知识与课外实践有机结合的功能。因此,为了满足社会需求与高等体育学教育发展,在现有公共课与体育学人文课基础上,通过课外实践环节的创新与改革,侧重培养体育学专业学生的身心素质、团队合作精神、人际沟通能力、创新创业思维、积极工作态度、爱岗敬业精神、勇于竞争意识等社会适应能力是非常必要的。

以社会适应为导向创新课外实践环节。社会适应能力的培养既体现为高校大学生在开放的社会生活中所必须具备的基本素质和积极的人生态度,更加体现为大学生社会的适应性能力和行为的规范性能力。为此,学院将学生社会适应能力的培养纳入课程体系,并以构建文体活动、心理咨询、演讲比赛、创新体验、创业体验 5 个课外实践环节为主要途径,形成辅导员与班主任协助前 3 个环节的组织、专业课教师指导后两个环节的策划、学生自主实施的三位一体的课外环节,根据学生的特点,有针对性地培养他们的团队合作精神、人际沟通能力、创新思维、创业意识等社会适应能力,鼓励学生个性化发展,促进应用型创新人才与应用型创业人才的产生[2]。

强化学生专业实践教育的实践教学体系包括制度体系、实践体系和质量保障体系 3 部分。制度体系确保学校师生统一思想,深刻认识实践教学能力对实现应用型人才培养的重要作用;实践体系是实践教学体系中实现学生实践能力培养的核心环节;质量保障体系支持制度体系、实践体系的有效运行,并通过及时的总结和反馈实现制度体系和实践体系的不断完善。在优化原有实习实训、毕业论文、实验教学、第二课堂等常规实践育人环节的基础上,改革课堂实践教学,增设专业技能培训实践周,加强创新创业教育,发挥"体育＋"实践育人平台功能,构建"全过程、全覆盖、全员参与"的实践教学体系,并加以实践,培养了一批专业基础实、综合素质高、实践能力强、专业技能突出的创新性应用型人才。其中,重点在于构建"三位一体"实践教学体系的实践环节,如图 9.1 所示[3]。

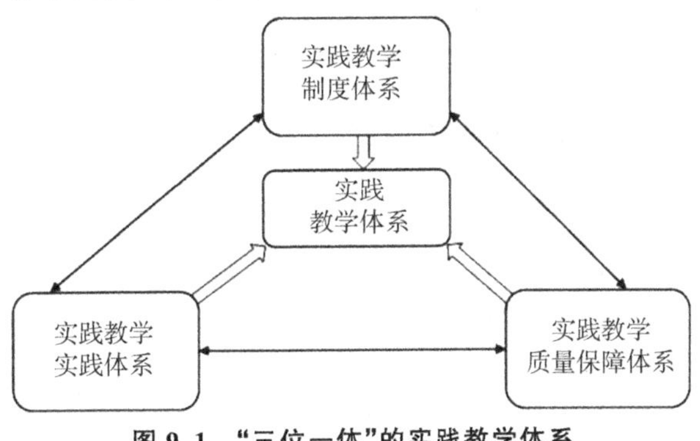

图 9.1　"三位一体"的实践教学体系

一、拓展实践基地，规范实习实训

积极进行产学研合作实践基地的建设，实行校外校内双导师制以更好地规范大学生的实习实训。在社会实践的基础上，学院积极引导组织有创业意愿的学生将想法变成实践，遴选一批创业意识强、创业创意好、发展潜力大的学生团队注册公司，入驻创业孵化园，在提升学生创新创业能力的同时，还能够直接带动就业。

二、毕业论文与实践结合，提高质量

大学毕业论文与实践(包括实习实训、大学生创新创业比赛等)创新融合，在大学三、四年级鼓励学生根据自身实践完成专业的毕业设计。

三、建设实验教学网络平台，面向大学生全面开放实验室

积极开展实验中心建设工作，推动实验教学管理中心在全校范围内进行了网络教学实验视频资源库建设与推广、虚拟仿真实验开放式教学模式、创新实验和综合实验网上直播、实施创新教育以及实验室开放运行与管理机制健全等方面的改革与实践，突破学校异地办学模式下实验时间、空间、仪器台套数和耗材的瓶颈，为培养实践能力强的创新性应用型人才打下良好基础。

四、打造全新第二课堂育人体系

构建以社会实践与第二课堂活动、素质拓展与创新为基础的第二课堂育人体系，涵盖思想引领、文化素养、社会实践、创新创业 4 个平台，通过第二课堂与创新创业、课程思政等的结合，更好地培养与提高学生的综合能力素质[4]。

五、改革课堂教学，增加实践环节

大力支持理论与实践相结合的课堂教学模式。例如，可以将学科课程“运动心理学”“运动解剖学”“运动生理学”“运动生物力学”“运动生物化学”等授课地点设在运动场，在理论课教学中增加实践教学环节；“运动医学”课程可以开展“基于问题学习”的教学模式改革；“体育文化”课程可以开展专题式教学模式改革；特殊教育、公共事业管理等专业可以在核心课程中进行案例式教学改革；“英美体育报刊选读”可以创造性地采用“翻转课堂模式＋沙漏型教学整合＋以学生为中心的思辨式探讨”的教学方式；在术科课程里应用和推广单元探究式、阶段式、体验式、立体式教学模式改革，课堂上学生更多地担任学生、教练、裁判等多种角色，课程设计环节注重加大综合设计的力度。

六、创设“专业技能培训实践周”创新性实践环节

根据专业实践能力培养的需要，开展全校范围实施的“专业技能培训实践周”。各学院根据专业实际设置了包括竞赛、表演、专业创新能力训练、专业学术讲座、辩论会、报告会、社会调查、作品展示、实验设计、课题研究等丰富多彩的实践活动，为学生搭建提高实践能力、创新能力的平台。

因此，各院校可以形成类似如下的体育教育专业学生课程实践学分认定与管理办法，更

好地进行体育方向的社会实践创新创业教育。

体育教育专业学生课程实践学分认定与管理办法

第一章　总　则

第一条　为主动适应新时期对人才培养的需要，积极探索新的人才培养模式及其实现途径，提高大学生综合素质，倡导学生个性发展，激发学生潜能，鼓励体育专业学生积极参加教学训练，参与学科竞赛、科学研究、体育竞技和其他各类课程实践活动，培养学生的学习能力、创新能力、实践能力、交流能力和社会适应能力，结合体育学院人才培养的实际情况，特制定本办法。

第二条　“课程实践学分”是指普通全日制学生在校期间结合专业理论学习和能力培养，参与科学研究、学科竞赛、教学训练及其他课程实践等课堂教学之外的实践活动所产生的学分。该学分对学生增长知识、培养能力、提高素质有重要作用，并有明确规范的考核内容与要求，考核合格或取得相关成果、具有一定创新意义的智力劳动成果或其他形式的优秀成果，经学院审定批准后给予认定的学分。

第三条　课程实践学分是在校本科生必修学分，每位本科生在校学习期间应修满规定的实践学分，如未修满规定学分，将不能取得毕业资格。

第二章　认定范围与计分办法

第四条　课程实践学分的具体认定范围：

1.教学训练指导：学生在院内教师指导下，承担各项体育俱乐部助理教练工作，经考核成绩在及格以上；或在校级联赛中，担任二级学院院队主教练；或经推荐承担的其他教学、训练工作。

2.学科专业竞赛：学生代表学校、学院参加各级各类学科竞赛。

3.职业技能培训：学生参加体育类职业技能培训，获得相关职业资格证书；参加其他相应的专业技能培训，获得相应证书或成绩证明。

4.竞赛组织与实施：组织校级或院系联赛；或担任校级、院级裁判工作。

5.科研活动与创新创业项目：学生主持科研项目、公开发表学术论文、负责创新创业训练项目等。

6.经学院认定的其他实践活动。

表9.1所列为计分办法与相关证明。

表 9.1　计分办法与相关证明

序号	实践类别	计分办法		证明材料
		内容	分值	
1	教学训练指导	学生在院内教师指导下，承担各项体育俱乐部助理教练工作，经考核成绩在及格以上	每学期 1 学分，上限 4 学分	工作日志、指导教师成绩单
		校级联赛中担任二级学院院队主教练	1 学分	教练工作日志、相应的教练员聘书（盖章）
		经院推荐承担的其他教学、训练工作	1 学分	教学、训练工作日志、推荐证明
2	学科专业竞赛	代表学校参加国家级比赛 1 次	3 学分	秩序册、成绩册
		代表学校参加省级比赛 1 次	2 学分	秩序册、成绩册
		代表学校参加市级比赛 1 次	1 学分	秩序册、成绩册
		代表二级学院参加校级联赛 2 次及以上	1 学分	训练计划、秩序册、成绩册
3	职业技能培训	学生参加体育类职业技能培训，获得相关职业资格证书	1 学分	证书原件（验证后归还）、证书复印件
		参加其他相应的专业技能培训，获得相应证书或成绩证明	1 学分	证书或成绩证明原件（验证后归还）、证书或成绩证明复印件
4	竞赛组织与实施	校级联赛裁判员 12 场次	1 学分	联赛秩序册、裁判员工作日志
		院级联赛裁判员 24 场次	1 学分	联赛秩序册、裁判员工作日志
		组织、策划院级以上竞赛活动	1 学分	策划书、工作日志等
5	科研活动与创新创业项目	学生主持科研项目	1～2 学分	相关证明材料
		公开发表学术论文，CN 级刊物	1 学分	论文原件、相关检索证明
		互联网＋大赛获奖	1～2 学分	申报书、计划书、奖状
		创新创业训练项目负责人	1 学分	申报书、立项、结项文件
		其他创新创业实践	1～2 学分	相关证明材料
6	其他	因校、院发展需要，同时对学生专业发展有一定帮助的实践活动	1 学分	校、院相关计划、文件等
		其他经学院审核认定的实践活动	1～2 学分	提供相关证明，经认定小组讨论认定

图 9.2 所示是大学公共体育与体育教育专业教育结合的大学体育模式范例。

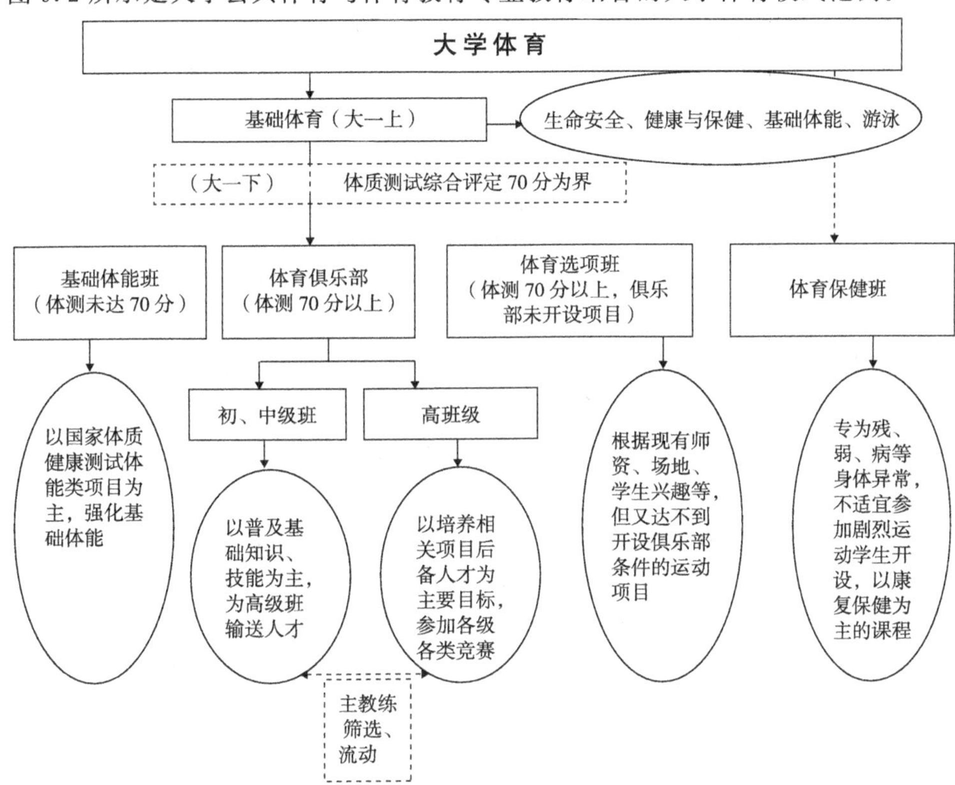

图 9.2 龙岩学院大学体育课结构示意

[课程理念]

1.构建了以学生兴趣爱好和自主学习为特色的“俱乐部式”教学。

2.理解生命，理解健康，培养兴趣，养成终身体育意识和习惯。

3.通过区别对待，分层教学，围绕提高学生身体素质为中心进行课程建设，满足不同层次学生需求。

4.培养非专业体育骨干的综合体育能力。

[改革措施]

1.采用放宽学制(6 个学期完成 4 学分)。

2.采用“杠杆式”的选拔调控机制。

3.采用合作学习和自主学习的学习方式。

4.采用科学客观的评价体系。

5.采用体育专业助教协助制度。

[大学体育课“俱乐部式”教学改革成效]

1.学生的身体素质显著提升。实施“俱乐部制”教学以来，我校学生的大学体育重修率持续下降，学生的身体素质明显提高，大学生体质测试合格率逐年提高，近两年的合格率都在 90%以上。学生参加体育课的兴趣和课堂教学效果显著提升。

2.竞赛成绩喜人。促进了学校运动队建设和竞技水平的提升，2014 年以来，参加全国、全省、龙岩市比赛都取得较好成绩，其中省级以上比赛获得一等奖 29 项，二等奖 50 项，三等奖 78 项。

3.校园体育氛围进一步浓厚。大学体育开展“俱乐部式”教学以来，全校性（包括俱乐部的比赛）的体育竞赛从改革前一年2012年的7项，发展到2013年的10项、2014年的12项、2015年的20项、2016年的34项、2017年的36项（根据每年的校体委竞赛计划）。

4.非体育专业学生的综合体育能力提升。

原来学校的所有体育比赛的裁判和组织策划都是由体育学院的师生包办，现在，校级层面的体育赛事的组织策划和裁判工作，虽然体育学院的师生还是主力军，但已经有部分非体育专业的学生参与到各项比赛的裁判、组织策划中，而各体育单项“俱乐部”的所有体育比赛则都是由非体育专业的学生承担，他们从赛前的准备、赛中的协调、赛后的总结等一系列工作都组织得有条不紊，同时各体育单项“俱乐部”还通过积极寻找比赛赞助商，对于他们体育专项能力、团队成员之间的协作和人际交往能力的提升都有积极的意义。

5.体教专业的学生实践能力明显提升。体育教育专业学生通过在各单项“俱乐部”的教学，专业能力明显提升，通过对毕业班学生教育实习情况的反馈可以发现，实习学校对实习生的满意度逐年上升。

6.促进课堂教学改革的进一步深化和教研团体建设。近3年来，各“俱乐部”均成立了教学科研团队，各团队以“大学体育课程改革”为研究对象的研究课题有8个，其中省部级2个，校级和市厅级6个，发表教改方面的论文有10多篇，有力地促进了大学体育“俱乐部式”教学模式的不断丰富和完善，也促进了教学方法与手段及教学评价体系的不断创新。

不同俱乐部的课程模式流程如图9.3至图9.7所示。

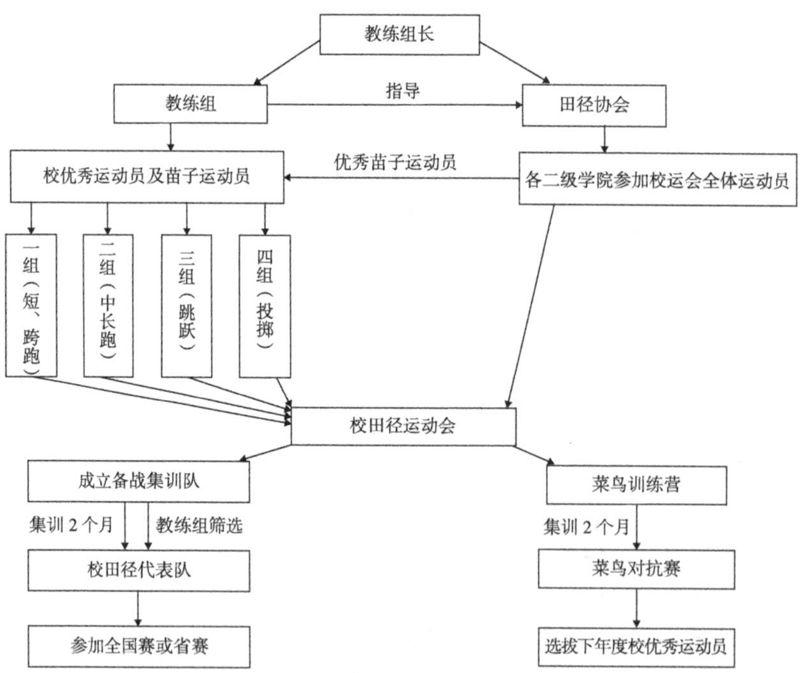

图9.3　田径递进选拔俱乐部课程模式

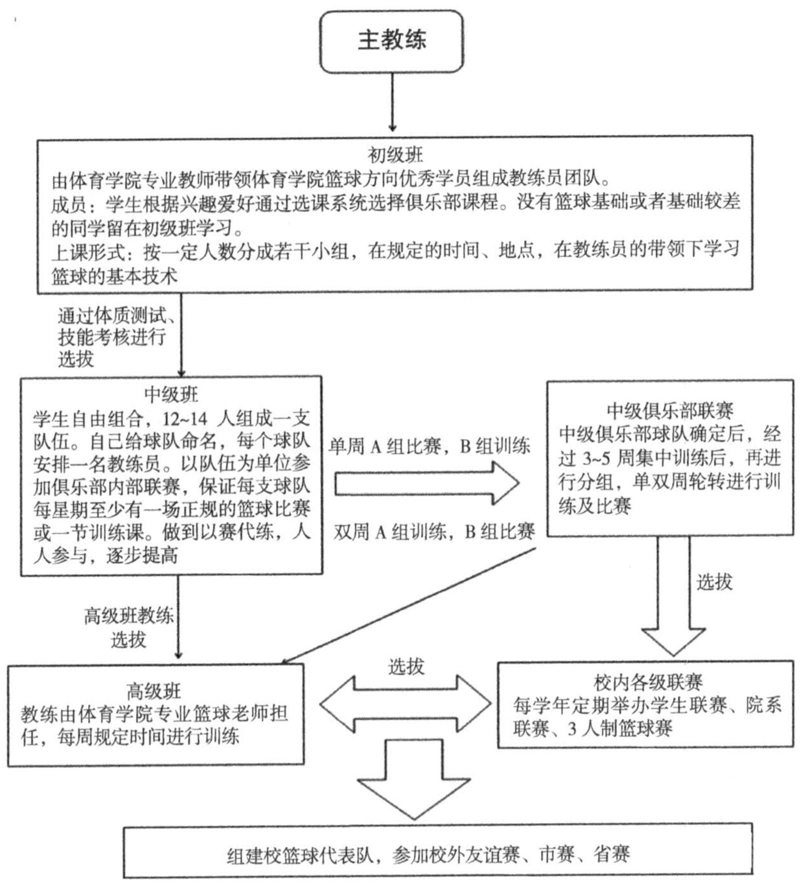

图 9.4　篮球竞训双辅制课程模式

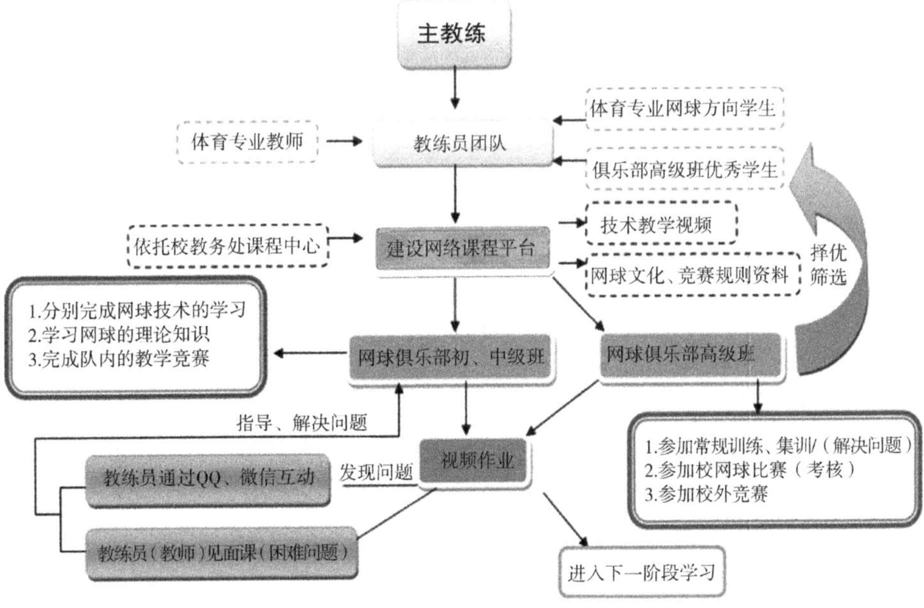

图 9.5　网球远程辅导式俱乐部课程模式

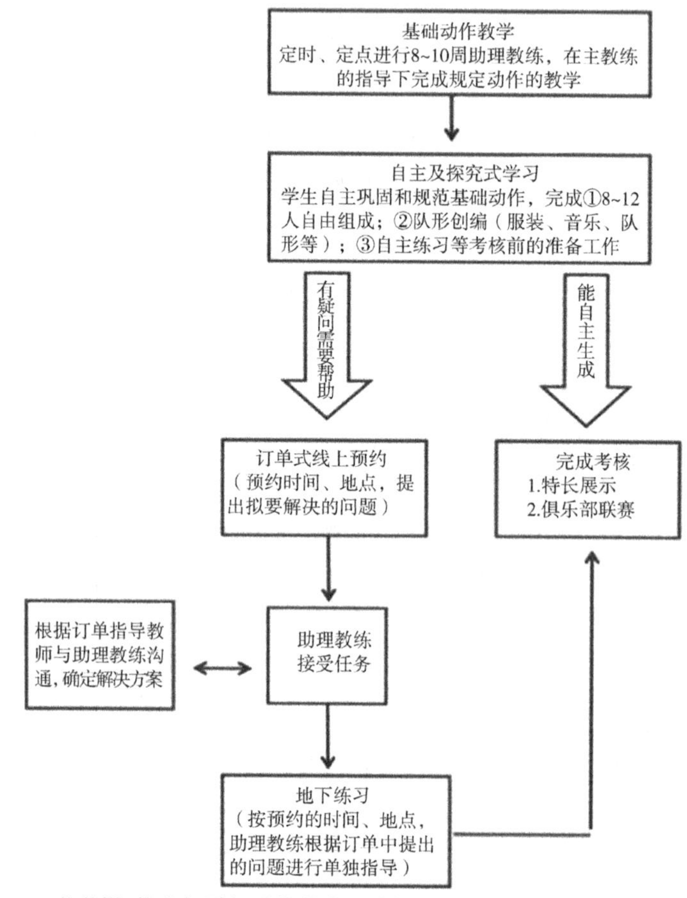

图 9.6　啦啦操、体育舞蹈俱乐部线上到线下(online to offline,OTO)课程模式

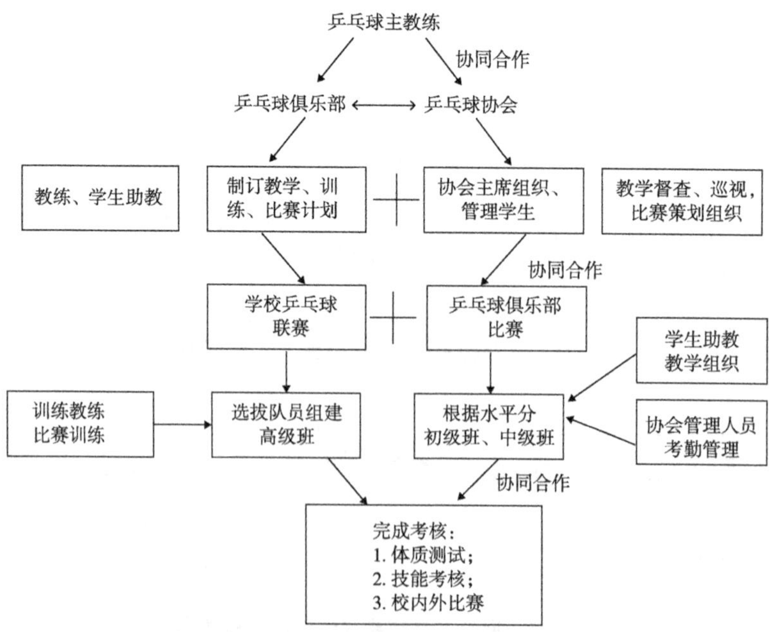

图 9.7　乒乓球俱乐部双轨制课程模式

第二节　课外实践与社会服务创新教学案例

一、创新实践户外拓展案例

（《大学体育教程》，姜丽等主编，高等教育出版社，2010 年版）

<table>
<tr><td colspan="2">教学内容</td><td colspan="2">一、天梯项目体验
二、团队合作类理论知识分享</td></tr>
<tr><td colspan="2">教学目标</td><td colspan="2">通过理论与实践相结合，让 80％的学生通过对项目的体验，发表自己对项目中所含理论的理解。
通过实践练习与辅助素质练习，培养学生的独立思考、逻辑思维、快速决断能力，克服困难的意志力；发展学生专项身体素质，重点提高灵敏性和团队协作能力</td></tr>
<tr><td>课的部分</td><td>时间</td><td>课的内容</td><td>组织教法及教学要求</td></tr>
<tr><td>开始部分</td><td>5分钟</td><td>课堂常规
1.集合（游戏点名）。
2.师生互动问好。
3.宣布本堂课的内容及要求，着重强调注意事项</td><td>组织方法：
教师：△　学生：×
××××××××××××××
××××××××××××××
××××××××××××××
××××××××××××××
△
要求：
1.队伍集合快而整齐，精神饱满，师生问好声音洪亮。
2.见习生随堂听课</td></tr>
<tr><td>准备部分</td><td>10分钟</td><td>准备活动
1.绕集合地点旁小路慢跑（400～600 米）两圈。
跑动过程中辅助声音、动作训练

2.徒手操：
（1）头部运动。
（2）肩部运动。
（3）体侧运动。
（4）腰部运动。
（5）膝关节运动。
（6）正压腿。
（7）侧压腿。
（8）踝腕关节运动（各 4×8 拍）</td><td>组织方法： 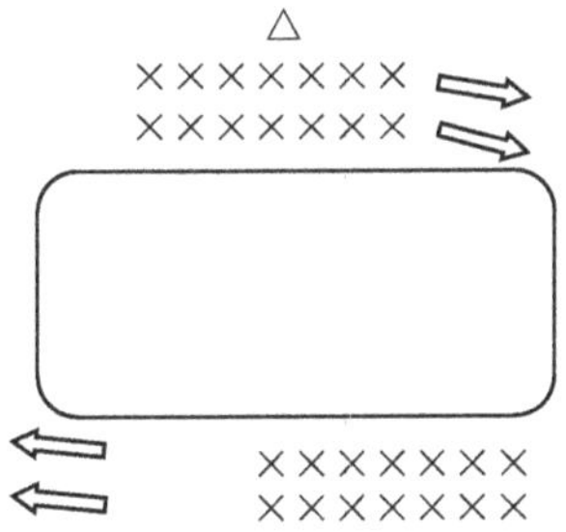
△
×××××××
×××××××
×××××××
×××××××
前两列向一个方向跑动，后两列跟上，两圈跑完后回到集合队伍
组织方法：
××××××××××××××
××××××××××××××
××××××××××××××
××××××××××××××
△
要求：
1.慢跑过程中队伍整齐而精神饱满。
2.徒手操，动作到位，充分活动全身各个关节，避免受伤</td></tr>
</table>

续表

<table>
<tr><th>课的部分</th><th>时间</th><th>课的内容</th><th>组织教法及教学要求</th></tr>
<tr><td rowspan="2">基本部分</td><td rowspan="2">70分钟</td><td>回顾已学的团队建设拓展的内容
作用：
1.活跃气氛。
2.集中注意力。

特点：
1.诙谐愉快、开心快乐。
2.开场热身。
3.适度夸张。

操作时需注意：
1.注意周边场地对活动效果的影响。
2.注意学生气氛，及时控场引导</td><td>组织方法：
××××××××××××
×　　　　　　×
×　　　　　　×
×　　　　　　×
×　　　　　　×
×　　　　　　×
×　　　　　　×
△
教法：
1.组织学生再次回顾团队建设内容，进行团队展示，要求创新特色，突出亮点。
2.在引导过程中，注意气氛。
3.指导学生在团队展示中需注意到的问题。
4.再次回想团队建设，加深学生对其的理解。
5.组织引导学生分析、思考，为后面的项目体验教学做铺垫。
要求：
1.学生态度认真，每个人参与实践。
2.活动时注意安全，规避风险。</td></tr>
<tr><td>开展创新拓展项目
1.项目名称：天梯。
2.项目性质：双人合作。
3.项目任务：两人结成一组，向上攀爬，两人站在第5根横木，双手抱住第6根横木。
4.项目流程：
4.1 介绍项目名称、性质、任务。
4.2 讲解保护学生的装备、5步保护法等。
4.3 讲解攀爬学生的安全装备，项目规则，强调注意事项</td><td>组织方法：
××××××　　××××××
△
4.4 询问有无不宜参加项目的疾病。
4.5 随机分组，确定攀爬顺序，安排第1组爬时，第2组准备，第4组作为主保护，第2组爬时，第3组准备，保护不换，第3组爬时，第4组准备，第6组作为主保护，依次类推。
4.6 项目开始，老师、助教监控细节：
攀爬前，必须保护到位；
观察学生表现，如相互学习、鼓励、吸取经验、协作；
适时给予攀爬技术指导和时间提示；
适时召集大家给攀爬学生鼓励</td></tr>
<tr><td>结束部分</td><td>5分钟</td><td>放松活动
1.静力拉伸。
2.互动协助</td><td>组织方法：
×××××××××××××
×××××××××××××
×××××××××××××
×××××××××××××
△</td></tr>
</table>

续表

<table>
<tr><th>课的部分</th><th>时间</th><th>课的内容</th><th>组织教法及教学要求</th></tr>
<tr><td rowspan="2">课后小结</td><td rowspan="2"></td><td>课后小结
回顾流程：
问：假如只是一个人，能否完成任务？
协作：
问：你们觉得，天梯中 6 根横木之间的关系是什么？
目标任务的阶段论：
最终目标的达成往往不是直接性和一步性的，而需要通过跨越阶段性目标来实现</td><td>要求：
根据自身实际情况思考分析完成动作的质量。
调动气氛：鼓掌予以肯定。
分组讲述感受，记录谈话，着重于：
团队学习、相互学习；
在学员谈的过程中，可进行延伸提问，如漫画如此挖井！创新思考——合作</td></tr>
<tr><td colspan="2">[坚持]漫画：如此挖井！
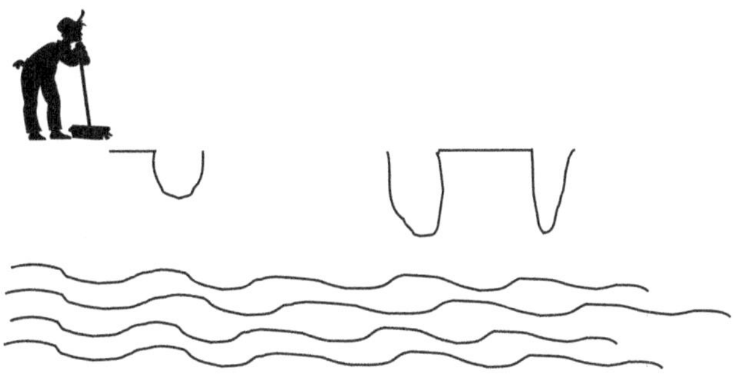</td></tr>
<tr><td>延续创新思考</td><td colspan="3">创新思考——合作
地狱与天堂的区别：一个人去到地狱，看到这样一个场景，有一张长长的桌子，桌子两边坐了很多人，个个面黄肌瘦，饿得奄奄一息。原来，在地狱里，每人有个带长柄的勺子，吃饭时他们得握住勺子长柄尾部去舀食物，可他们舀到食物后怎么也够不着自己的嘴巴。那个人又去到天堂，发现那里也是一张长桌子，也是每人一个长柄勺。可那里的人却肥肥白白，红光满面。后来，他发现，天堂里的人拿长柄舀了食物后都去喂桌子对面的人</td></tr>
</table>

二、创新实践研学案例

（《羽毛球运动》，张瑞林主编，高等教育出版社，2010年版）

研究课题名称	开心羽毛球，运动飞起来

一、课题背景、意义及介绍

1.背景说明

羽毛球是一项大众喜爱的运动，场地器材简单，容易开展，又是一项能作为终生运动的项目来普及和推广。

2.课题的意义（为什么要进行本课题的研究）

经常性练习羽毛球，能有效地促进身体素质的提高，能开发学生的动脑、动手能力，还能培养学生的沟通和团队协作能力，是一项值得终生去参与和锻炼的运动。

3.课题介绍

羽毛球可大致分为：单打和合作，单打主要是以双人练习和锻炼为主，合作则需要团队协作一起参与。单一的打法比较枯燥，由于小学生的注意力容易分散，又缺乏坚持的毅力，因此本课题突出的是让学生去创新，去发挥自己的想象力和观察力，在老师教授基本动作和要求后，根据自身的情况去创造新的打法和玩法

二、研究性学习的教学目的和方法（可按新课程标准的三维目标或布鲁姆目标分类法进行研究性学习的教学目和方法的阐述）

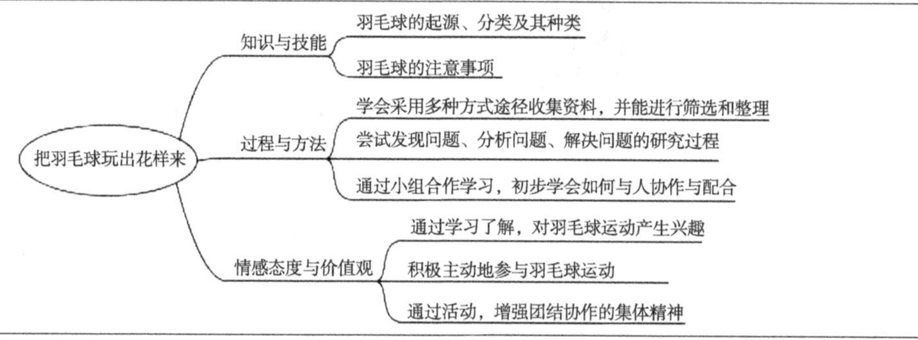

三、参与者特征分析（重点分析学生有哪些共性、有哪些差异，尤其对开展研究性学习有影响的因素）

学生正处于模仿能力较强的年龄段，好玩好动，表现欲强，喜欢展示自己的成果，需要被肯定和鼓励。但也存在着一些问题，就是学生的自觉性不够好，精神集中的时间短，很容易分散注意力

四、研究的目标与内容（课题研究所要解决的主要问题是什么，通过哪些内容的研究来达成这一目标）

课题研究所要解决的主要问题：

1.羽毛球运动的起源和发展。

2.羽毛球运动的分类。

3.羽毛球的相关弊端

通过以下内容的研究来达成这一目标：

1.收集有关羽毛球的知识。2.羽毛球运动的调查及分析。3.羽毛球运动是否健康

五、研究的预期成果及其表现形式（研究的最终成果以什么样的形式展现出来，是论文、实验报告、实物、网站、多媒体还是其他形式）

1.通过课堂的展示，让学生把自己的"拿手本领"在课中展现给大家，通过一些展示让学生有更多的交流。组织小团队在一起同时展示，把不同特色的动作和方法同时展现在一个舞台上。

2.把学生在练习中的一些有特色的瞬间利用多媒体方式记录下来，利用课中时间集中展现给大家。

3.学生利用课余时间，通过练习的方式在校园内和居住地方展示

续表

六、资源准备

1.多媒体和体育器材等。
2.羽毛球运动的相关创新视频

七、研究性学习的阶段设计

<table>
<tr><th colspan="2">研究性学习的阶段</th><th>学生活动</th><th>教师活动</th><th>设计意图</th></tr>
<tr><td colspan="2">第一阶段：动员和培训(初步认识研究性学习、理解研究性学习的研究方法)</td><td>1.接触、讨论问题。
2.了解本次活动的学习目的。
3.学习了解本次综合实践活动的步骤、方法、要求</td><td>1.呈现有关羽毛球的图片，激发学生学习兴趣。
2.组织学生就问题谈感受。
3.利用演示文稿介绍本次综合实践活动的步骤与方法</td><td>引导学生自学，思考羽毛球的特点</td></tr>
<tr><td rowspan="3">第二阶段：课题准备阶段</td><td>提出和选择课题</td><td>1.讨论要比较全面地了解羽毛球运动，应该从哪些方面展开调查呢?
2.经过师生共同讨论，以学生最急于了解或最感兴趣的方面，确定研究主题</td><td>1.组织讨论。
2.与学生一起筛选课题，确定研究的课题</td><td rowspan="3">培养学生团队协作、领导组织、科学创新的能力和素养</td></tr>
<tr><td>成立课题组</td><td>1.学生根据自己的专长和喜好确定自己的选题，并根据选题形成小组。
2.各小组成立后，选定组长，学习讨论小组合作学习评价量规。
3.根据自己的选题，进行小组分工</td><td>1.在学生自愿成组的前提下，合理调配各组成员，以利于能力较弱的学生也可以安排到工作。
2.制订合作学习规则(或者合作学习评价量规)提供给学生。
3.组织、指导学生的小组讨论、小组成员分工</td></tr>
<tr><td>形成小组实施方案</td><td>各小组成立后选定组长，学生相互交流，选定练习，记下自己成果</td><td>1.设计“研究方案”模板，为学生制订研究方案提供指引
2.设计“调查记录表”为学生调查记录提供指引。
3.设计成果展示模板，为学生展示研究结果提供指引</td></tr>
<tr><td colspan="2">第三阶段：课题实施阶段</td><td>1.小组分组汇报自己的研究成果，可以把成果制作成手抄报、调查报告等。
2.各成员参照(评价表)进行自我评价，由小组长收集，整理汇报。
3.小组参照(评价表)汇报小组自评。
4.当所有组成果汇报完毕，各小组还要参照(评价表)整理意见，对其他小组的活动成果展开评价。
5.各组长整理汇报本组的评价。
6.各成员集成自评、组评、他评和教师评价，填写完成(评价表)</td><td>老师根据一个学期以来各小组活动情况，利用(评价表)给出教师意见。老师根据整个活动过程给出评价意见和指导意见</td><td>培养学生总结归纳、批评与自我批评、创新创业的能力</td></tr>
</table>

续表

八、总结与反思(实践后总结、反思整个研究性学习过程,提出改进意见)
在进行羽毛球教学的同时,引导学生去创新玩法,在采用多样性打法的同时培养学生的兴趣,发挥学生的主体作用,转变学生的学习方法和积极性。让学生喜欢运动,融入生活中。采用创新式教学、比赛的方法和自主合作的方式,使课堂气氛活跃,学生间的交流增多,有效地激发学生参与的热情,发展学生的身体素质,培养团队协作的优良品质,为终生体育打下坚实的基础。 在教学过程中遇到一些问题,比如学生过重地注意动作的新颖,而忽略了锻炼的目的,应该多去关注、引导学生,更应该把各种学习方法推广到其他项目的教学中去,注重学生的全面发展
九、创新创业案例
在羽毛球圈子里摸爬滚打了多年,出于自己对羽毛球运动的了解和热爱,在移动互联网的浪潮袭来之时,蔡先生想到了把羽毛球运动和移动互联网结合起来,搭建羽毛球运动和赛事的 O2O 平台。他发现,目前现有的羽毛球 O2O 平台基本都停留在帮助运动者和参赛者订场地等十分基础的服务上,看上去的确是线上线下 O2O,也具有很强的互联网基因,但唯独缺乏的就是他们对羽毛球这项运动的深度了解,以及广泛的羽毛球领域相关资源,因此无法涉足更深层次的赛事组织、承办等较为复杂的 O2O 业务。 2015 年 1 月,蔡先生的羽毛球 O2O 项目"甜区体育"正式立项。在羽毛球、乒乓球、网球运动中,"甜区"就是球拍面的有效击球区,让击球者用最舒适的力度击出最有杀伤力的落球。这一区域能给足够的威力、控球性与扎实的击球。他的创业项目,也正处在"大众创业、万众创新"的最佳创业时期,从找准自己最熟知的领域开始,打造最有影响力的羽毛球 O2O 一站式服务项目。 在业务方面,"甜区体育"选择从赛事切入,主要关注 3 个方面:成立初期,凭借多年积累的人脉和口碑,承办机关单位、高校、校友、中小学、公司等举办的羽毛球比赛是"甜区体育"的业务的主要来源。"甜区体育"的第二类业务是承接俱乐部赛事,通过这类赛事,可以聚拢大批的羽毛球爱好者,成为"甜区体育"的用户。最后一类业务是"甜区体育"的自有品牌赛事,主要为打造品牌。在所有 3 类赛事中,"甜区体育"都将提供包括比赛前期物料制作、流程安排、报名、分组等服务,以及后续的器材提供、教练资源、社交、体育旅游等增值服务,而增值服务将成为他们主要的盈利来源。 "甜区体育"还在做的另外一件事情,就是建立一套业余羽毛球玩家评分体系。通常情况下,由于业余玩家的水平参差不齐,而水平相差太大的两个人也无法进行对抗,因此对于业余玩家的水平界定显得十分必要。可现状却是,因为玩家分散,目前在玩家圈里,还没有一套经国家认可、大众公认的评分体系。 在"甜区体育"的平台上,玩家可以通过一系列问答判断自己的水平等级,据此选择适合参加的比赛和对手。每次参加完比赛后,比赛成绩可自动计入积分,达到一定积分后玩家会得到一定的奖励,或得到评级的晋升,这样自然也能形成用户黏性,不断扩充用户数量。目前,羽众的分级标准主要是根据参赛选手的历史战绩,选用了《孙子兵法·军争篇》中的风林火山来分级:"故其疾如风,其徐如林,侵掠如火,不动如山,难知如阴,动如雷霆。" **创新思维,创业讨论**:针对羽毛球运动特点和创新创业方向进行头脑风暴,讨论运动和营养结合手机网络平台等在挑战杯等比赛实践的体育方面应用

三、研究性学习设计方案模板

(《排球》,姚鸿芬主编,高等教育出版社,2004 年版)

研究课题名称	排球运动的开展

一、课题背景、意义及介绍

1.背景说明

排球运动,场地器材简单,容易开展,可以作为一项终生运动的项目来普及和推广。

2.课题的意义

经常性练习排球,能有效地促进身体素质的提高,能开发学生的动脑、动手能力,还能培养学生的沟通和团队协作能力,是一项值得终生去参与和锻炼的运动。

3.课题介绍

排球需要团队协作,本课题的主旨是让学生去创新,去发挥自己的想象力和观察力,在老师教授基本动作和要求后,根据自身的情况去创造新的玩法

二、研究性学习的教学目的和方法

知识与技能:

1.排球的起源、分类及其种类。

2.排球的注意事项。

过程与方法:

1.学会采用多种方式途径收集资料,并能进行筛选和整理。

2.尝试发现问题、分析问题、解决问题的研究过程。

3.通过小组合作学习,初步学会如何与人协作与配合。

情感态度与价值观:

1.通过学习了解,对排球运动产生兴趣。

2.积极主动地参与到排球运动中来。

3.通过活动,增强团结协作的集体精神。

思维导图:

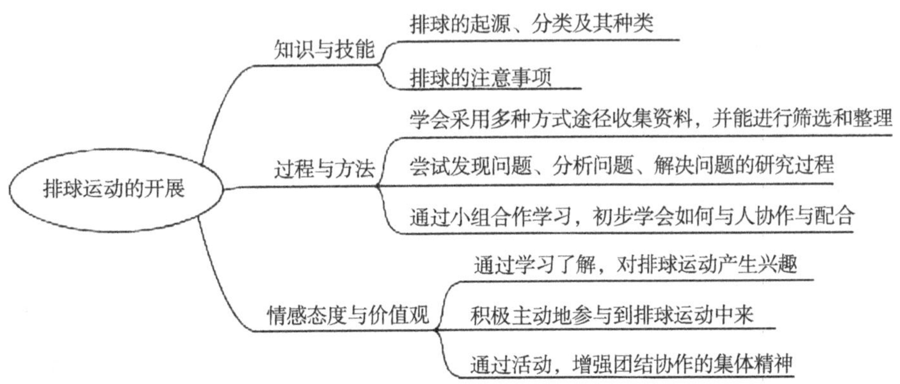

三、参与者特征分析(重点分析学生有哪些共性、有哪些差异,尤其对开展研究性学习有影响的因素)

大学一年级的学生正处于模仿能力较强的年龄段,好玩好动,表现欲强,喜欢展示自己的成果,需要被肯定和鼓励。但也存在着一些问题,就是学生的自觉性不够好,较容易因为外界因素而分散注意力

续表

四、研究的目标与内容（课题研究所要解决的主要问题是什么，通过哪些内容的研究来达成这一目标）

课题研究所要解决的主要问题：
1.排球运动的起源和发展。
2.排球运动的分类。
3.排球的相关弊端。
通过以下内容的研究来达成这一目标：
1.收集有关排球的知识。2.排球运动的调查及分析。3.排球运动是否健康

五、研究的预期成果及其表现形式（研究的最终成果以什么样的形式展现出来，是论文、实验报告、实物、网站、多媒体还是其他形式）

1.通过课堂的展示，让学生把自己的"拿手本领"在课中展现给大家，通过一些展示让学生有更多的交流。组织小团队在一起同时展示，把不同特色的动作和方法同时展现在一个舞台上。
2.把学生在练习中的一些有特色的瞬间利用多媒体方式记录下来，利用课中时间集中展现给大家。
3.学生利用课余时间，通过练习的方式在校园内和居住地方展示。
4.教师形成的综合性评价表

六、资源准备

1.多媒体和排球相关体育器材等。
2.排球运动的创新视频。
3.评价量表

七、研究性学习的阶段设计

<table>
<tr><th colspan="2">研究性学习的阶段</th><th>学生活动</th><th>教师活动</th></tr>
<tr><td colspan="2">第一阶段：动员和培训（初步认识研究性学习、理解研究性学习的研究方法）</td><td>1.接触、讨论问题。
2.了解本次活动的学习目的。
3.学习了解本次综合实践活动的步骤、方法、要求</td><td>1.呈现有关排球的图片，激发学生学习兴趣。
2.组织学生就问题谈感受。
3.利用演示文稿介绍本次综合实践活动的步骤与方法</td></tr>
<tr><td rowspan="3">第二阶段课题准备阶段</td><td>提出和选择课题</td><td>1.讨论要比较全面地了解排球运动，应该从哪些方面展开调查呢？
2.经过师生共同讨论，以学生最急于了解或最感兴趣的方面，确定研究主题</td><td>1.组织讨论。
2.与学生一起筛选课题，确定研究的课题</td></tr>
<tr><td>成立课题组</td><td>1.学生根据自己的专长和喜好确定自己的选题，并根据选题形成小组。
2.各小组成立后，选定组长，学习讨论小组合作学习评价量规。
3.根据自己的选题，进行小组分工</td><td>1.在学生自愿成组的前提下，合理调配各组成员，以利于能力较弱的学生也可以安排到工作。
2.制订合作学习规则（或者合作学习评价量规）提供给学生。
3.组织、指导学生的小组讨论、小组成员分工</td></tr>
<tr><td>形成小组实施方案</td><td>各小组成立后选定组长，学生相互交流，选定排球练习，记下自己成果</td><td>比如，采取分组训练的方法，分 4 至 6 人一组，安排小组长，并对每一位队员进行角色的任命，同时设定具体的任务。可以将任务设置为在训练结束之后，组内每一位队员的发球成功率需在 60%以上。整个过程中教师可从旁进行组织和指导，可以采取巡回指导、一对一互助训练、竞赛及游戏法等的方式，对每组训练过程中存在的问题进行解决</td></tr>
</table>

续表

第三阶段：课题实施阶段	1.小组分组汇报自己的研究成果，可以把成果制作成手抄报、调查报告等。 2.各成员参照（评价表）进行自我评价，由小组长收集，整理汇报。 3.小组参照（评价表）汇报小组自评。 4.当所有组成果汇报完毕，各小组还要参照（评价表）整理意见，对其他小组的活动成果展开评价。 5.各组长整理汇报本组的评价。 6.各成员集成自评、组评、他评和教师评价，填写完成（评价表）	教师根据各小组活动情况，利用（评价表）给出教师评价意见和指导意见。 比如，安排各小组进行定位发球和任意发球两个项目的演示比赛，可以通过视频录制的方式将学生演示动作录制下来，便于对学生评分，还可以设置相应的奖励。在课程结束之前，教师可以安排小组长收集整理训练中遇到的问题及获取的经验，进行分享交流，最后由教师对整个过程加以总结，并进行课后任务的布置

八、创新与反思（实践后总结、反思整个研究性学习过程，提出改进意见）

大学排球课程传统教学模式可以分为教师讲解—教师示范—学生练习—教师指导—课后作业 5 个部分，从整个教学环节来看，主要是教师教，学生被动地进行学习，整个教学过程中没有体现出学生的自主性，仅是由教师主导的灌输式教学。

大学排球课程翻转课堂模式可以分为课前、课中及课后 3 个环节，其中，课前环节主要包括观看视频、课前学习、问题交流 3 个部分；课中环节主要包括明确问题、创造环境、独立探讨、合作学习、心得交流、反馈评价 6 个部分；课后环节则是进行评价、反思、拓展。从整个过程来看，学生在课前通过观看视频进行自主学习，对学习中存在的问题进行讨论和交流，将问题带到课堂上，通过教学情景的创设，采取小组合作学习的交流方式，对问题进行探讨，最终得出答案，教师给予点评。课后则是进行学习的反思以及技能的拓展训练。通过这样的方式使学生主体地位得以突显出来，整个过程由学生亲自进行学习探究，教师从旁加以指导，极大地提升了学生学习的自主性

综合评价量表见表 9.2。

表 9.2　综合评价量表

“排球运动的开展”研究性学习成果评价量表					
评价指标	评价内容	得　分			
		自评	互评	小组评	教师评
一、在活动中参与的态度	1.认真参加每次活动				
	2.努力完成自己承担的任务				
	3.做好资料累积和处理工作				
	4.主动提出自己的设想				
	5.乐于合作，能和同学交流，尊重他人				

续表

评价指标	评价内容	得　分			
		自评	互评	小组评	教师评
	6.善于提问，乐于研究，勤于动手				
	7.关心国家大事，有一定的责任心				
	8.能对自己进行“反思”				
	9.实事求是，尊重他人想法与成果				
	10.不怕吃苦、用于克服困难				
	11.能用多种途径获取信息				
	12.能运用已有知识解决问题				
	13.有求职的好奇心、探索的欲望				
	14.独立思考，自主学习，主动发现问题，提出问题，寻求解决问题的方法				
	15.积极实践，发挥个性特长，施展才能				
	（自评＋互评＋小组评＋师评）				
注：					

四、体育的社会实践调查报告

（《大学生社会实践教程》，倪福全等主编，高等教育出版社，2016年版）

（一）调研目的

通过对龙岩学院体育与健康学院体育工作的调研，了解并思考未来体育工作的前进方向。

（二）学校基本情况

学院现有教职工47人，专任教师37人，行政教辅8人。专任教师中教授8人（其中硕士生导师2人），副教授12人，讲师14人，助教4人。专任教师中博士1人，硕士17人。现有国际级裁判1人，国家级裁判1人，国家一级裁判员16人，龙岩市“教学名师”2人，校级“教学名师”1人，受聘硕士生导师2名。目前已形成一支学历、职称结构较为合理的师资队伍。

学院现有综合体育馆1座（内有篮球2个、乒乓球馆1个、体操馆1个、健身馆1个、健美操馆1个），室外标准塑胶田径场2个、游泳池1个，并拥有室内简易篮球馆（内有健美操、啦啦操、体育舞蹈场地700平方米，武术场地一块300平方米，羽毛球场地6片）、室内排球馆1座（内设羽毛球场地4片）、风雨篮球场1个，以及室外足球场2个、篮球场11个、排球场7个、网球场6片等众多室外运动场。学院建有解剖实验室、运动生理实验室、体育保健实验室、体质监测实验室、体质健康标准测试室、体育综合实验室等。教学仪器设备总值230多万元。学院与相关企业、中小学签订校企、校地战略合作协议，建立了15个校外实习、实践基地。

（三）学校体育工作目标与设想

根据龙岩学院的办学定位，学院坚持党和国家的教育方针，遵循高等教育发展规律，紧紧抓住高等教育领域综合改革、龙岩市产业结构调整对体育教育、体育产业类专业人才需求的实际，逐渐形成并确立了自身的办学定位和发展目标。

体育学院的办学定位包括类型定位、层次定位、学科专业定位、人才培养目标定位、服务面向定位、发展目标定位等方面。

类型定位：教学型、应用型。

层次定位：以体育教育本科教育（师范类）为主，适时申报开设适应当今社会经济发展需要的体育专门人才的专业的办学模式。

学科专业定位：重点建设好体育教育专业，加强体育人文社会学科、民族传统体育学科、运动人体学科建设，争取在“十三五”末申报成功体育专业硕士点。

人才培养目标定位：以培养适应学校体育教学与训练人才为主，兼顾培养社会体育管理和社会体育指导员的服务型人才，适应区域经济社会发展与未来社会发展的高素质应用型人才。

服务面向定位：立足龙岩，服务海西，面向基层，紧贴行业，主要服务学校体育教学、训练、竞赛及体育科学研究、学校体育管理、社会体育指导等工作。

发展目标定位：“以满足社会发展的人才需求为导向，培育社会发展急需的体育人才”，以立足龙岩，服务海西，面向基层，紧贴行业，服务基础教育，建设成为办学规模适度、教育质量优良、地方特色鲜明、办学优势突出，力争成为地方特色明显、省内就业率比较高的体育教育专业。

（四）目前学校体育工作的现状

(1)学院领导班子坚持党的教育方针，始终把学校体育工作作为提高学校教育教学质量的物质保证、提高办学效益的指标、形成办学特色的亮点、提高师生健康水平的高度来抓，坚持培养学生德、智、体、美、劳全面发展。学校领导重视学校体育工作，并力图使之成为一种作风、传统沿袭下来，为学校体育工作的开展创设了一个良好的氛围和环境。

(2)从 2012 年开始，学院启动了大学体育课程改革，课程采用“俱乐部”制的课程模式。课程改革从大学体育课程的需求侧角度出发，分析现有课程需求与供给在课程目标、体育素养、个体评价、体育习惯、学习方式、教学实践指导人员等方面的矛盾。实践研究表明：在中央十八大提出全面深化改革的背景下，引进西登托普的运动教育模式，以体能与健康、体育素养、终身体育习惯为主题，贯穿“三大课程理念”，应用“七点措施”，改革创新地建设一个符合我国当前人才培养特点的竞技俱乐部制课程模式是可行的。在俱乐部制的课程模式当中，体育学院的学生承担着大量的教学指导、训练实践、竞赛组织等任务。每学期结束后，由俱乐部教师负责给学生评定，合格记取学分。从 2012 级起，体育学院就将学生专业实践能力纳入专业人才培养方案，学生须修满 5 个学分方算完成学业。从 2016 级起，在人才培养方案上，更是明确地将学生该专业实践能力纳入校内实习实践课程，学生须修完 8 个学分方算完成学业。在教学能力、训练水平、竞赛的组织与管理、专项技能等方面规定了相应的学分和学时，制定了《龙岩学院体育教育专业实践管理办法》，规定教师在该运行过程中的指导作用。从 2014 年到 2016 年，体育学院学生共计完成了 3624 人次 42948 课时的实践指导工作，学生的专业实践能力得到促进与发展。学生在校外实习时受到了实习单位的一致好评。

(3)学院坚持每年一次的田径运动会、传统项目篮球校际赛,以及诸多单项赛等,学校群众性体育活动开展丰富多彩。《国家体育锻炼标准》《大学生体育合格标准》的"达标率""合格率"完成教育厅任务。

(4)每位体育教师在体育课堂教学中能按教学计划认真地上课,常规教学与技能教学扎实。办学以来,学校体育工作从未发生过重大事故。

(五)调研情况结果与分析

学院目前拥有两个室内馆,一个为篮球综合馆,另一个为排球馆,根据场馆使用安排表,几乎每天的不同时间都安排用于教学和训练,两个室内馆使用率非常高。经过调查,这些体育场馆设施基本上能满足体育教学与学校师生课余体育活动的需要。

(1)学院领导对体育工作相当重视,制度、要求与目标符合学校实际,便于操作。学生对体育教学与课余体育活动有相当的兴趣,全校教职工对体育活动也表现出了相当大的积极性。

(2)学院经常性地开展各种各样的比赛,有学生间的比赛,有教师间的比赛。还成立了各种单项的体育协会,并举行了各式各样的等级、升位等的体育比赛活动,目前不仅学生对体育活动兴趣浓厚,教师也对体育活动表现出了相当大的兴趣。

(3)学院领导、体育教师、体育爱好者、文化教师积极参与体育活动,从而更加激起学生参加体育活动的热情。这是相互牵动、相互促进的。

(六)调研结论

(1)学院领导不仅重视学校体育工作而且积极参与体育活动,给学校体育活动搭建一个很好的平台。

(2)学校体育工作不仅仅是学生这个层面,而且一定要有教师对体育活动的参与,才能够营造良好的校园体育活动氛围,形成保持良性的循环。

(3)体育院系及体育教师认认真真、扎扎实实地做好体育工作和上好体育课外,如何带动与促动教师、领导来重视、参与体育活动是营造、保持体育工作良好循环的一个非常重要的工作。

(4)学校体育活动的展开不仅没有影响学院的教学工作,而且带来了学生、教师丰富的业余文化生活,增进了相互之间的了解与团结,提高了学生的学习和教师教学的效率。

(5)如何在这种良好的体育氛围中来提高与发展,形成体育文化特色,还有待探索与研究。

五、体育游戏:小猴摘桃案例分析

(《体育游戏》,马凌主编,人民教育出版社,2007 年版)

(一)案例背景

体育游戏是一种娱乐活动,也是一种有组织的活动。它以促进身心健康为目的,每一个参加者按特定的内容、情景、形式和规则进行活动,可以促进体力、智力和能力的良好发展。体育游戏能激发学生对体育与健身的兴趣及享受体育带来的快乐,有利于培养竞争、合作、创新等意识,增强体质,促进身体全面发展。

幼儿期是幼儿心理发展旺盛的时期,也是思维能力发展的关键期。积极引导幼儿在多种活动中发展创造力,已成为广大幼教工作者的共识,但实践中如何培养幼儿的创造力,许多人有很大的困惑。近年的工作实践中体会到:体育活动由于极富动感,有角色扮演、情节发展等特点,是幼儿较喜爱的一种活动形式,是发展幼儿创造力的有效途径。

(二)案例描述

活动开始,听《小猴子》音乐,做热身运动。

分析:优美欢快的音乐,加上老师有趣的动作,激发了幼儿的学习兴趣,为下面的活动做了很好的铺垫。

游戏:带领幼儿进入情境:让妈妈想想小猴不吃香蕉,喜欢吃桃子吗?(喜欢)瞧,前面就有一颗桃子树,但是桃子树上有什么?(毛毛虫)原来桃树上爬满了毛毛虫,难怪桃子长不出来。我们小猴子帮桃树把毛毛虫去捉掉。小猴们去捉毛毛虫的时候必须先跳过土坑,钻过山洞,来到桃树下捉掉毛毛虫。

(1)幼儿游戏:给树捉虫。交代游戏规则。

教师做简短的小结:桃树上的毛毛虫被我们都捉光了,桃树快乐地长呀长呀,长高了,也结出了大大的桃子,我们能跳起来碰到桃子吗?

(2)提高难度游戏:碰桃子。

介绍游戏的玩法:小猴们去碰桃子的时候必须和刚才一样钻过山洞,跳过小土坑。来到桃树下屈膝蹬地跳起碰到桃子,再原路返回。

(3)比赛游戏:摘桃子。

介绍游戏的玩法:小猴们肚子饿了吗?我们去把桃子摘下来。这次我们来比赛哪一组的小猴子摘得桃子又快又好。规则和我们刚才碰桃子的方法一样,先钻过山洞,跳过土坑。来到桃树下屈膝蹬地跳起摘下桃子,拿着桃子再原路返回。

表扬胜利的一队。分析:教师用巧妙的过渡语,通过 3 个游戏过程:给树捉虫—碰桃子—摘桃子,不仅激发幼儿玩的兴趣,也在 3 个游戏中,使幼儿练习了纵跳摘物,发展了幼儿的弹跳能力和动作协调能力,体验成功带来的快乐。

活动结束:桃子摘完了,小猴子们高不高兴?那就让我们一起随音乐跳起来,来表示一下我们高兴的心情吧。

分析:最后环节的梳理,既为今天的活动做一个简短的小结,也在优美的音乐中放松了身体。

(三)案例反思

(1)体育活动游戏化,激发幼儿想象创造的兴趣。

兴趣,是创造的源泉。幼儿的学习过程依赖的是幼儿对学习活动的兴趣以及活动本身的吸引力。幼儿只有对自己需要的或喜爱的活动感兴趣,才可能主动参与。因此,教师应尽量做到将体育活动游戏化,激发幼儿参与活动的兴趣,努力创设一种适宜幼儿想象的空间,使其萌发创造的意念。例如,学习蹦跳触物时,教师设计了一个小猴摘桃的游戏,教师自己扮演猴王,小朋友扮演淘气的小猴。随即进入一种游戏情景:孩子们,花果山的水蜜桃熟了,跟猴王一起去摘桃好吗?噢,太棒了!孩子们欢呼雀跃,参与活动的兴趣一下高涨起来。猴王接着引导:摘桃要先练本领,下面我们一起练习猴操。音乐伴奏下的体育游戏,有张有弛,有急有缓。将体育活动目标寓于既有情节又有角色扮演的集体游戏中,幼儿玩得开心,游戏化的体育活动,极大地吸引了幼儿,幼儿由要我做变为我要做,在激发幼儿参与活动兴趣的同时,为幼儿在一种积极的情绪状态下产生创造的欲望奠定了基础。

(2)幼儿创造力的发展不仅依赖幼儿的兴趣和愿望,更需要幼儿的胆识和勇气。

幼儿的发展是有个体差异的,组织体育活动,教师更应清醒地认识到:幼儿走、跑、跳、平衡等基本动作的发展不可能在同一水平线上。因此,教师应尊重儿童的个体差异性,并充分观察了解幼儿动作水平的发展现状,做到心中有数,努力为幼儿提供多层次的活动材料,使每个幼儿都有主动获得成功的机会。例如,在组织幼儿练习助跑跨跳动作时,教师可为幼儿准备一条由窄到宽的小河,不同能力的幼儿可随意选择适宜自己的宽度练习。跳过点的幼儿再到点练习,点跳过去的幼儿再尝试跳过点。一个内向的小姑娘站在点上迟迟不敢过河,教师走过去亲切地说:来,老师拉你一起过河!在老师信任的目光中,小姑娘跳过了河,脸上露出了灿烂的微笑。让幼儿总是处在成功的起点上,又同时看到更高的目标,主动为自己确定努力的方向。一刀切和整齐划一的教育是难以使每个儿童都得到充分发展的。我们不应用一把尺子衡量幼儿,应努力创设适宜不同儿童的教育,这才是真正意义上的面向全体,这样才能使每个幼儿都能在原有水平上发展,都能获得成功的体验。

六、创新型小学生运动会

(《运动竞赛学》,王亚琼主编,北京师范大学出版社,2009 年版)

(1)分组:六年级为甲组、五年级为乙组、四年级为丙组、三年级为丁组。

(2)项目:

①单项:60 米、100 米、200 米、400 米、800 米、踢毽子、定点投篮、上篮大赛(甲、乙组)、投准、立定跳远、攀岩(甲、乙、丙组)、夺取胜利(过桥—冲坡)、套环(丁组)。

②集体项目:男女混合 20×25 米迎面接力、夹球跳(男女各 5 人,丙、丁组)、4×100 米接力、夺取胜利接力(男女各 5 人)。

(3)每个代表队可报男女运动员各 10 名,领队 1 名。

(4)运动员号码由大会统一编号分发。

(5)竞赛方法:

①竞赛采用国家体育总局审定的最新竞赛规则。

②每位运动员限报两个单项,每队每项限报两人,集体项目运动员必须是参加单项比赛的运动员。

③校运动员必须按年级如实报名参加比赛,如有虚报取消运动员比赛资格。

④如某项报名人数不足 4 人或只有 4 人时,则减少 1 名录取名次,如只有一人报名则改项。

⑤单项预赛取前 6 名参加决赛,不足 6 名时直接进行决赛,400 米、800 米不分道直接进行决赛。

(6)录取名次和奖励办法:

①三、四、五、六年级组各组取团体名次前 3 名。

②各单项取前 4 名,按 5、3、2、1 计分,集体项目以双倍计分。

③学校对获团体名次的单位和单项前 3 名的运动员给予精神和物质奖励,给予单项第 4 名的运动员精神奖励。

④为鼓励开幕式及运动会中表现突出团队,本次运动会评选体育道德风尚奖 4 队。

新项目介绍:

(1)踢毽子:选手站于直径为2米的圈内,用1分钟的时间踢毽子。比赛中允许毽子掉下后捡起来再踢,但不允许跨出圈(出圈后比赛自动终止),以1分钟所踢个数计成绩,个数多者名次列前。

(2)定点投篮:选手站于规定点(5点)利用1分钟时间进行投篮,投进个数多者名次列前,如遇个数相同则计命中率。五、六年级投大篮架,起投线为3.5米;三、四年级投小篮架,起投线为2.5米。

(3)上篮大赛:选手利用1分钟时间在大篮架进行三步上篮,每次上篮前必须先运球出三分线外才可开始,投进个数多者名次列前,如遇个数相同则先投完最后一个球者名次列前。

(4)投准:选手利用垒球打"地靶",每人投3次,中心为11环,向外依次为9,8,7,6,5…累积所投环数,环数高者名次列前。五、六年级8米起投,四年级5米起投。

(5)攀岩:选手在长城墙按规定要求攀爬,然后返回至出发点,以用时取名次,所用时间少者名次列前。

(6)夺取胜利:选手过独木桥、冲坡、取物、下坡、返回至出发点,以用时取名次,所用时间少者名次列前。下坡时为确保安全,三、四年级要求滑下来。

(7)套环:选手站于离立柱3米处套环,共套10个,套进个数多者名次列前。

(8)夹球跳:每组男、女各5人,分别站于相距15米远两处进行夹球迎面接力,如球掉下,则从掉下处捡起夹好重跳,以用时取名次,所用时间少者名次列前。

此外,还可对运动会的奖项进行创新改革,增设风格奖、优秀裁判员、优秀观众、入场优胜奖等。

七、体育专业大学生创新创业能力培养调查问卷

(《体育创新创业教育》,赵冰主编,高等教育出版社,2010年版)

(一)有关于您的创新能力特征的一些描述(按顺序标注A、B、C、D、E)

完全不符合　比较不符合　不确定　比较符合　完全符合

A　B　C　D　E

(1)生活中我善于捕捉新信息、主动发现问题。

(2)遇到问题时,我通常能从多方面进行思考、探索可能性,而不是固定在一种思路或局限在某一方面。

(3)善于提出与众不同的观点,并敢于打破常规,尝试用新颖的方式处理和解决问题。

(4)具有敏锐的观察力,对新事物能迅速识别和直觉判断。

(5)想象力丰富,善于借助图形、表格、符号等将抽象的知识形象化。

(6)具有强烈的学习意识,会主动与老师和同学进行学习或学术上的交流与探讨。

(7)在学习或活动中,能做到相关知识的迁移和运用。

(8)平时喜欢动手制造一些小发明或根据需要,会在已有基础上对产品进行改进、设计,生产出新的产品。

(9)经常并乐于参加社团活动及社会实践活动。

(10)在共同完成某一任务时,我能与团队其他成员很好地相处与合作。

(11)在团队成员意见出现分歧时,我总能很好地沟通协调并为此献计献策。

(二)有关于您的创业能力特征的一些描述(按顺序标注 A、B、C、D、E)

完全不符合　比较不符合　不确定　比较符合　完全符合

A　B　C　D　E

(1)我了解某行业目前的市场运作和竞争水平,并熟悉相关的法律政策条文。

(2)对于潜在的市场机会,我能迅速识别并加以利用。

(3)我能够将人、财、物和技术资源实现有效利用。

(4)我对于创业风险有清醒的认识,既清楚它带来的收益,也清楚它带来的损失。

(5)一般情况下,我的决策过程所花的时间比其他人少。

(6)我可以毫不困难地向陌生人介绍自己。

(7)我会定期与关系网络中的成员保持联系。

(8)在同学当中,我是一个极具号召力和感染力的人。

(9)沟通能力强、善于营造创造良好的团队合作氛围,并经常激励团队成员开展工作。

(10)善于选择合作伙伴、识别团队成员的特点并加以整合。

(11)我具有很强的意志力和执行力,对认定的事情会坚持到底。

(12)我具有良好的抗压能力,遇到失败和挫折不气馁。

(三)学生对高校创新创业工作的认识及相关情况的反馈

(1)您对学校出台的扶持大学生创新创业的相关政策了解程度如何?

A. 非常了解　B. 比较了解　C. 大致了解　D. 不太了解　E. 完全不了解

(2)您认为培养体育专业大学生创新创业能力对今后就业或创业的重要程度如何?

A. 非常重要　B. 比较重要　C. 一般重要　D. 不太重要　E. 完全不重要

(3)您所在的学校如果开设创新创业类课程或讲座,您的态度是?

A. 非常积极参与　B. 被动参与　C. 无所谓　D. 不愿意参与

(4)您所理解的创新创业包括?【最多选择 3 项】

A. 独立地开创并且经营一种事业

B. 与他人合伙创办一个企业

C. 开发一种科技项目

D. 创造具有更多价值的新事物的过程

E. 在现有工作岗位上做出一番创新型的事业

F. 其他(如有其他,请填写)

*(5)您认为高校培养学生创新创业能力是为了?【多选题】

A. 响应政府号召

B. 提高学生就业竞争力,促进学生更好地就业

C. 提高学生综合素质

D. 促使学生毕业后都去创业

E. 帮助学生实现自我价值

F. 为有想法的学生未来开办企业做准备

(6)您认为高校开展创新创业教育的受众群体是? *

A. 针对少数精英学生

B. 面向全体学生

C. 针对今后想要创业的学生

(7)您认为您所在高校和学院对于培养学生创新创业能力的重视程度如何？

A. 非常重视　B. 比较重视　C. 一般重视　D. 不太重视　E. 完全不重视

(8)学校会定期举办创新创业类培训和活动，来提高学生的创新创业意识及能力？

A. 完全不符合　B. 比较不符合　C. 不确定　D. 比较符合　E. 完全符合

(9)您参加过学校或学院举办的哪些形式的创新创业活动？【多选题】

A. 创新创业相关课程

B. 创新创业讲座

C. 创新创业培训班

D. 参与创新科研项目

E. 创新创业大赛

F. 校外实训或实践活动

G. 其他(如有其他，请填写)

H. 从来没有参与过

(10)您认为您所在高校开展的创新创业教育存在哪些问题？【多选题】

A. 课程单一、内容简单

B. 与专业学科脱节、分离

C. 创新创业学习氛围不浓厚

D. 缺乏专业导师指导

E. 缺乏社会实践活动

F. 其他(如有其他，请填写)

*(11)您认为学校目前开展的创新创业相关活动对您今后就业或创业有帮助吗？

A. 非常有帮助

B. 比较有帮助

C. 帮助作用一般

D. 帮助作用很小

E. 完全没有帮助

(12)您认为学校在体育专业大学生创新创业能力培养方面应加强的方面是？【多选题】

A. 对创新创业理念认识的加深

B. 专业知识中创新能力的培养

C. 金融、管理类知识的学习

D. 实训实践环节的加强

E. 创新创业师资队伍的建设

F. 创新创业能力培养与专业联系更加紧密

G. 个性化的就业和创业指导

H. 其他(如有其他，请填写)

*(13)您最希望学校或学院开展哪些形式的创新创业活动和措施？【多选题】

A. 组织创业基地考察

B. 为创业学生提供配套资金支持

C. 完善创新创业课程设置

D. 提供创新创业相关培训

E. 邀请校外专家或校友企业家开设讲座

F. 配备创新创业教育导师提供专业指导

G. 加强校企合作，为学生提供实习机会和场地

H. 组织创新创业实践活动（如“创新创业大赛”等比赛进行创业模拟等）

I. 建设创新创业实践基地（如建设大学科技园等能辅助学生进行实体创业的机构等）

J. 其他（如有其他，请填写）

（14）您对体育专业大学生创新创业能力培养的相关工作有何意见或建议？

思考与练习

1.大学生创新创业课外实践的主要形式。

2.请学生回忆自身曾经参与过的课外实践，进行创新应用的融合思考。

3.请学生参考课外实践的创新创业案例，尝试在学习实践中实际应用。

参考文献

[1]刘振忠，周静.高等体育院校创新创业教育现状及其实践体系的构建[J].当代体育科技，2012(21)：55-56.

[2]胡尧.运动人体科学专业“3+1”创新实习模式的研究[J].成都中医药大学学报，2012(1)：72-76.

[3]刘振忠，段斌，李继东.体育院校创新创业教育理论与实践研究[J].河北体育学院学报，2012(6)：37-41.

[4]刘凯，隋晓航.课程思政背景下大学生社会体育实践方法与途径——以南阳理工学院为例[J].体育世界：学术版，2019(1)：78-79.